PIA LAMBERTY | KATHARINA NOCUN

Gefährlicher Glaube

Weitere Titel der der Autorinnen:

Fake Facts
True Facts

Über die Autorinnen

Pia Lamberty ist Psychologin und leitet als Geschäftsführerin gemeinsam mit Josef Holnburger den gemeinnützigen Thinktank CeMAS. Ihre Forschung führte sie an die Universitäten in Köln, Mainz und Beer Sheva (Israel).
Katharina Nocun ist Publizistin. Sie hat Wirtschafts- und Politikwissenschaften in Münster und Hamburg studiert. In ihrer Arbeit beschäftigt sie sich mit dem Spannungsfeld Digitalisierung und Demokratie sowie den Folgen von Desinformation.
2020 veröffentlichen Nocun und Lamberty gemeinsam den Bestseller *Fake Facts – Wie Verschwörungstheorien unser Denken bestimmen.* Im Jahr 2021 folgte *True Facts – Was gegen Verschwörungserzählungen wirklich hilft.*

PIA LAMBERTY | KATHARINA NOCUN

GEFÄHRLICHER GLAUBE

DIE RADIKALE GEDANKENWELT DER ESOTERIK

QUADRIGA

Die Bastei Lübbe AG verfolgt eine nachhaltige Buchproduktion. Wir verwenden Papiere aus nachhaltiger Forstwirtschaft und verzichten darauf, Bücher einzeln in Folie zu verpacken. Wir stellen unsere Bücher in Deutschland und Europa (EU) her und arbeiten mit den Druckereien kontinuierlich an einer positiven Ökobilanz.

NACHHALTIG PRODUZIERT

MIX
Papier | Fördert gute Waldnutzung
FSC® C014496

Vollständige Taschenbuchausgabe
der bei Quadriga erschienenen Hardcoverausgabe

Textredaktion: Angela Kuepper, München
Umschlaggestaltung: U1berlin/Patrizia di Stefano
unter der Verwendung von Motiven von
© shutterstock.com: geen graphy und © Getty Images: oxygen
Satz: two-up, Düsseldorf
Gesetzt aus der Arno
Druck und Verarbeitung: GGP Media GmbH, Pößneck

Printed in Germany
ISBN 978-3-404-07011-4

1 3 5 4 2

Sie finden uns im Internet unter quadriga-verlag.de
Bitte beachten Sie auch: lesejury.de

Für unsere Familien

Inhalt

Einleitung

Wir sind mit Esoterik aufgewachsen. Und damit stehen wir vermutlich nicht allein da. In den 1990ern und frühen 2000ern füllten klobige Edelstein-Amulette und -Armbänder in Boutiquen für Modeschmuck ganze Regale – sortiert nach passendem Sternzeichen oder magischen Eigenschaften. Im Religionsunterricht hörten wir aufmerksam zu, wenn vor Sekten und Satanismus gewarnt wurde. Nach Schulschluss steckten wir trotzdem mit unseren Freunden die Köpfe zusammen und studierten Anleitungen zum Gläserrücken oder Handlesen aus »Mädchenzeitschriften«. Als Teenager lauschten wir den Ausführungen von Hellsehern, die in einer der vielen damals so populären Nachmittags-Talkshows übersinnliche »Erkenntnisse« zum Besten gaben. Es erschien uns nicht weiter merkwürdig, dass es im Musik-Versandkatalog magische Anhänger zu kaufen gab. Oder dass die Stadtbücherei Ratgeber über esoterische Heilverfahren im Programm hatte. Wir lachten darüber, wenn Phoebe aus der Sitcom *Friends* sich beklagte, dass nach einer Aura-Reinigung etwas schiefgegangen sei, weshalb sie jetzt von einer alten New Yorker Dame besessen sei.[1] Wie sagt man so schön: Leben und leben lassen.

Doch je älter wir wurden, desto mehr wuchs die Erkenntnis in uns heran, wie schnell aus einem vermeintlich harmlosen Hobby bitterer Ernst werden kann. Was mit dem Kauf eines magischen Amuletts beginnt, kann in einer kostspieligen Dauerschleife aus Esoterik-Seminaren, -Coachings und Lebensberatung enden – Betroffene werden in eine Schuldenfalle und gar nicht so selten in die emotionale Abhängigkeit getrieben. Viele kennen aus ihrem erweiterten Familien- oder Freundeskreis zudem Geschichten von Menschen, die sich einer dringend angeratenen medizinischen Behandlung verweigern und stattdessen auf einen Wunderheiler oder obskure »feinstoffliche« Präparate setzen. Einige Sinnsuchende, die sich nach spirituellem Wachstum und freier Entfaltung ihrer Persönlichkeit sehnen, landen am Ende in hochgradig manipulativen und ausbeuterischen Gruppierungen unter Leitung eines Gurus oder Mediums.

Hinzu kommt: Die gesellschaftliche Dimension esoterischer Weltbilder wird oft vollkommen ausgeblendet. In Teilen der Esoterik-Szene meint man, ein spirituelles Erwachen der Menschheit stünde kurz bevor. Der Glaube an große Veränderungen im Zuge eines astrologisch begründeten »Wassermann-Zeitalters« war ein zentrales Element der New-Age-Bewegung der 1970er-Jahre. Weltfrieden, weil die Sterne richtig stehen und unsere Spiritualität »erwacht«? Was auf den ersten Blick wie ein hoffnungsvolles Märchen vom guten Leben klingt, kann zu einer schleichenden Entpolitisierung führen. Wozu für Veränderung kämpfen, wenn das spirituelle Bewusstsein es doch richtet? »Meditieren statt demonstrieren« – ein solcher Ansatz ist toxisch für die Demokratie.

Und dann gibt es natürlich auch noch ein anderes Extrem. Wer sich mit Verschwörungsideologien und Rechtsextremismus beschäftigt, kommt an Esoterik nicht vorbei. In zahlreichen Ländern versammelten sich auf Demonstrationen gegen eine vermeintliche »Corona-Diktatur« sowohl esoterisch orientierte Gruppierungen als auch bekennende Rechtsextremisten. Was wie eine neue Entwicklung erscheint, hat jedoch eine Vorgeschichte. Anhänger so mancher esoterischer Pseudomedizin wittern seit jeher eine jüdische Weltverschwörung hinter Impfkampagnen. Braune Esoterik war schon lange vor Corona Teil der Szene.

Wir laden Sie ein, gemeinsam mit uns in die Welt der Wunderheiler und Geisterbeschwörer einzutauchen. Lassen Sie uns einen Blick hinter die Fassade vermeintlich harmloser spiritueller Seminare und Ratgeber werfen. In diesem Buch haben wir zahlreiche Erlebnisberichte, Studien und Stimmen von Experten zusammengetragen, um die häufigsten Fragen im Zusammenhang mit der Esoterik-Szene zu beantworten. Was bringt Menschen eigentlich dazu, an Zauberwesen und magische Kräfte zu glauben? Welche psychologischen Bedürfnisse spielen hierbei eine Rolle? Ist es wirklich so, dass gerade persönliche und gesellschaftliche Krisen ein Möglichkeitsfenster für Gurus und Hellseher schaffen? Und wenn ja – wie funktioniert so etwas ganz konkret, und welche Rolle spielt dabei das Internet? Was sind typische Warnsignale bei Gruppierungen, bei denen man unbedingt aufhorchen sollte? Und ab wann gefährden esoterische Überzeugungen womöglich die eigene Gesundheit?

Fragen über Fragen. Auf den nachfolgenden Seiten werden Sie so manche Antwort darauf finden.

Kapitel 1

Zwischen Astrologie und Wunderheilung: Warum glauben Menschen an esoterische Welterklärungsmodelle?

Wir alle versuchen die Welt für uns verständlich zu machen. Ein tief in uns verankertes Bedürfnis danach, Zusammenhänge zu durchdringen und vielleicht sogar einen tieferen Sinn in Ereignissen zu erkennen, begleitet die Menschheit seit jeher. Die einen greifen dafür auf wissenschaftliche Belege oder die Einschätzung von Fachleuten zurück. Andere wiederum folgen einem spirituellen Ansatz, um sich in der Welt zu verorten. Gerade in Zeiten voller Umbrüche und Veränderungen suchen jedoch viele Menschen Halt und Orientierung in esoterischen Welterklärungsmodellen: Horoskope zeigen vermeintlich, was die eigene Zukunft für einen selbst bereithält, der spirituelle Heiler wird zur Leitfigur, die aus Krisenzeiten herausführen soll, und esoterische Influencer versprechen einfache Lösungen für komplexe Lebensfragen.

Als wir Freunden aus dem Ausland von unserem Buchprojekt erzählten, reagierten einige irritiert: »Ich dachte immer, ihr Deutschen wärt so rational! Esoterik ist bei euch ein Thema? Wirklich?« Aber derartige Angebote sind tatsächlich keineswegs nur für eine kleine Minderheit attraktiv: Die Autoritarismus-Studie[1] des Psychologen Oliver Decker und seiner Kollegen kam für das Jahr 2020 zu dem Schluss, dass Aberglaube tief in der deutschen Gesellschaft verankert ist. Die bevölkerungsrepräsentativen Daten wurden zu Beginn der Covid-19-Pandemie zwischen Mai und Juni 2020 erhoben.

Prozentuale Zustimmung zu Aberglauben in Deutschland
(Decker et al., 2020)

	Stimmt sicher nicht	Stimmt wahrscheinlich nicht	Stimmt wahrscheinlich	Stimmt sicher
Glücksbringer bringen manchmal tatsächlich Glück.	29,2	29,1	34,9	6,8
Es gibt Wahrsager, die die Zukunft wirklich voraussehen können.	44,1	32,6	19,7	3,6
Manche Wunderheiler verfügen tatsächlich über übernatürliche Heilkräfte.	40,3	30,7	23,5	5,4
Das Sternzeichen bzw. das Geburtshoroskop eines Menschen hat einen Einfluss auf den Verlauf seines Lebens.	36,2	30,9	28,2	4,7

Die Studie zeigt zwar, dass nur ein kleiner Teil der Gesellschaft vollends überzeugt ist, dass Sternzeichen, Wunderheiler oder Wahrsager einen Einfluss auf das Leben haben. Schließt man allerdings auch diejenigen mit ein, die meinen, dass Derartiges zumindest wahrscheinlich ist, liegt man schon bei Zustimmungswerten von rund einem Viertel bis einem Drittel der Befragten.

Aber nicht nur in Deutschland wird der Einfluss esoterischer Glaubenssätze auf die moderne Gesellschaft gemeinhin unterschätzt. Das US-amerikanische National Science Board erhebt seit 1979 die sogenannten *Science and Engineering Indicators.* Im Rahmen dieser Untersuchung wird unter anderem auch nach der Bewertung von Astrologie gefragt.[2] Demnach sind in den USA 5 bis 10 Prozent der Bevölkerung

Prozentuale Zustimmung zur Bewertung von Astrologie als wissenschaftlich (National Science Board, 1979–2018)

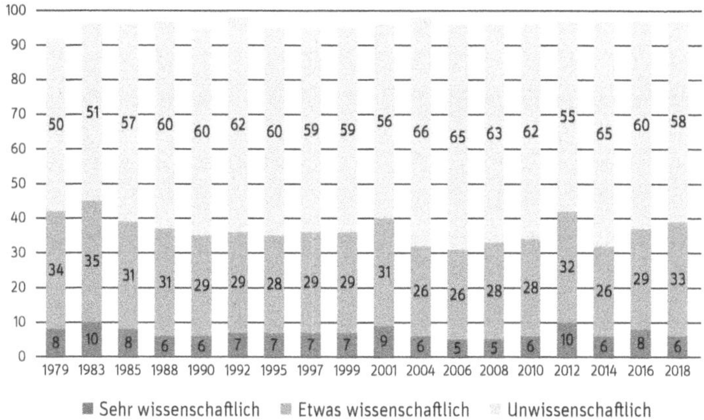

https://www.nsf.gov/statistics/seind14/index.cfm/chapter-7/c7s2.htm

überzeugt, bei Astrologie handele es sich um eine echte Wissenschaft. Darüber hinaus zeigt auch diese Studie, dass ein nicht unwesentlicher Teil – nämlich ein Drittel der US-Bevölkerung – zwar nicht vollkommen überzeugt ist, aber der Astrologie als Wissensquelle zumindest tendenziell etwas abgewinnen kann. Auch in den USA gibt es somit Millionen von Menschen, die zwar nicht ihr komplettes Leben nach den Sternen ausrichten würden, aber folglich zumindest dafür anfällig sind, Dinge zu glauben, die jeglicher evidenzbasierter Grundlage entbehren.

Doch wie ist diese Anfälligkeit zum Aberglauben innerhalb der Gesellschaft eigentlich verteilt? Schaut man sich die Ergebnisse der deutschen Autoritarismus-Studie genauer an, stößt man auf deutliche Unterschiede zwischen den Geschlechtern: Frauen stimmten signifikant häufiger Aussagen zu Aberglauben zu (18,4 Prozent) als Männer (8,8 Prozent).[3] Diesen Befund bestätigen auch andere internationale Studien. Woher diese Unterschiede kommen, ist vermutlich auf diverse Faktoren zurückzuführen und hat viel mit der Sozialisation zu tun. Viele Mädchen werden bereits in jungen Jahren mit esoterischen Ansätzen konfrontiert. Vor allem Zeitschriften mit der Zielgruppe junge Frauen sind voll von esoterischen Inhalten. Darin heißt es dann: »Dein Sternzeichen verrät dir, als welches Tier du wiedergeboren wirst«, »Mega-Trend: Hexen! So entdeckst du deine magische Seite« oder »Zaubersprüche und Rituale für Anfänger«. Auch wir erinnern uns noch allzu gut daran, wie häufig wir als Teenager mit dergleichen konfrontiert wurden. Ob Gummibärchenorakel oder Gläserrücken – an esoterischen Inhalten kommen junge Mädchen kaum vorbei. Während Jungs meist eher technische Inhalte präsentiert bekommen, werden viele Mädchen von früh an auf das »Gefühlvolle« oder »Spirituelle« reduziert.

Durch diese Zusammenhänge rücken Frauen in der Esoterik recht häufig als Zielgruppe ins Zentrum. Immer wieder kommt es sogar vor, dass entsprechende Angebote als feministisches Empowerment vermarktet werden. Dabei verbirgt sich dahinter oft genug eine reine Mogelpackung. In vielen esoterischen Weltbildern wird von einem dualen Geschlechterverhältnis ausgegangen, das wiederum stereotyp mit verschiedenen Eigenschaften assoziiert wird. Das »männliche Prinzip« repräsentiert in diesem Weltbild den kühlen und rationalen Teil. Das »weibliche Prinzip« steht im direkten Kontrast dazu für Naturverbundenheit und eine Form von intuitiver Weisheit, die keiner Wissenschaft bedarf. Vielfach wird sogar behauptet, es existiere eine universelle Weiblichkeit, aus deren kollektivem Bewusstsein Frauen Kraft schöpfen könnten.[4] Es gibt unzählige Workshop-Angebote, bei denen Teilnehmende ihre »weibliche Kraft« erforschen, mehr über die »heilige Menstruation« erfahren oder die eigene »Yoga-Göttin« in sich entdecken lernen sollen.

Die schottischen Soziologen Marta Trzebiatowska und Steve Bruce haben sich intensiv mit Geschlechterbildern in der Esoterik befasst und kommen zu dem Schluss, dass vieles im Milieu der ganzheitlichen Spiritualität von Frauen für Frauen angeboten wird – nicht zuletzt die beliebtesten Angebote, die sich mit Heilung und Wohlbefinden beschäftigen. »Es ist daher möglich, dass die anfängliche Kluft zwischen Männern und Frauen gering war, sich aber später aufgrund der geschlechtsspezifischen Natur der Kurse, Workshops und Behandlungen der alternativen Spiritualität verstärkt und vergrößert hat.«[5] Es gibt zudem einen weiteren einleuchtenden Erklärungsansatz für die Unterschiede zwischen beiden Gruppen. In einer von Sexismus und Diskriminierung geprägten Welt versprechen spirituelle Angebote Frauen eine Form der Aufwertung, denn es geht scheinbar um »die Würdigung des weiblichen Prinzips schlechthin«. Statt Empowerment zu leben, werden in der Esoterik aber oft zutiefst antifeministische Geschlechtsstereotype manifestiert und untermauert. »Nur in der Mutterrolle findet die Frau echte Erfüllung«, oder »Fürsorglichkeit ist ein weibliches Prinzip«, heißt es dann beispielsweise. Dass die generelle Konstruktion von Geschlechts-Dualismus Menschen ausschließt, die jenseits einer binären, heterosexuellen Logik leben, wird zudem gern vergessen.

Die vorangegangenen Überlegungen machen also zwei Dinge deutlich: 1. Der Glaube an esoterische Konzepte ist in der Bevölkerung weiter verbreitet, als viele vielleicht denken. 2. Es besteht ein Unterschied zwischen den Geschlechtern, für den es unterschiedliche Erklärungsansätze gibt. Um generell zu verstehen, warum Menschen an Dinge glauben, die anderen vollkommen abwegig erscheinen, begeben wir uns zunächst in die Welt der Wissenschaft. Wenn Forscher herausfinden möchten, warum Menschen esoterischen Konzepten folgen, stehen sie allerdings erst einmal vor einer Herausforderung: Was genau fällt eigentlich unter den Begriff Esoterik, und wie lässt sich das Phänomen eingrenzen?

Bei Esoterik handelt sich um einen Sammelbegriff, der schwer zu fassen ist. Der britische Soziologe Karl Thompson beschreibt die sogenannte New-Age-Bewegung als »spirituellen Supermarkt«, aus dem sich jeder nach Lust und Laune bedienen kann. Dabei werden verschiedenste Ansätze und Glaubenstraditionen nach Gusto so miteinander vermischt, dass es für einen selbst am besten passt, um so dem eigenen Seelenfrieden näherzukommen. Man habe es Thompson zufolge hier in der Regel mit einem »zusammengestoppelten Spektrum von Überzeugungen und Praktiken« zu tun, die beispielsweise »auf Buddhismus und Taoismus, Psychologie und Psychotherapie, Heidentum, Hellsehen, Tarot und Magie basieren«.[6] Auch christliche Mystik wird häufig ins esoterische Weltbild integriert.

Der Begriff der Esoterik meint im eigentlichen Wortsinn eine Form der Geheimlehre, die nur bestimmten Menschen zugänglich ist. »Esoterik ist eine okkulte, elitäre Geheimwissenschaft, die nur erleuchtete Eingeweihte begreifen können. Sie entzieht sich der rationalen Auseinandersetzung«, schreibt die Soziologin und Autorin Jutta Ditfurth dazu.[7] Im Gegensatz dazu steht die Exoterik – das der Allgemeinheit zugängliche Wissen. Zur Esoterik gehören beispielsweise Astrologie, Mythen, okkulte Praktiken oder Magie. Auch viele sogenannte alternative Heilmethoden werden zur Esoterik gezählt. Sogar radikale Impfablehnung kann – muss aber nicht – esoterisch geprägt sein. Trennscharf abgrenzen lässt sich das allerdings oft nicht.

Dann gibt es natürlich noch die Spiritualität, bei der das eigene Leben auf eine höhere Wirklichkeit hin ausgerichtet werden soll. Der Begriff kann religiös verstanden werden, indem er sich auf Konzepte von Göttlichkeit bezieht, das muss aber nicht immer so sein. Häufig bedient man sich in esoterischen Kreisen aber christlicher Figuren. Insbesondere biblische Engel spielen dabei immer wieder eine große Rolle. Im Esoterik-Fachhandel kann in Anlehnung an die Namen von Erzengeln beispielsweise das »Essenz-Spray Tzadkiel« gegen »Bitterkeit aus der Vergangenheit« geordert werden. Anwendern wird geraten: »Die Hände und Arme wie mit Engelsflügeln durch die Aura führen. Fühlen Sie, wie sich die Essenz im Aurafeld ausbreitet.« Für einen seligen Schlaf sorgt hingegen die »Bettwäsche Erzengel Michael«.

Es ist ein gängiger Brauch in der Welt der westlichen Esoterik, Elemente verschiedenster Religionen in einen neuen Kontext zu setzen. Deutlich wird dies beispielsweise beim Schamanismus. In der westlichen Esoterik existiert eine Vielzahl an fadenscheinig schamanistischen Angeboten, bei denen etwa Klaus-Peter aus Eckernförde vorgibt, sein vermeintlich ursprüngliches Wissen weiterzugeben. Derartiges wird auch als Neoschamanismus oder Pseudoschamanismus bezeichnet. Dass eine solche Übernahme traditioneller Ideen indigener Kulturen häufig mindestens respektlos ist, wird dabei gern ausgeblendet. Im Jahr 1993 verabschiedete eine Versammlung der Lakota-, Dakota- und Nakota-Nationen einstimmig eine »Kriegserklärung gegen Ausbeuter der Lakota-Spiritualität«. Darin heißt es: »Zu lange haben wir unter der unaussprechlichen Demütigung gelitten, dass unsere wertvollsten Lakota-Zeremonien und spirituellen Praktiken von nicht-indigenen ›Möchtegernen‹, Krämern, Kultisten und selbst ernannten New-Age-Schamanen und ihren Anhängern entweiht, verspottet und missbraucht wurden.«[8] Auch die Kabbala, eine mystische Tradition des Judentums, wird immer wieder in esoterische Weltbilder eingebaut. Kulturelle und religiöse Versatzstücke werden einfach in die eigene Weltsicht integriert, ohne dass darüber nachgedacht wird, inwiefern es vielleicht unangebracht ist, sich die Kultur anderer anzueignen und diese damit auch ein Stück weit zur Modereligion zu machen.[9]

All die zuvor genannten Beispiele verdeutlichen eine zentrale Erkenntnis: Es ist gar nicht so leicht zu fassen, was eigentlich mit Esoterik, Spiritualität, Okkultismus oder New Age genau gemeint ist. Das macht es für eine wissenschaftliche Betrachtung und vor allem die empirische Auseinandersetzung mit der Thematik nicht gerade leichter. Was genau soll gemessen werden? Wie vergleicht man die Ergebnisse? Kann man überhaupt eine systematische Forschung betreiben, wenn noch nicht einmal klar ist, was mit dem Begriff eigentlich gemeint ist? Um ein wenig Ordnung in dieses vermeintliche Chaos zu bringen, ist es sinnvoll, zunächst die verschiedenen Kernelemente der Esoterik herauszuarbeiten. Es gibt nämlich Themen, die immer wieder auftauchen – so heterogen und vielfältig dieses Milieu auch sein mag.

Die Kernelemente des esoterischen Denkens

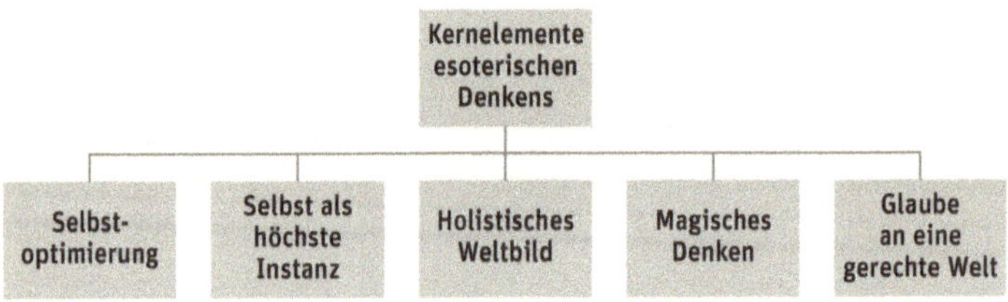

Der Fokus auf Selbstoptimierung: Oftmals geht es bei esoterischen Praktiken darum, das eigene Leben zu verbessern und mit dem »wahren Selbst« in Kontakt zu treten. Gemäß vieler Konzepte ist man dabei für das eigene Glück komplett selbst verantwortlich – äußere Faktoren spielen kaum eine Rolle mehr. Ein solcher Fokus auf das eigene Selbst ist ein durchgängiges Motiv in der esoterischen Praxis. Der Wunsch nach Selbstoptimierung ist der Grundsatz, nach dem unzählige Ratgeber-Bücher, Workshops und Kurse operieren. Eine ausgeprägte Beschäftigung mit dem eigenen Selbst kann manchmal auch als Form der Flucht verstanden werden. 2016 urteilte die Autorin Margarete Stokowski im *Spiegel*: »In Zeiten von Pegida, AfD und brennenden Flüchtlingsheimen scheinen Achtsamkeit, Detox und Ausmalbücher kein Trost zu sein, sondern eine neue Art von infantilem Eskapismus: eine Art Pastell-Biedermeier. Das Draußen wirkt so bedrohlich, dass die Flucht in den eigenen Dünndarm als einziger lebenswerter Ausweg erscheint.«[10] Es ist daher nicht verwunderlich, dass die Befürwortung von esoterischen Praktiken auch empirisch mit einem stärkeren Individualismus einhergeht. In so einem Weltbild liegt der Fokus vor allem auf dem eigenen Selbst und den persönlichen Zielen.[11]

Das Selbst als höchste Instanz: In den unterschiedlichen Ausprägungen der Esoterik wird sich immer wieder auf verschiedenste Gottheiten bezogen. Diese sind dort aber in der Regel entweder weniger zentral oder stärker personalisiert als beispielsweise bei den Weltreligionen. Oft geht es auch gar nicht um externe Gottheiten, die über allem stehen, sondern vielmehr die eigene Göttlichkeit, die es zu entdecken gilt. »Die Innere Göttin« sei »unsere Körperseele, ein unerschöpflicher Quell an Weisheit und Lebenskraft«, heißt es dann beispielsweise. Für nur 395,– Euro wird das Weiblich-Göttliche laut einem Online-Angebot nicht nur befreit, sondern auch gleich geheilt – samt »Harmonisierung der feinstofflichen Energien in deinen Geschlechtsorganen«.

Wenn man auf Menschen trifft, die sich als erleuchtet wahrnehmen – und dies direkt allen ungefragt mitteilen –, wirkt es oft so, als diente die esoterische Weltsicht auch dazu, sich über andere zu stellen und ein Gefühl der Überlegenheit zu erzeugen. Die niederländischen Psychologinnen Roos Vonk und Anouk Visser sagen, dass Spiritualität eigentlich der Idee folgt, über das eigene Selbst hinauszuwachsen. Allerdings klaffen dabei Anspruch und Realität manchmal doch recht weit auseinander. »Ein zugrunde liegendes Thema in allen spirituellen Trainings, von Achtsamkeit und Meditation bis hin zu Heilung und Aura-Lesen, ist, dass sie die Bindung an das persönliche Selbst und Ego-Bedürfnisse wie soziale Anerkennung und Erfolg reduzieren«, schreiben die beiden in einem Aufsatz. Ironischerweise spielen bei spirituellen Trainings jedoch manchmal auch Motive eine Rolle, die überhaupt nicht »erleuchtet« wirken: »Menschen können aufgrund ihrer spirituellen Entwicklung darauf abzielen, erfolgreicher, respektierter oder mehr geliebt zu werden. Auch wenn dies nicht die anfänglichen Motive sind, können diese Vorteile auf dem Weg entdeckt werden.«[12] Anstatt die »höchste Wahrheit« zu finden, geht es dann eigentlich nur um die eigene Person – oder, wie die beiden Wissenschaftlerinnen es nennen, um »spirituelle Überheblichkeit«.

Die beiden kamen außerdem zu dem Schluss, dass diese spirituelle Überheblichkeit weniger etwas mit einem niedrigen Selbstwertgefühl als vielmehr mit stärkeren Ausprägungen von Narzissmus zu tun hat. Narzissmus als Persönlichkeitseigenschaft beschreibt die Tendenz, dass Menschen glauben, besonders großartig zu sein. Infolgedessen erwarten sie besonders viel Bestätigung. Dieses Merkmal ist bei Menschen unterschiedlich stark ausgeprägt. Mit hohen Werten von Narzissmus gehen oft Selbstzentriertheit, mangelnde Rücksichtnahme und fehlende Empathie einher. In besonders starken Ausprägungen kann Narzissmus auch zur Persönlichkeitsstörung werden. Aussagen, denen Menschen mit hohen Narzissmus-Werten eher zustimmen, lauten zum Beispiel: »Wenn ich die Welt regieren würde, wäre sie ein viel angenehmerer Aufenthaltsort« oder »Ich neige dazu anzugeben, wenn sich mir Gelegenheit dafür bietet«.

Die Schweizer Beratungsstelle infosekta beschreibt genau diesen Mechanismus: Aus narzisstischer Sicht sei insbesondere die Vorstellung attraktiv, »mithilfe esoterischer Techniken könne ein Mensch alles verstehen, durchschauen bzw. den tieferen Sinn dahinter erkennen«.[13] Esoterische Angebote versprechen also, narzisstische Bedürfnisse zu befriedigen. Gerade für Menschen mit starkem Hang zum Narzissmus ist es schmeichelhaft zu hören, man sei »erleuchtet« oder trage eine »göttliche Kraft« in sich, die einen irgendwie besonders macht und von anderen abhebt.

Eine weitere Grundidee innerhalb der Esoterik ist, dass man die Welt durch seine eigenen Gedanken oder magische Handlungen direkt beeinflussen könne. Das eigene spirituell »erwachte« Selbst steht dann sozusagen über allem. Das ist auch ein wichtiger Unterschied zu vielen Religionen: Darin wird Omnipotenz in der Regel einem Gott oder mehreren Göttern zugeschrieben, in der Esoterik wird aber der Gläubige selbst oft zur Gottheit. Durch die Brille einer solchen Überzeugung kommen einige Menschen dann zu dem Ergebnis, keine aufwendige Psychotherapie zu benötigen, um schwierige Beziehungen aufzuarbeiten. Ein Wochenendworkshop mit esoterisch aufgeladener Familienaufstellung scheint ausreichend, um tiefgehende Konflikte zu lösen, so die Beratungsstelle infosekta.

Das holistische Weltbild: Im Esoterik-Bereich wird vermutlich kein Begriff so häufig genutzt wie »Ganzheitlichkeit«. Bei einem ganzheitlichen Ansatz geht es erst einmal darum, nicht nur auf einzelne Faktoren zu schauen, sondern das Wechselspiel verschiedener Einflüsse zusammenzudenken. Krankheit wird nicht ausschließlich in Bezug auf die körperlichen Aspekte betrachtet, sondern als Interaktion von Körper und Geist verstanden. Allerdings kann der Begriff der Ganzheitlichkeit auch Tür und Tor öffnen für vollkommen evidenzfreie Behandlungen, die sogar gefährlich werden können – etwa wenn Krebs als geistige Blockade verstanden wird.

Zahlreiche wissenschaftliche Studien konnten zeigen, dass der individuelle Glaube an alternative Heilmethoden sowie der Glaube an Übersinnliches häufig mit einem holistischen Weltbild einhergehen.[14] In psychologischen Modellen zu verschiedenen Denkstilen werden analytische und holistische Denkstile einander gegenübergestellt: Während analytisches Denken sich dadurch auszeichnet, dass Menschen eher dazu neigen, Ereignisse auf der Grundlage von Logik zu erklären und Widersprüche zu vermeiden, zeichnet sich holistisches Denken dadurch aus, die Beziehungen zwischen den Dingen zu betrachten und sich eher auf erfahrungsbasiertes Wissen zu stützen. Widersprüche werden innerhalb eines solchen Weltbilds eher ausgehalten und führen seltener dazu, dass eine Überzeugung direkt verworfen wird.[15] Dementsprechend spielen Intuition und das eigene Bauchgefühl bei Menschen mit einem holistisch geprägten Denkstil auch eine größere Rolle. Es geht stärker darum, wie Dinge sich anfühlen; wissenschaftliche Fakten werden demgegenüber vernachlässigt. Ein holistisches Weltbild begünstigt, dass Anhänger von Esoterik glauben, eine »tiefere Wahrheit« sei hinter allem verborgen. Etwas, das so groß ist, dass es sich dem logischen Denken entzieht und nur durch Übersinnliches oder spirituelle Praktiken wahrgenommen werden kann.

Magisches Denken als Grundlage: Ein weiteres Kernelement esoterischer Ansätze ist das magische Denken. Beim magischen Denken geht es keineswegs nur um Kobolde, Elfen oder die Wirkweise von Zaubertränken, sondern auch darum, dass man beispielsweise glaubt, dass sich allein durch die Kraft der Gedanken Geschehnisse in der Welt beeinflussen lassen. Magisches Denken bezeichnet in der Psychologie die Tendenz, dass Ereignisse, die nicht miteinander zusammenhängen, als miteinander verbunden wahrgenommen werden. Beispielsweise, wenn jemand dreimal auf Holz klopft, in der Hoffnung, so Krankheiten abwenden zu können. Wenn Kinder glauben, dass die Sonne nur dann scheinen wird, wenn zuvor der Teller leer gegessen wurde, ist auch das eine Form magischen Denkens. Man nimmt die Welt dann in einer Art und Weise wahr, die physikalische Prinzipien ausblendet. Viele Menschen neigen dazu, zu glauben, dass sich positive oder negative Energien auf sie selbst oder Objekte übertragen würden und man sozusagen spirituell kontaminiert werden kann.[16] Auch dies zählt zum magischen Denken. Würden Sie beispielsweise einen Pullover vom Secondhandshop mit gutem Gefühl tragen, wenn Sie wüssten, dass er vorher im Besitz eines bösartigen Menschen gewesen ist?

Bei Kindern tritt magisches Denken sehr häufig auf – gerade im Alter zwischen zwei und sieben Jahren.[17] Erinnern Sie sich vielleicht noch daran, wie Sie als Kind die Hände vor die Augen gehalten und geglaubt haben, so für andere Menschen zu verschwinden? Oder an die Zahnfee, die den verlorenen Zahn mitnimmt und dafür ein Geschenk dalässt? Beides sind typische Beispiele für kindliches magisches Denken. Ein derartiges Verhalten ist für Kinder vollkommen normal und lässt tendenziell mit zunehmendem Alter nach. Auch da gibt es aber Ausnahmen. In seiner Extremform kann magisches Denken sogar ein Bestandteil von Schizophrenie sein. Betroffene denken dann beispielsweise, sie würden ihre Gedanken von fremden Mächten eingeflüstert bekommen. An sich ist magisches Denken aber kein psychopathologisches Phänomen, also nicht automatisch Bestandteil einer psychischen Erkrankung.[18]

Verschiedene Studien konnten zeigen, dass magisches Denken und die Nutzung von New-Age-Praktiken wie Tarot oder Astrologie zusammenhängen. Je stärker das magische Denken ausgeprägt ist, desto eher greifen Menschen zu esoterischen Verfahren. Obwohl viele Menschen magisches Denken in gewissen Zügen auch noch im Erwachsenenalter ausleben, gibt es natürlich Unterschiede, wie stark das eigene Leben dadurch bestimmt wird. Nicht jeder konsultiert schließlich gleich ein Medium oder pendelt den Arbeitsvertrag aus. Man klopft auf Holz, um Unglück abzuwehren, trägt die Glücksunterhose bei wichtigen Fußballspielen oder hofft, dass die schwarze Katze kein Unglück bringt. Magisches Denken beeinflusst manchmal sogar die Entscheidungen von gänzlich unesoterischen Unternehmen. Eine US-amerikanische Untersuchung von 2013 ergab, dass von 629 gelisteten Eigentumswohnungen mit 13 oder mehr Stockwerken nur 55 überhaupt eine 13. Etage hatten. Laut der Studie hatten 91 Prozent der Gebäude mit einer 13. Etage diese in etwas weniger Unheimliches wie 12B oder 14A umbenannt, um potenzielle Kunden nicht abzuschrecken.[19]

Eine Studie aus Spanien konnte zeigen, dass soziale Isolation während der Covid-19-Pandemie mit einem Anstieg von magischem Denken und pseudowissenschaftlichen Einstellungen einherging. Erklärt wurde dieser Anstieg mit der *Theorie der sozialen Marginalisierung*, nach der die Entstehung pseudowissenschaftlicher Überzeugungen infolge von sozialer Isolation und Ausgrenzungserlebnissen verstärkt werden kann.[20] Die deutsche Psychologin Claudia Barth hat sich in ihrer Forschungsarbeit intensiv mit Esoterik auseinandergesetzt und sagt: »Im Rahmen meiner Untersuchungen wurde der Nutzen von Esoterik vornehmlich von jenen Menschen beteuert, die bereits einiges in ihrem Leben erreicht hatten, aber doch an irgendeinem Punkt gescheitert sind. Oft erzählten sie mir viel aus ihrem Arbeitsleben, wie sie versuchten, alle Anforderungen, die an sie gestellt wurden, zu erfüllen, wie sie schließlich scheiterten und wie die Esoterik ihnen half, wieder auf die Füße zu kommen.«[21] Magisches Denken wird somit von einigen Menschen als eine Art Kompensationsmechanismus genutzt, um mit Krisen umzugehen.

Der Glaube an eine gerechte Welt: Als Menschen müssen wir damit umgehen, dass es in der Welt nicht immer gerecht zugeht. Diejenigen, die reich geboren werden, haben es prinzipiell einfacher, auch reich zu bleiben. Krankheiten fragen nicht nach Schuld. Kinder werden in Kriege und Armut geboren. Es gibt unterschiedliche Wege, mit diesen Ungerechtigkeiten umzugehen. Man kann sich mit ihnen auseinandersetzen und versuchen, etwas dagegen zu unternehmen. Man kann aber auch so tun, als wären die Ungerechtigkeiten irgendwie gerechtfertigt, indem man sie als Teil einer »natürlichen Ordnung« begreift. Derartige legitimierende Mythen aus der Welt der Esoterik können somit zur Stabilisierung und Rechtfertigung von Ungerechtigkeiten beitragen.[22] Bei legitimierenden Mythen glaubt man dann beispielsweise, dass Frauen ja zu Recht schlechter bezahlt würden, weil ihnen die Familie wichtiger sei als die eigene Karriere. Oder dass es zu Recht in der Gesellschaft Gruppen gebe, die dominieren, und andere, die von ihnen beherrscht würden, da dies nun einmal der natürliche Lauf der Dinge sei.

Was das alles mit Esoterik zu tun hat? Auch in der Esoterik gibt es eine Weltsicht, die oft davon geprägt ist, dass alles in der Welt eine natürliche Ordnung hat. Der Psychoanalytiker Bert Hellinger, der sich durch esoterisch geprägte Familienaufstellungen einen Namen gemacht hat, ging beispielsweise davon aus, es gebe eine Grundordnung des Lebens. »Das zweite Lebensbasisprinzip, die Rangordnung, verlangt, dass jeder in seiner Familie den ihm bestimmten Platz einnimmt, der nur ihm zukommt. [...] Wenn sich ein später Dazugekommener über jemanden erhebt, der vor ihm da war, verstößt er gegen diese Rangordnung«, heißt es auf der Internetpräsenz einer nach Hellinger benannten Schule. Die Psychologin und Autorin Heike Dierbach hat sich intensiv mit der Szene esoterischer Familienaufstellungen auseinandergesetzt und sieht derartige Ansätze sehr kritisch: »Gerade krebskranke Frauen mussten sich dort oft anhören, ihre Krankheit selbst verursacht zu haben – meist, weil sie angeblich ungerecht zu einem Mann waren.«[23] Hinter solchen Denkmustern stand womöglich die Annahme, diese Frauen hätten gegen die »natürliche Rangordnung« der Geschlechter verstoßen.

In der Theorie zum Gerechte-Welt-Glauben des US-amerikanischen Psychologieprofessors Melvin J. Lerner geht es darum, derartige Gesellschaftsvorstellungen wissenschaftlich zu fassen. Der Gerechte-Welt-Glaube meint die generelle Erwartung, dass es in der Welt gerecht zugehe und dass alle das bekämen, was sie verdienen würden.[24] Typische Sätze, die zum Glauben an eine gerechte Welt passen, lauten beispielsweise: »Alles geschieht aus einem bestimmten Grund«, oder »Man erntet, was man sät«. Innerhalb eines solchen Weltbilds muss man sich nicht mehr damit auseinandersetzen, welche Ungerechtigkeiten es in der Welt gibt, was die eigene Rolle darin ist und wie man dagegen vorgehen könnte. Die Verantwortung wird nicht nur ausgelagert, schlimmer noch: Es kommt sogar zur Täter-Opfer-Umkehr. Je stärker der Glauben an eine gerechte Welt, desto eher werden beispielsweise Menschen, die HIV-positiv oder krebskrank sind, abgewertet. Innerhalb dieses Weltbilds müssen sie ja schließlich selbst schuld an ihrer Erkrankung sein, weil sonst die spirituelle Ordnung infrage gestellt werden müsste.[25] Ähnliche Befunde zeigten sich im Rahmen einer Studie zur Untersuchung der Abwertung von Menschen im globalen Süden, die in Armut leben. Nur wenn man Menschen für ihre Armut selbst verantwortlich macht, lässt sich das Bild einer gerechten Welt aufrechterhalten.[26]

Es gibt also fünf Kernelemente, die uns in der Esoterik immer wieder in unterschiedlichen Ausprägungen begegnen: der Fokus auf Selbstoptimierung, die Betrachtung des Selbst als höchste Instanz, ein holistisches Weltbild, der Hang zu magischem Denken und der Glaube an eine gerechte Welt. Aber lässt sich eigentlich messen, wie anfällig man selbst für all das ist? In der wissenschaftlichen Forschung hat sich gezeigt, dass es tatsächlich Persönlichkeitsmerkmale gibt, die vorhersagen, wie sehr Menschen an Astrologie und dergleichen glauben. Wissenschaftler sprechen dabei vom *esoterisch-affinen Persönlichkeitstyp*. Diese Neigung wird mithilfe des sogenannten Esoterik-Neigungs-Inventars erhoben.

Der Esoterik-Neigungs-Inventar

Wir bitten Sie nun, die folgenden Fragen zu Ihrer Persönlichkeit zu beantworten, um Ihre Werte anschließend bestimmen zu können.

Ich bin eher zurückhaltend, reserviert.

☐ Ja (1 Punkt)
☐ Nein (0 Punkte)

Ich schenke anderen leicht Vertrauen, glaube an das Gute im Menschen.
☐ Ja (0 Punkte)
☐ Nein (1 Punkt)

Ich bin bequem, neige zur Faulheit.
☐ Ja (1 Punkt)
☐ Nein (0 Punkte)

Ich bin entspannt, lasse mich durch Stress nicht aus der Ruhe bringen.
☐ Ja (1 Punkt)
☐ Nein (0 Punkte)

Ich habe nur wenig künstlerisches Interesse.
- ☐ Ja (1 Punkt)
- ☐ Nein (0 Punkte)

Ich gehe aus mir heraus, bin gesellig.
- ☐ Ja (0 Punkte)
- ☐ Nein (1 Punkt)

Ich neige dazu, andere zu kritisieren.
- ☐ Ja (1 Punkt)
- ☐ Nein (0 Punkte)

Ich erledige Aufgaben gründlich.
- ☐ Ja (0 Punkte)
- ☐ Nein (1 Punkt)

Ich werde leicht nervös und unsicher.
- ☐ Ja (1 Punkt)
- ☐ Nein (0 Punkte)

Ich habe eine aktive Vorstellungskraft, bin fantasievoll.
- ☐ Ja (0 Punkte)
- ☐ Nein (1 Punkt)

Ergebnisse des Persönlichkeitstests

0–3 Punkte:
Sie haben das Bedürfnis, von anderen Menschen gemocht und bewundert zu werden, und dennoch neigen Sie dazu, sich selbst gegenüber kritisch zu sein. Sie haben zwar einige persönliche Schwächen, sind aber im Allgemeinen in der Lage, sie zu kompensieren. Sie haben beträchtliche ungenutzte Kompetenzen, die Sie nicht zu Ihrem Vorteil genutzt haben.

4–6 Punkte:
Manchmal haben Sie ernsthafte Zweifel daran, ob Sie die richtige Entscheidung getroffen oder das Richtige getan haben. Sie bevorzugen ein gewisses Maß an Veränderung und Abwechslung und werden unzufrieden, wenn Sie durch Einschränkungen und Begrenzungen eingeengt werden. Außerdem sind Sie stolz darauf, ein unabhängiger Denker zu sein, und akzeptieren die Aussagen anderer nicht ohne zufriedenstellende Beweise. Sie haben jedoch immer wieder festgestellt, dass es unklug ist, zu offen zu sein und sich anderen gegenüber zu offenbaren.

7–10 Punkte:
Äußerlich diszipliniert und selbstbeherrscht, neigen Sie innerlich dazu, sich Sorgen zu machen und unsicher zu sein. Manchmal sind Sie extrovertiert, aufgeschlossen und gesellig, ein anderes Mal sind Sie introvertiert, vorsichtig und zurückhaltend. Einige Ihrer Wünsche sind eher ungewöhnlich und unrealistisch.[27]

Haben Sie sich in der Auswertung unseres kleinen Tests wiedererkannt? Dachten Sie vielleicht: Diese Beschreibung trifft wirklich genau auf mich zu? Oder zumindest in Teilen? Haben Sie sich dabei ertappt, dass sehr persönliche Punkte angesprochen wurden, die sogar engen Freunden nicht aufgefallen wären? Wenn ja, dann geht es Ihnen wie einem Großteil der Menschen. Sie haben gerade nämlich Bekanntschaft mit dem sogenannten *Barnum-Effekt* gemacht. **Das von uns vorgestellte »Esoterik-Neigungs-Inventar« existiert nicht, die Texte der Auswertungen waren vollkommen generisch. Es gibt auch keinen »esoterisch-affinen Persönlichkeitstyp«.**

Wir haben tatsächlich eine sehr bekannte Skala namens *Big Five Inventory (BFI-10)* genutzt, die zur Erfassung von fünf grundlegenden Dimensionen der Persönlichkeit eingesetzt wird. Mithilfe solcher Fragen wird zum Beispiel geschaut, wie offen man grundsätzlich für neue Erfahrungen ist, oder auch, wie gewissenhaft Personen sind.[28] Die Fragen, die Sie beantwortet haben, sind also Teil eines echten Messinstruments der Persönlichkeitspsychologie, die Antworten sind aber kompletter Unsinn. Damit waren Sie, liebe Leser, Teil eines kleinen Experiments, das so oder so ähnlich auch in Wirklichkeit abläuft, wenn der Barnum-Effekt untersucht wird.

Der Begriff selbst geht auf Phineas Taylor Barnum zurück, der Mitte des 19. Jahrhunderts das damals beliebte Barnum's American Museum in den USA betrieb. Bis zu 15.000 Zuschauer am Tag wurden dort mit einem Wachsfigurenkabinett, historischen Ausstellungsstücken, Tieren aus aller Welt und Theatervorstellungen unterhalten. Barnums Motto lautete: »A little something for everybody« – für jeden ist etwas dabei. Und genau nach diesem Prinzip funktioniert der Barnum-Effekt, der auch unter dem Begriff »Täuschung durch persönliche Validierung« bekannt geworden ist. Was das Ganze mit Esoterik zu tun hat? Dazu kommen wir gleich. In der Psychologie wird schon seit den 1920er-Jahren zu diesem Effekt geforscht. Bekanntheit erlangte insbesondere eine 1949 von dem Psychologen Bertram Forer veröffentlichte Studie. Die Texte für seinen Test stellte er basierend auf Horoskopen zusammen, die er am Kiosk erstanden hatte.[29] In Studien zum Barnum-Effekt wird Personen in der Regel erzählt, dass sie einen Persönlichkeitstest machen würden. Anschließend bekommen alle Teilnehmenden den exakt gleichen Text als vermeintlich »persönliche Auswertung« präsentiert. Es handelt sich dabei um den nach bestimmten Regeln verfassten sogenannten Barnum-Text. Im Anschluss werden die Versuchsteilnehmer dann gefragt, wie sehr sie sich in dem Resultat widergespiegelt sehen. Die Ergebnisse derartiger Untersuchungen sind beeindruckend: Eine überwältigende Mehrheit gibt regelmäßig an, dass sie durch den angeblichen Persönlichkeitstest fast perfekt beschrieben worden sei.[30]

Der Barnum-Effekt kommt oft bei astrologischen Analysen zum Zuge. Im Jahr 1968 wurde im Rahmen eines Experiments 150 Versuchspersonen ein angeblich personalisiertes Horoskop vorgelegt. 94 Prozent der Teilnehmenden gaben anschließend an, sie hätten sich darin wiedererkannt. Wie im Beispiel zuvor hatten jedoch auch sie alle exakt denselben Text zugeschickt bekommen: Das Horoskop war auf Grundlage des Geburtsdatums eines bekannten Serienkillers erstellt worden.[31]

Das Geheimnis derartiger Zustimmungswerte lüftet sich beim Blick auf die Mechanismen dahinter. Typisch für Barnum-Texte ist, dass es ihnen an Objektivität und Falsifizierbarkeit mangelt. Sie beschreiben vor allem Eigenschaften, die Menschen besitzen *möchten*. Wer ist nicht gern ein »unabhängiger Denker« oder hat »ungenutzte Kompetenzen«? Derartige Texte docken also gezielt an unser Grundbedürfnis nach einer positiven Selbstwahrnehmung an und spielen mit dieser. Gleichzeitig sind viele Aussagen aber derart schwammig, dass sie kaum widerlegt werden können. Trifft es nicht auf jede Person zu, dass sie manchmal gesellig ist, manchmal aber eben nicht? Wer macht sich nicht manchmal Sorgen, äußert diese aber nicht? Genau solche Methoden werden sowohl von Medien und Gurus als auch bei Horoskopen oder Kartenlegern häufig eingesetzt.[32]

Aber auch jenseits der Esoterik entfaltet der Barnum-Effekt seine Wirkung. Sind Sie ein Mensch vom Typ Introvertierter Intuitiver Denker und Beurteiler (INTJ) oder doch eher Extrovertierter Empfinder, Fühler und Beurteiler (ESFJ)? Wer selbst schon einmal Erfahrungen mit Online-Dating gemacht hat, kennt diese Kürzel vielleicht von Nutzerprofilen auf Tinder und Co. Die kryptischen Buchstabenkombinationen stehen für Persönlichkeitstypen, die auf Basis eines in diversen Variationen von verschiedenen Webseiten angebotenen Persönlichkeitstests ermittelt werden. Diese Tests behaupten, die Persönlichkeit von Menschen ließe sich in nur sechzehn Typen aufteilen. Von allen Menschen. Weltweit. Mit einer Handvoll Fragen. In unter einer Stunde. Angeblich ist das Ganze so genau, »dass es fast ›ein bisschen unheimlich ist‹«. Zumindest, wenn man einer der vielen Test-Webseiten Glauben schenken mag.

Ein besonders populäres Beispiel für Persönlichkeitstests ist der sogenannte Myers-Briggs-Typenindikator, der auch in Unternehmen zu den am häufigsten eingesetzten Verfahren unter anderem bei der Bewerberauswahl gehört,[33] aus wissenschaftlicher Perspektive allerdings höchst fragwürdig ist.[34] Der US-amerikanische Psychologe David J. Pittenger kritisierte 1993 in einem Fachbeitrag: »Da der Typ als konstantes Merkmal gilt, würden wir erwarten, dass sich die Persönlichkeit der Menschen nicht mit der Zeit ändert. Mehrere Studien zeigen jedoch, dass selbst bei einem kurzen Test-Retest-Intervall (zum Beispiel 5 Wochen) bis zu 50 Prozent der Menschen einem anderen Typ zugeordnet werden.«[35] Pittenger hat eine These, warum die Tests trotzdem derart populär sind: »Wenn Sie Leuten sagen, dass sie ›innovative Denker und gute Problemlöser sind und gut darin sind, Menschen zu verstehen und zu motivieren, aber möglicherweise Schwierigkeiten haben, die Details eines Projekts zu befolgen‹, werden sie glauben, die Aussage sei eine genaue Beschreibung ihrer

Selbst, unabhängig vom Wahrheitsgehalt. Dieses Phänomen ist als ›Barnum-Effekt‹ bekannt.«

Um die Persönlichkeit eines einzelnen Menschen valide bestimmen zu können, braucht es nicht nur eine psychologische Ausbildung, sondern auch umfangreiche wissenschaftlich fundierte Tests, die nicht mal eben kurz in wenigen Minuten durchgeführt werden können. Das Beispiel soll zeigen: Selbst wenn Sie Horoskope und Ähnliches für Humbug halten, kann es sein, dass Sie sich von sogenannten Psychotests täuschen lassen. Das kann uns allen passieren. Denn egal ob unwissenschaftliche Persönlichkeitstests oder Horoskop – hierbei wird immer wieder auf ähnliche Methoden gesetzt, für die Menschen nachweislich empfänglich sind.

Betonung positiver Eigenschaften: Wer freut sich nicht, zu lesen, dass man »weiß, worauf es ankommt«, »im Team viel Gespür entwickelt« und »Venus aufs Gas drückt«. Wer hört nicht gern, dass er ein »äußerst hingebungsvoller und herzlicher Beschützer« sei, der immer bereit ist, die »Liebsten zu verteidigen«. Oder dass erfolgreiche Promis, Politiker und Wissenschaftler die gleiche Persönlichkeit hätten wie man selbst. Wer derart umschmeichelt wurde, ist anschließend meist nicht mehr ganz so kritisch bei der Beurteilung der Validität von Aussagen. Schließlich steht das Ergebnis im Einklang mit dem grundlegenden Bedürfnis, von unserer Umwelt positiv wahrgenommen zu werden.

Kritik, die keine ist: Eine andere Methode besteht darin, Kritik zu formulieren, die eigentlich keine ist. Wenn Sie hören, dass Sie immer viel zu perfektionistisch sind oder »zur Selbstkritik neigen«, kann das schmeicheln. Oft heißt es auch, man würde über »beträchtliche Fähigkeiten verfügen«, die man aber ungenutzt lässt. Auch hier schaut man dann nicht mehr so genau hin, woher das Gegenüber das eigentlich wissen will – und ob das überhaupt stimmt.

Ansprechen von generischen Ängsten und Sorgen: Es gibt Ängste, die derart weit in der Gesellschaft verbreitet sind, dass man eigentlich immer einen Treffer landet, wenn man sie anspricht. Wer würde schon verneinen, dass einem seine Gesundheit wichtig ist oder man möchte, dass es der eigenen (Wahl-)Familie gut geht? Formulierungen, die damit spielen, fühlen sich für viele Menschen wie eine individuelle Beschreibung an, sie sind es aber nicht.

Nutzen von vagen und ungenauen Aussagen: Barnum-Texte werden nie konkret, sondern bleiben immer vage, damit sie auf möglichst viele Menschen passen. Die darin getroffenen Aussagen sind also letztendlich nicht falsifizierbar. »Ich werde manchmal unzufrieden, wenn ich mich eingeschränkt fühle, und mag ein gewisses Maß an Veränderung« ist somit letztendlich ein Nullsatz, der nicht überprüft werden kann.

Die Betrachtung des Barnum-Effekts macht deutlich, dass die in einigen Sparten der Esoterik zum Einsatz kommenden Methoden uns auch in anderen Bereichen begegnen. Das Beispiel führt zudem vor Augen, wie schnell selbst vermeintlich hochrationale Menschen auf zweifelhafte Persönlichkeitsanalysen hereinfallen können – insbesondere, wenn sie an die jeweiligen Aussagen glauben *wollen*.

Ein weiteres Grundprinzip der menschlichen Informationsverarbeitung, das von Heilern, Wahrsagern oder Lebensberatern ausgenutzt wird, ist die oft einseitige Suche nach bestätigenden Informationen, Wissenschaftler sprechen hierbei auch vom Bestätigungsfehler. Dieser Effekt kommt oft zum Tragen, wenn Anhänger esoterischer Behandlungsansätze online sehr selektiv nach positiven Erfahrungsberichten suchen – und dabei kritische Artikel vollkommen ausblenden. Der Mensch neigt dazu, eher solchen Aussagen Glauben zu schenken, die sich im Einklang befinden mit den jeweiligen eigenen Einstellungen und Werten.[36] Dieser Mechanismus ist an sich erst einmal nicht verkehrt, schließlich kann er auch als Abwehrmechanismus gegen groben Unsinn fungieren. Wenn beispielsweise jemand etwas behauptet, das komplett gegen unsere Weltsicht geht, werden wir schneller hellhörig und verlangen mehr Belege. Die Behauptung, man habe ein Einhorn gesehen, wird mehr skeptische Reaktionen provozieren, als wenn die Person berichtet, im Park ein Eichhörnchen gefüttert zu haben.

Grundprinzipien menschlicher Informationsbewertung

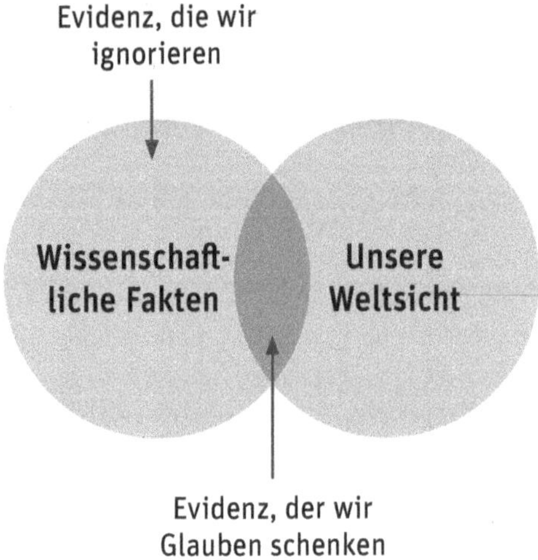

Im Alltag folgen Menschen bei der Bewertung von Informationen oft dem Ansatz des positiven Testens von Hypothesen. Das heißt, wir suchen nicht nach Belegen, die unserer Meinung widersprechen würden, sondern erinnern uns insbesondere an Informationen, die zu unserer Haltung passen und halten gezielt danach Ausschau. »Objektiv wissenschaftlich wäre es, gleichermaßen nach bestätigenden und widerlegenden Hinweisen zu suchen. Durch diese einseitige Informationssuche wird der Mensch tendenziell zu einer Bestätigung seiner Vermutung kommen«, wird das Phänomen im *Online-Lexikon für Psychologie und Pädagogik* erklärt.[37]

Der Bestätigungsfehler hilft uns, die Welt zu ordnen. Er kann aber auch dazu führen, dass wir uns lieber in Umfelder begeben, die unsere eigene Weltsicht nicht infrage stellen. Das kann der neue Freundeskreis mit Faible für spirituelle Heilverfahren sein, die verschwörungsideologische Telegram-Gruppe oder der Esoterik-Stammtisch im eigenen Ort. Wir bewegen uns nur noch in unserem eigenen Mikrokosmos, in dem alle die Welt so sehen, wie wir es tun. Diese Form der selektiven Wahrnehmung kann auch dazu führen, dass Menschen sich beim Lesen von Horoskopen, Persönlichkeitstests und Co. nur an das erinnern, was ihnen zugesagt hat. Wenn eine Vorhersage nicht eingetroffen ist oder eine Zuschreibung nicht auf die eigene Persönlichkeit passt, wird sie einfach wieder vergessen.

Der Bestätigungsfehler beeinflusst übrigens nicht nur Laien in ihren Urteilen. Der Mediziner Jerome Groopman machte in seinen Studien darauf aufmerksam, dass der Bestätigungsfehler auch zu Fehldiagnosen in Arztpraxen führen kann. Wenn ein Arzt bereits mit starken Vorannahmen in das Gespräch mit dem Patienten geht, kann es passieren, dass er nur nach Belegen sucht, die seine eigene Hypothese bekräftigen, und Hinweise außen vorlässt, die dagegensprechen.[38]

Die gute Nachricht ist: Wir sind solchen Verzerrungen nicht schutzlos ausgeliefert. Es hilft bereits, sich bewusst zu machen, dass diese Effekte existieren.[39] Viele Menschen werden sicherlich skeptisch sein, wenn sie hören, dass der Charakter aller acht Milliarden Menschen auf diesem Planeten angeblich durch zwölf Tierkreiszeichen bestimmt werden kann. Es gibt aber auch Momente, in denen man selbst vielleicht nicht ganz so misstrauisch ist. Wer einen Persönlichkeitstest macht oder einen Termin bei einem Positiv-Denken-Coach bucht, sollte deshalb stets schauen, ob es sich hier wirklich um einen validen Ansatz handelt oder eher um einen Marketinggag oder esoterische Pseudowissenschaft.

Insgesamt zeigt sich also: In vielen Gesellschaften gibt es einen gar nicht so kleinen Anteil an Menschen, die esoterischen Glaubenssätzen etwas abgewinnen können. Die Forschung dazu zeigt, dass diese Ansätze für Menschen eine Funktion erfüllen können. Gerade in Krisenzeiten versprechen sie, einfache Lösungen für komplexe Fragen zu liefern, und bieten eine simple Möglichkeit, sich anderen Menschen gegenüber aufzuwerten. Dabei werden psychologische Grundbedürfnisse angesprochen, die wir alle in uns tragen. Das Beispiel der zweifelhaften Persönlichkeitstests zeigt zudem, dass Aufklärung über gängige Tricks von selbst ernannten Gurus und Hellsehern einem auch in gänzlich unesoterischen Bereichen weiterhelfen kann. Es ist wichtig, sich bewusst zu machen, dass wir alle Trugschlüssen und Denkfehlern aufsitzen können. Der beste Schutz davor, Betrügern und Gurus auf den Leim zu gehen, ist und bleibt eine kritische Auseinandersetzung – nicht nur mit anderen, sondern vor allem auch mit sich selbst.

Kapitel 2

Von Mondwasser, kosmischen Antennen und geistartigen Kräften: Esoterik geht durch den Magen

Es ist ein geschäftiger Aprilmorgen im Berliner Szeneviertel Prenzlauer Berg. Die Sonne strahlt vom wolkenlosen Himmel, doch uns zieht es nach drinnen. Vor uns gleiten lautlos die elektrischen Schiebetüren eines Bio-Supermarkts zur Seite. In der Auslage der angeschlossenen Bäckerei werden Dinkelbrötchen, Vollkorn-Snacks für zwischendurch und köstlich aussehende Kuchenstücke präsentiert. Doch wir haben ein anderes Ziel im Sinn und steuern auf die rechte hintere Ecke des geräumigen Geschäfts zu. Vor dem großen Regal mit Wasserflaschen machen wir Halt. Eine holt den Notizblock aus der Tasche, die andere nimmt Flasche für Flasche die unterschiedlichen Produkte aus dem Regal und studiert sie eingehend. Wir sind etwas ganz Bestimmtem auf der Spur, nämlich der sogenannten Barcode-Verschwörung.

Vor einigen Jahren kam in der Esoterik-Szene die Idee auf, mit Tinte auf Papier gedruckte Barcodes hätten eine bedrohliche Eigenschaft. In der Esoterik-Zeitschrift *Borderlands* erschien 1995 ein Artikel mit dem Titel »Barcodes: Mark of the Beast« (zu deutsch: Barcodes, Zeichen des Teufels). Darin behaupteten die Autoren Peter A. Lindemann und Ajna Luminari, bereits durch ein Küchenfenster scheinendes Licht könne das »bioenergetische Gift« von Barcodes aktivieren, wodurch Lebensmittel durch toxische Strahlung kontaminiert würden. Als Lösung für dieses Problem präsentierten sie ein kreisrundes Symbol, das den Effekt angeblich neutralisiert. Tests hätten gezeigt, dass die toxische Wirkung des Strichcodes aufgehoben werde, wenn dieses Symbol entweder auf oder hinter einem Strichcode angebracht werde, heißt es im Artikel. Es wurde geraten, Aufkleber mit ebenjenem Symbol zu kaufen und damit alle Barcodes im Haushalt zu überkleben. Binnen fünf Minuten seien so alle Produkte von der angeblich gefährlichen Strahlung gereinigt.

In den darauffolgenden Jahren entstanden unzählige Varianten dieser durchaus hanebüchenen Geschichte. Es wurde gemunkelt, Barcodes würden Lebensmittel durch eine »Krebs-Frequenz« vergiften. Einige radikale Christen deuteten Barcodes zudem als unmissverständliches Zeichen dafür, dass die Digitalisierung insgeheim die Ankunft des Antichristen vorbereite. Dabei beriefen sie sich auf abenteuerliche Auslegungen biblischer Texte.

Wie so oft in der Esoterik-Szene führte auch diese Geschichte zur Entstehung eines neuen Marktes für Produkte. Um sich vor den angeblich brandgefährlichen Barcode-Strahlen zu schützen, werden nicht nur Aufkleber, sondern auch sogenannte Entstörer eingesetzt. Hinter dieser eindrucksvollen Bezeichnung verbergen sich meist einfache (aber stark überteuerte) Stifte, mit denen Anwender der mutmaßlichen Verschwörung buchstäblich einen Strich durch die Rechnung machen sollen. Bei einem Esoterik-Anbieter stößt man außerdem auf eine »Energiekarte« für 55 Euro, die verspricht, »zuverlässig feinstoffliche Barcode-Informationsmuster« zu neutralisieren. Im Umfeld von Barcode-Gegnern wird manchmal auch auf den multifunktionalen »Hildegard Orgonakkumulator« gesetzt – eine Art Holzbrettchen zum stolzen Preis von 1.750 Schweizer Franken.

Natürlich ist die Annahme, dass Barcodes irgendwelche Strahlung aussenden, aus wissenschaftlicher Sicht kompletter Unfug. »Das ist schwarze Farbe auf Papier. Schwarze Farbe. Auf. Papier!«, kommentierte ein Online-Nutzer die absurde Barcode-Angst.[1] Florian Aigner, Physiker und Mitglied der Gesellschaft zur wissenschaftlichen Untersuchung von Parawissenschaften (GWUP), bringt diese Kritik im Gespräch mit dem *Standard* etwas wissenschaftlicher auf den Punkt: »Als Antenne kann nur etwas wirken, das elektrischen Strom leitet. Wenn ich einen Barcode auf Papier oder eine Plastikverpackung drucke, dann leitet das nicht.«[2]

Die »Barcode-Verschwörung« hat längst den Einzelhandel erreicht. Einige Firmen – und zwar insbesondere solche, deren Produkte in Bio- und Naturkostläden vertrieben werden – haben auf die in der Esoterik-Szene kursierenden Falschmeldungen reagiert. Die österreichische Firma Sonnentor, die in Bio-Supermärkten vor allem Gewürze und Tees anbietet, begann 2007 damit, Barcodes mittels aufgedrucktem Strich zu »entstören«.[3] Das Unternehmen stand »diesen Aussagen« nach eigenen Angaben »neutral gegenüber, reagierte aber auf die Kundenwünsche«, erklärte eine Pressesprecherin des Unternehmens Jahre später.[4] »Wir haben den Etikettendruck für unsere Produkte im Haus, daher war es kein Mehraufwand für Sonnentor, einen Strich durch die Codes zu drucken. Wir wollten einfach den Menschen einen Gefallen tun, denen das wichtig war, mehr war nicht dahinter.«

Als ein Kunde der Brauerei Lammsbräu 2016 auf Facebook fragte, warum auf dem Barcode seines Biers eigentlich ein waagerechter Strich sei, antwortete das Unternehmen, einige Menschen hätten die Sorge, dass Strichcodes »Energien bündeln« und »damit die Qualität von Nahrungsmitteln beeinflussen« würden. Sowohl diese Annahme als auch die These, dass sich dieser Effekt durch einen Querstrich im Barcode neutralisieren lasse, seien »bisher wissenschaftlich nicht hinreichend belegt«. Das Unternehmen selbst stehe dieser Theorie deshalb – ähnliches Wording wie bei Sonnentor – »neutral gegenüber«, und man sei lediglich Kundenwünschen nachgekommen.[5 6]

Der Spott der Internetgemeinde ließ nicht lange auf sich warten. »Sie kennen das. Schon während des Einkaufs fühlt man sich unwohl«, heißt es im Werbetext des »Barcode-Killers«. »Überall auf den

Produkten strahlen sie einem entgegen: die gefährlichen Barcodes. Einige namhafte Hersteller sind schon dazu übergegangen und entstören die Barcodes durch einen einfachen horizontalen Strich. [...] Befreien Sie sich von den Barcodes und verwenden sie den neuen BARCODE KILLER, um ihre Produkte nachhaltig zu entstören.«[7] Dass es sich hierbei um ein Satire-Produkt handelt, wird spätestens klar, wenn es heißt, die Anzahl der mithilfe des »Top-Scharlatanerie-Produkts« gemachten Striche solle sich an »Zahlenmystik, wie sie dem ökumenischen Heiligenlexikon entnommen werden kann«, orientieren.

Die bissige Satire hat einen ernsten Hintergrund. Kritiker bemängeln, dass ein Entgegenkommen von Unternehmen die Barcode-Verschwörungserzählung für einige Menschen umso glaubwürdiger machen könnte, nach dem Motto: »Wenn sogar große Konzerne reagieren, muss da doch etwas dran sein!« Erst nachdem immer mehr Medien im deutschsprachigen Raum die kuriose Geschichte aufgriffen und Firmen zunehmend in Erklärungsnöte gerieten, drehte sich schließlich der Wind. 2013 wurden die »entstörten« Balken bei Sonnentor wieder abgeschafft. Aus der Presseabteilung des Unternehmens hieß es: »Viele waren der Meinung, dass unbegründete Ängste geschürt werden und ein Irrglaube gefördert wird. Das Thema hat polarisiert, daher haben wir uns intensiver damit auseinandergesetzt und wir haben den Schluss gezogen, dass die Entstörung nicht zu Sonnentor passt.«[8] Die Saft-Hersteller Voelkel und Rabenhorst kehrten ebenfalls zum normalen Barcode-Verfahren zurück.[9] Im Oktober 2018 verschwanden auch bei Lammsbräu die Linien auf den Bierflaschen.[10]

Und genau das führt uns an diesem Tag in den schicken Bio-Supermarkt im Prenzlauer Berg. Während eine Mitarbeiterin uns skeptische Blicke zuwirft, studieren wir konzentriert die Etiketten diverser Hersteller. In Anbetracht der Vorgeschichte sind wir davon ausgegangen, dass die Barcode-Verschwörung ihre Blütephase höchstwahrscheinlich schon hinter sich hat. Unsere Exkursion zum Bio-Supermarkt erweist sich allerdings zu unserer eigenen Überraschung als äußerst ergiebig. In der Wasserabteilung stoßen wir auf aufgedruckte Striche, Symbole und Unendlichkeitzeichen über den schwarzen Barcode-Balken der Flaschen von vier Herstellern. Insgesamt sind in der Abteilung ein Viertel der Etiketten der erhältlichen Wasserprodukte auffällig.

Zumindest einige Unternehmen »entstören« dabei anscheinend aus tiefster Überzeugung. »St. Leonhards gibt es nun bereits seit 20 Jahren, und nahezu ebenso lange haben wir die Barcodes mit einem Querstrich versehen«, erklärte die Marketing-Abteilung der Mineralwasser-Marke 2019 gegenüber dem Online-Magazin *bento*. »Mittlerweile drucken wir eine liegende Acht auf die Barcodes aller unserer Wassersorten.« Man verspricht sich davon, den Barcode »noch effektiver« zu entstören.[11]

Auf der Webseite des Unternehmens St. Leonhards werden die Thesen des Japaners Masaru Emoto, einem »Pionier der Wasserforschung«, zum Thema »Wassergedächtnis« vorgestellt. Emoto wurde für seine Mikroskopaufnahmen von Eiskristallen berühmt. Er behauptete, deren Form ließe sich durch Emotionen und Sprache direkt beeinflussen. Auf der Unternehmensseite von St.Leonhards heißt es: »Wörter wie ›Pech‹ oder ›Dummkopf‹ führten zu schwachen, unharmonischen oder zerrissenen Eiskristallen. Positive Wörter wie ›Liebe‹ oder ›Glück‹ hingegen ließen harmonische Kristalle von hoher Ästhetik entstehen.«[12] Man rühmt sich außerdem damit, eine Nachfolgerin des inzwischen verstorbenen Emoto damit beauftragt zu haben, Produkte des Unternehmens »energetisch zu überprüfen«.[13]

Masaru Emoto wird in der Esoterik-Szene häufig als »Wasserforscher« bezeichnet, eigentlich hat er aber Politikwissenschaften studiert. Seinen oft zitierten Doktortitel in »Alternativmedizin« erwarb er bei der indischen »Open International University of Alternative Medicines« – einer Institution, die mittlerweile geschlossen wurde. Bis zu seinem Tod im Jahr 2014 verfasste Emoto mehrere Bücher, in denen er behauptete, Gefühle hätten einen Einfluss auf die Wasserqualität. Vereinfacht gesagt bedeutet es: Wenn Sie ein Glas Wasser anschreien, ist die Flüssigkeit danach mit negativer Energie angereichert, flüstern Sie hingegen Komplimente, macht sich das positiv bemerkbar. Emoto behauptete, Derartiges anhand der Struktur von Eiskristallen erkennen zu können. Setzt man ein Glas Wasser einem Zettel mit dem Wort »Hitler« aus, wird dadurch die Kristallbildung beeinträchtigt, wohingegen die Nennung der japanischen Gottheit Amaterasu Omikami herrliche Kristalle hervorbringt.[14] Auch das Wort »Danke« führt angeblich zu formschönen Kristallen.[15] Als »Beweis« für seine Thesen legte der selbst ernannte Wasserforscher Mikroskop-Aufnahmen von Eiskristallen vor. Konsequenterweise hielt Emoto der südafrikanischen Zeitung *Mail & Guardian* zufolge Warnhinweise wie »Rauchen tötet« auf Zigarettenpackungen für äußerst schädlich.[16]

Es gibt sogar ein Kinderbuch, das Emotos Thesen jugendgerecht aufbereitet. Darin wird folgende Übung vorgeschlagen: »Nimm das Wasserglas in beide Hände und halte es vor dein Herz. Nun kannst du einen wunderschönen Prana-Energiestrahl aus deinem Herzen und aus deinen Händen ins Wasser lenken.« Ein paar Seiten weiter werden angebliche Auswirkungen von Musik auf die Bildung von Eiskristallen diskutiert. Allem Anschein nach scheint Emoto dabei nicht allzu viel von zeitgenössischer Musik zu halten, denn während der Eiskristall zu Tschaikowskys *Schwanensee* äußerst anmutig daherkommt, heißt es bei Heavy Metal (»laute, dröhnende Musik mit Texten, die von Zorn und Wut handeln«): »Haben diese Worte den Kristall in tausend Stücke zerbrochen?«

Wissenschaftler machen seit Jahren darauf aufmerksam, dass es sich bei den von Emoto als vermeintliche Beweise herangezogenen Kristallfotografien um reine Zufallsfunde handelt. Der Popularität der Idee eines angeblich spirituellen Wassergedächtnisses tat dies allerdings keinen Abbruch. Immer wieder werben auch Prominente für den japanischen Esoteriker, so schwärmte etwa die Schauspielerin Gwyneth Paltrow im Newsletter ihres (auch esoterische Produkte vertreibenden) Unternehmens goop von einem Buch Emotos.[17] Eine deutsche Winzerei ließ 2021 im Rahmen eines öffentlichkeitswirksamen Experiments 2.700 Liter Grauburgunder mit klassischer Musik beschallen.[18] Der Musiker berief sich dabei auf die Ideen Emotos.[19]

Der Einfluss Emotos und anderer Vertreter ähnlicher Thesen rund um das Thema Wasser findet sich in vielen Spielarten der Esoterik wieder. In einem einschlägigen Gesundheitsratgeber wird bei Menstruationsbeschwerden beispielsweise geraten, einfach das Wort »Regelschmerzen« sowie das Unendlichkeitssymbol auf ein Blatt Papier zu schreiben. Diesen Zettel gilt es anschließend eine Minute lang in der linken und ein Glas Wasser in der rechten Hand zu halten. Angeblich verwandelt sich das Wasser dann in ein heilendes Elixier.

Wasser ist die ideale Projektionsfläche, mit der auch gern Kasse gemacht wird. Es ist zentral für unsere Gesundheit, da Wasser einer der Hauptbestandteile unseres Körpers ist. Auf globaler Ebene sind 70 Prozent unseres Planeten von Wasser bedeckt, und die Weltmeere stellen das größte zusammenhängende Ökosystem dar. Der Mond wiederum, dem in esoterischen Kreisen oft eine spirituelle Bedeutung zugeschrieben wird, beeinflusst die Gezeiten der Meere. Es überrascht daher nicht, dass Esoterik-Anbieter versuchen, ein Geschäft mit den Sorgen bezüglich der Wasserqualität zu machen. »Die mystische Kraft des Mondes ist in der Aqua-Luna-Vollmondabfüllung eingefangen«, heißt es beispielsweise in der Produktbeschreibung eines Anbieters, der stolze drei Euro pro Liter für sein Mondwasser berechnet. Wissenschaftliche Belege dafür, dass Mondlicht sich in irgendeiner Weise positiv auf die Trinkwasserqualität auswirkt, oder auch nur den Ansatz einer seriösen Theorie, die Derartiges plausibel machen würde, gibt es natürlich nicht.

Unter dem Label »informiertes«, »belebtes«, »lebendiges«, »strukturiertes« oder »vitalisiertes« Wasser bieten diverse Unternehmen angeblich speziell aufbereitetes Trinkwasser an. Auch die passenden Gerätschaften, um Leitungswasser eigenständig für den Hausgebrauch mittels »Belebung« oder »Vitalisierung« aufzubereiten, finden sich in Online-Katalogen. Die Kosten für so einen Umbau können sich schnell auf mehrere tausend Euro belaufen. Doch warum sollte man all diese Mühen für etwas in Kauf nehmen, was sonst auch für einen Bruchteil des Preises zu haben ist?

Kunden wird meist vermittelt, normales Trinkwasser sei minderwertig, und nur durch spezielle esoterische Verfahren lasse sich ein vermeintlich beeinträchtigter Naturzustand wiederherstellen. Die angewendeten Methoden sind dabei von Anbieter zu Anbieter sehr unterschiedlich. Während einige Unternehmen damit werben, ihr Wasser werde durch den Kontakt mit besonderen Metallen oder Kristallen »energetisiert«, propagieren andere spezielle Rühr- oder Schütteltechniken. Für den kleinen Geldbeutel gibt es wiederverwendbare Trinkflaschen mit aufgedruckten esoterischen Symbolen, Rührstäbe oder Kristalle. Solche Steine, die in eine Wasserkaraffe gelegt werden, hat sicher fast jeder irgendwo schon einmal gesehen.

Das Unternehmen Grander GmbH mit Sitz im österreichischen Jochberg teilt auf seiner Webseite mit, dadurch dass Wasser heutzutage in Rohren »gepresst« werde, gehe angeblich »Kraft und Lebendigkeit« verloren.[20] Darüber hinaus heißt es, Wasser sei durch das von der Firma angewendete Verfahren lange haltbar, damit hergestellte Lebensmittel hätten einen »feinen und frischen Geschmack«, und selbst Tiere würden sich »instinktiv zu belebtem Wasser hingezogen« fühlen. Das Wasser bringe nicht nur »besseres Wohlbefinden«. Auch ein »höherer Genuss beim Trinken« und eine »Schonung und Entlastung der Umwelt« sowie »Schutz der Abwässer« seien möglich.[21] Neben abgefüllten Flaschen (vier Liter kosten 66 Euro[22]) werden im Online-Shop spezielle Platten zum »Beleben« von Lebensmitteln angeboten. Der stolze Preis der 290 x 290 mm großen Variante beträgt 600 Euro.[23] Wem das zu teuer ist, der kann für unterwegs einen handlichen »Energiestab« für 113 Euro erstehen, mit dem sich Getränke durch Umrühren »biologisch aufwerten« lassen.[24] Das Unternehmen verkauft außerdem Geräte zum lokalen Einbau im Privathaushalt oder Betrieb.

Auf der Webseite des Unternehmens finden sich »Erfolgsberichte« von Bäckereien[25], die ihren Teig nun mit »belebtem« Wasser zubereiten. Hinzu kommen Gärtnereien und landwirtschaftliche Betriebe, die auf das Verfahren schwören.[26] Sogar in einem Spital im österreichischen Steyr wurde Patienten bis vor einigen Jahren »belebtes« Wasser angeboten.[27] Laut Recherchen des *SRF* aus dem Jahr 2010 hatten zudem rund 240 Schweizer Bäder Geräte von Grander erworben, in einigen Fällen wurden diese sogar mit Steuergeld finanziert.[28]

Es gibt viele gute Gründe, die Verbreitung derartiger Produkte mit Sorge zu betrachten. 2005 verurteilte ein neuseeländisches Gericht eine Firma, die »Grander Living Water Units« vertrieben hatte, zur Zahlung einer Geldstrafe sowie Entschädigung für getäuschte Verbraucher. Laut Richterin Merilena Burnett enthielt das Werbematerial »Widersprüchlichkeiten, Quacksalberei und Pseudowissenschaft«.[29] 2006 urteilte das Oberlandesgericht Wien, man dürfe Granderwasser als »aus dem Esoterik-Milieu stammender, parawissenschaftlicher Unfug« bezeichnen.[30]

Unternehmensgründer Grander hatte im Jahr 2005 verlauten lassen, dass die Entstehung seines Verfahrens auf seine guten Verbindungen zu Gott zurückzuführen sei – 30 Jahre zuvor sei ihm Jesus Christus erschienen.[31, 32] Auf der Unternehmenswebseite will man heutzutage jedoch seriös auftreten und präsentiert ein unternehmenseigenes Forschungskonzept samt Kooperation mit dem europäischen Kompetenzzentrum für nachhaltige Wassertechnologie Wetsus.[33]

»Ich finde es wirklich verwerflich und wissenschaftlich unlauter, von solchen Firmen Geld zu nehmen«, erklärt uns Nicolas Wöhrl, Physiker und Wissenschaftspodcaster, in einem Hintergrundgespräch. In seiner Arbeit beschäftigt er sich seit vielen Jahren mit »informiertem« oder »belebtem« Wasser. Als vor einigen Jahren die Firma Grander eine äußerst optimistische Pressemitteilung mit dem Titel »Wirkung der GRANDER®-Wasserbelebung wissenschaftlich nachgewiesen«[34] verschickte, kontaktierte er den Ersteller der zitierten Studie. Kurze Zeit später war auf der Webseite des Unternehmens eine korrigierte Meldung vorzufinden.[35] »Es gibt keine einzige seriös durchgeführte Studie, die eine positive Wirkung von esoterischen Wasserprodukten auf den Menschen belegt«, so Wöhrl. Bei vielen Einzelhändlern und Lebensmittelherstellern steht aus seiner Sicht vor allem die Idee dahinter, neue Kundenkreise für sich zu erschließen. »Ich glaube, viele aufgeklärte Menschen tendieren eher dazu, das kopfschüttelnd hinzunehmen, wenn beispielsweise der Bäcker ›belebtes‹ Wasser benutzt, solange das keine Auswirkung auf den Brötchenpreis hat«, kritisiert er. Für ihn ist das aber der falsche Ansatz, da so esoterische Konzepte schleichend Einzug in immer mehr Lebensbereiche nehmen. Wie gefährlich unwissenschaftliche Überzeugungen werden können, habe sich schließlich im Kontext der Coronapandemie gezeigt. »Wir sollten dazu übergehen, öfter zu sagen: Esoterische Konzepte werde ich nicht unterstützen, und wer das tut, verliert mich als Kunden.«

Aber was tun, wenn es nur den einen Bäcker im Ort gibt? Wie schwer es ist, einen solchen Vorsatz in die Praxis umzusetzen, zeigt sich auch beim Blick in die Regale unseres Berliner Bio-Supermarkts. Viele Kunden, die besonders großen Wert auf Nachhaltigkeit legen, greifen zu Produkten aus »biodynamischer Landwirtschaft« mit dem bekannten Demeter-Siegel. Der Dachverband Biodynamic Federation Demeter International (BFDI) umfasste laut eigenen Angaben 2021 rund 7.000 landwirtschaftliche Erzeuger aus 65 Ländern, die zusammen auf eine Anbaufläche von über 230.000 Hektar kommen. Der Markt wächst, 2006 war die weltweite Anbaufläche noch ungefähr halb so groß.[36] Einer der Spitzenreiter für Produktion und Nachfrage ist Deutschland. Bei biodynamischer Landwirtschaft handelt es sich allerdings längst um ein weltweites Phänomen: Australische, österreichische und französische Winzer[37] setzen ebenso auf Demeter wie

Bananen-Produzenten in der Dominikanischen Republik oder spanische Tomaten-Bauern.[38] Bei vielen Verbrauchern hat das Siegel einen guten Ruf in Bezug auf Bio-Qualität und Nachhaltigkeit – gerade in Zeiten, in denen Menschen aufgrund der Klimakrise ihr eigenes Konsumverhalten überdenken wollen. Dass beim Konzept »biodynamisch« eine gehörige Portion Esoterik im Spiel ist, ist so manchem Endverbraucher allerdings nicht bewusst.

Die Idee der biodynamischen Landwirtschaft geht auf den österreichischen Esoteriker und Begründer der Anthroposophie Rudolf Steiner zurück. Als bezahlter Redner trat er 1924 im heute zu Polen gehörenden Kobierzyce bei Breslau bei einer Vortragsreihe vor Landwirten auf. Steiner behauptete dort beispielsweise, dass wenn Insekten verbrannt werden, wenn die Sonne im Zeichen des Stieres steht, und anschließend die Asche verstreut wird, spätestens nach vier Jahren die Schädlinge fernbleiben.[39] Durch das Verbrennen eines Mäusefells lasse sich ein spezieller »Pfeffer« gewinnen, und »wenn er richtig bei der Hochkonjunktion von Venus und Skorpion durch das Feuer hindurchgeleitet worden ist, so werden Sie darin ein Mittel haben, dass die Mäuse dieses Feld meiden«[40]. Wer die Samen von Unkräutern verbrennt und auch hier wieder die Asche auf den betroffenen Feldern ausbringt, soll zukünftig verschont werden. Im Anhang der Anbaurichtlinien von Demeter wird heute noch empfohlen, zuerst auf Maßnahmen wie »Veraschung« zu setzen, bevor schwereres Geschütz aufgefahren wird.[41]

Ein zentrales Element, das die Jahrzehnte nahezu unverändert überdauert hat, ist die Anwendung sogenannter biodynamischer Präparate.[42] Steiner ging davon aus, dass in der Landwirtschaft kosmische Energien wirken, und die Präparate knüpfen an diesen Glauben an. »Die biodynamischen Präparate sind vitalisierende Zubereitungen für Boden und Pflanzen«, heißt es dazu auf der Seite von Demeter weiter. Sie seien »eine Art Heilmittel für die Erde«, für ihre Herstellung werden »pflanzliche, mineralische und tierische Substanzen kombiniert und natürlichen Kräften ausgesetzt, um sie dann in veränderter Form der Natur wieder zuzuführen«. Das Ganze wird auch als »Homöopathie für den Boden« bezeichnet.[43] Eingesetzt werden dabei unter anderem mit Mist gefüllte Tierhörner – beispielsweise von Kühen. Auch dies geht auf die Überzeugungen Steiners zurück. Heute noch meint so mancher Anhänger biodynamischer Landwirtschaft, bei Tierhörnern handele es sich um eine Art kosmische Antenne.[44] »Die Kuh hat Hörner, um in sich hineinzusenden dasjenige, was astralisch-ätherisch gestalten soll«,[45] heißt es hierzu bei Steiner. »Würden Sie im lebendigen Kuhorganismus herumkriechen können, so würden Sie, wenn Sie drin wären im Bauch der Kuh, das riechen, wie von den Hörnern aus das Astralisch-Lebendige nach innen strömt.«

Damit Landwirte von »astralisch-ätherischen« Kraftströmungen profitieren können, raten einige begeisterte Steiner-Anhänger unter anderem zum Einsatz von Tierknochen, -schädeln oder -innereien. Diese sollten zuvor mit bestimmten Kräuter- oder Mineralienmischungen gefüllt und vergraben werden – je nach Präparat über den Sommer oder Winter oder auch ganzjährig, oft gibt es dabei einen astrologischen Bezug. Nach einigen Monaten werden sie wieder ausgegraben und der Inhalt durch ein starkes Verdünnen mit Wasser »dynamisiert«, indem man beispielsweise eine Stunde lang rhythmisch abwechselnd rechts- und linksherum rührt. Es gibt mittlerweile zwar Betriebe, die sich auf die Herstellung spezialisiert haben, und wer mag, kann sich das Präparat No. 505 (Rinderschädel mit Eichenrinde gefüllt) bequem im Online-Versandhandel bestellen.[46] Einige biodynamisch arbeitende Landwirte vertreten jedoch die Meinung, es sei bei der Präparatherstellung nicht nur wichtig, selbst Hand anzulegen, sondern dabei auch gedanklich bei der Sache zu sein. Ein Beispiel dafür ist der Schweizer Landwirt Andreas: »In dieser Phase des Rührens verbindet sich Andreas mit der Intention, wofür er das Präparat anwenden möchte. Für das Hornkieselpräparat wünscht sich Andreas, dass sich die geistigen Kräfte mit dem Präparat verbinden und der Erde Impulse geben mögen, sodass sich der Boden so entwickeln kann, wie es seiner geistigen Bestimmung am besten entspricht.«[47] Laut Demeter-Anbaurichtlinien hilft die Arbeit mit Präparaten dem Landwirt, »seinem Betrieb, seinem Boden, den Pflanzen und Tieren und der umgebenden Natur auf eine andere, mehr spirituelle Art, zu begegnen«.[48] Präparate sollen »Wachstum und Qualität der Pflanzen sowie die Tiergesundheit« fördern.[49]

Zwar kommen bei der Ausbringung heutzutage teilweise auch moderne Verfahren, wie etwa Drohnen,[50] zum Einsatz, die Präparate selbst werden aber immer noch weitgehend nach den Originalvorgaben aus Zeiten Steiners hergestellt. Beim »Präparat 500« handelt es sich etwa um ein mit Kuhmist gefülltes Kuhhorn, das auf dem Feld vergraben und anschließend wieder ausgegraben wurde. Wird die Blase eines Hirsches mit Schafgarbe gefüllt und anschließend getrocknet sowie für ein Jahr vergraben, kommt dabei das »Präparat 502« heraus, das die »Anpassungsfähigkeit an den Standort« verbessern soll. Das »Präparat 505« besteht hingegen aus einem mit Eichenrinde gefüllten Tierschädel, etwa von einem Rind.[51] Die Nutzung von Präparaten ist beim Anbau mit Demeter-Siegel verpflichtend – egal ob man an deren Wirksamkeit glaubt oder nicht.[52]

Dass Steiners Überlegungen primär seine angeblichen seherischen Fähigkeiten und nicht etwa wissenschaftliche Überlegungen zugrunde lagen, hält Anhänger nicht davon ab, seine Lehren weiter zu praktizieren. Es gibt allerdings immer wieder Versuche, die Thesen mittels Forschung zu validieren. Die anthroposophisch geprägte Gesellschaft für Bildekräfteforschung gibt an, sich unter anderem mit den »Auswirkungen von Lebensmitteln oder einzelner ihrer Stoffe auf den menschlichen Ätherleib« zu beschäftigen.[53] Auf der Webseite des Instituts für anthroposophische Meditation findet sich ein Bericht über Untersuchungen von Brokkoli und Lauch, die dazu geführt haben sollen, dass »so etwas wie ein inneres Gespräch mit dem Wesen der Pflanze möglich wurde«.[54] Für Kopfschütteln sorgte bei uns zudem die Versuchsreihe einer Anthroposophin, in der die Auswirkungen von Eurythmie, der anthroposophischen Bewegungskunst (also Tanzen nach Steiner), auf die Geschmacksentwicklung bei Äpfeln untersucht wurde.[55]

Rudolf Steiner war der Ansicht, es handele sich bei der von ihm begründeten Anthroposophie um eine eigene »Geisteswissenschaft«. Bei so manchen Studien, die angeblich wohltuende Wirkungen anthroposophischer Präparate attestieren, kommen allerdings Messverfahren zum Einsatz, die aus wissenschaftlicher Perspektive eher merkwürdig anmuten. Etwa »bildschaffende Methoden«, mit denen sich angeblich unter anderem die Überlegenheit biodynamisch hergestellter Lebensmittel belegen lassen soll. Kristallformen unter dem Mikroskop werden dabei beispielsweise als Indikator für »Harmonie« und »Lebenskraft« gedeutet.[56] In einem Artikel in der Zeitschrift *Lebendige Erde* aus dem Jahr 2011 werden zudem zahlreiche kreative Hinweise von »Präparateforschern« zum Umgang mit Untersuchungsergebnissen präsentiert: »Die Präparate wirken (nur), wenn man mit Begeisterung und Präsenz rührt«, heißt es dort, oder auch: »Die Präparate wirken nicht sichtbar, sondern sind für die Zukunft der Menschheit da.« Besonders originell ist folgende Auslegung: »Man sieht in wiederholten Forschungsjahren des gleichen Experiments eine abnehmende Wirksamkeit mit einem Hinweis auf die Welt der Elementarwesen, die keine Lust haben, an dem gleichen Versuch mehrmals mitzumachen.«[57]

»Leider werden Demeter und die biodynamische Landwirtschaft gern als Edelmarke mit spinnert-esoterischem Hintergrund abgetan, kurzum als unwissenschaftlich«, heißt es im *Demeter-Blog,* und es wird gefragt: »Was ist denn bitte schön verkehrt an Esoterik?«[58] Kritiker haben immer wieder darauf hingewiesen, dass esoterische Weltbilder gerade bei den Themen Gesundheit und Ernährung zu problematischen Haltungen führen können. Im *Demeter-Journal* mit einer Auflage von rund 290.000 Exemplaren[59] erschien im Winter 2020 ein

Artikel, in dem die Utopie eines Zeitalters des Vertrauens »ohne Forschung und ohne Meilensteine und ganz wichtig: ohne Kontrolle« skizziert wurde.[60] Inmitten der Coronapandemie sorgte dies für öffentliche Entrüstung. Der Artikel wurde daraufhin von der Webseite entfernt, da er laut Demeter »im Zuge der Coronakrise falsch verstanden werden« könne.[61,62] Der Verband distanzierte sich außerdem ausdrücklich von Coronaleugnern.

Es lässt sich nicht verneinen, dass biodynamische Landwirtschaft in einigen Bereichen strengere Vorgaben als einige andere Bio-Siegel macht. Ob es aber zeitgemäß ist, fast hundert Jahre nach Begründung der biodynamischen Landwirtschaft weiterhin an esoterischen Glaubenssätzen des Hellsehers Steiner festzuhalten, steht auf einem anderen Blatt. »Das Präparate-Voodoo der biodynamischen Landwirtschaft fällt der Biolandwirtschaft letztlich in den Rücken«, schreibt der Autor Christian Kreil im *Standard*.[63] »Wer morgens beim Verrühren von ›Präparaten‹ Unwissenschaftlichkeit zum Prinzip seines Tuns erhebt, kann sich abends nicht wissenschaftlicher Beweisführung bedienen, um die Qualität seiner Produkte und die Vorteile biologischer Landwirtschaft zu untermauern.« Was uns im Rahmen der Recherche vor allem überrascht hat, war die Tatsache, wie wenig Menschen aus unserem persönlichen Umfeld über die esoterischen Hintergründe biodynamisch hergestellter Produkte Bescheid wussten. Viele nahmen es vor allem als »hochpreisiges Bio« oder »vielleicht eine Art Fairtrade-Siegel« wahr und fielen aus allen Wolken, als wir sie nach ihrer Haltung zu mit Kuhdung gefüllten »kosmischen Antennen« befragten. Ebendiese Menschen teilten uns mit, es würde ihre Kaufentscheidung sogar positiv beeinflussen, wenn esoterische Praktiken und Glaubenssätze über Bord geworfen werden würden. Denn mit Esoterik wollen sie eigentlich nichts am Hut haben. Das sehen aber natürlich nicht alle Menschen so.

Wer beim Einkauf im Supermarkt voll und ganz auf Esoterik verzichten will, muss also ganz genau hinschauen. Vieles lässt sich aber auf den ersten Blick gar nicht so einfach erkennen. Zum Beispiel wird bei kaum einem Produkt ein Hauptanwendungsgebiet von Esoterik in der Landwirtschaft ausgewiesen: der Einsatz von Homöopathie bei Nutztieren. In der Verordnung zum EU-Biosiegel heißt es, dass Krankheiten unverzüglich zu behandeln seien, »um ein Leiden der Tiere zu vermeiden«, chemisch-synthetische Tierarzneimittel einschließlich Antibiotika sollten allerdings nur unter strengen Auflagen eingesetzt werden, »wenn die Behandlung mit phytotherapeutischen, homöopathischen und anderen Erzeugnissen ungeeignet ist«.[64] In der *taz* hieß es 2008 über den Einsatz von Homöopathie in der deutschen Landwirtschaft: »Laut einer Umfrage der Fachhochschule Osnabrück haben 72 Prozent der Bioland- und Demeter-Betriebe und 30 Prozent der konventionell wirtschaftenden Bauern Homöopathie bereits angewandt. Die Nachfrage nach entsprechenden Fortbildungen bei den Tierärzteverbänden und Landwirtschaftskammern ist immens.«[65]

Die Homöopathie wurde um das Jahr 1796 vom deutschen Arzt und Apotheker Samuel Hahnemann begründet – und zwar als Ansatz zur Behandlung von Krankheiten beim Menschen. Zu dieser Zeit praktizierten die meisten Mediziner nach Konzepten, die noch aus der Antike stammten. Dem griechischen Arzt und Lehrer Hippokrates (um 460–370 v. Chr.) zufolge sollten sich Krankheiten auf ein Ungleichgewicht von vier Körpersäften zurückführen lassen. Aus dieser Annahme folgte zu der damaligen Zeit, dass medizinische Behandlungen sich oft darauf fokussierten, Patienten vermeintlich überschüssige Körperflüssigkeiten zu entfernen, und zwar durch Aderlass, Schwitzen, Aufschneiden von Wunden, Abführen oder Erbrechen. Bei geschwächten Patienten führten derart radikale Behandlungen nicht selten zum Tod.[66] Die medizinische Forschung steckte zu Lebzeiten Hahnemanns noch in ihren Kinderschuhen. Ärzte kannten weder Viren und Antibiotika noch die Funktionsweise von Körperzellen. Aus ebendieser Zeit stammt die Homöopathie.

Die Idee zum grundlegenden Prinzip der Homöopathie kam

Hahnemann angeblich bei einem Selbstversuch. Die Rinde des südamerikanischen Chinabaums war damals als Mittel zur Behandlung von Malaria verbreitet. Spätere Forschung zeigte, dass Chinarinde den Wirkstoff Chinin enthält. Hahnemann erkannte zwar die Wirksamkeit an, erfand aber eine eigene Begründung, *warum* das Mittel wirke. Als er nach dem Verzehr eines Extrakts aus Chinarinde Symptome entwickelte, die jenen der Malaria stark ähnelten, leitete er daraus seine These ab. Hahnemann zufolge sollten Ärzte den Patienten genau studieren und anschließend nach einem Mittel suchen, das in gesundem Zustand ähnliche Symptome hervorruft wie die zu behandelnde Krankheit. Man soll also stets »Ähnliches mit Ähnlichem« behandeln. So ist die Homöopathie auch zu ihrem Namen gekommen: »Páthos« bedeutet auf Griechisch Krankheit, »hómoios« meint ähnlich. Hierdurch werde eine Art »Kunstkrankheit« ausgelöst, die dem Körper sozusagen den Spiegel vorhält. Gelingt es der »Lebenskraft«, diese zu überwinden, soll auch die echte Krankheit besiegt werden können.

Die jeweiligen homöopathischen Präparate wurden vor Verabreichung jedoch stark verdünnt und anschließend »verschüttelt«. Der Prozess des Verdünnens und des Schüttelns wurde schrittweise wiederholt, was sich in der sogenannten Potenz ablesen lässt. Hahnemann glaubte nämlich, dass kräftiges Schütteln dazu führe, dass sich geistartige Stoffe loslösen, sodass am Ende eine Art geistige Information des Wirkstoffs übrig bleibt – in »potenzierter«, »dynamisierter« Form, was wesentlich stärker auf die Lebenskraft wirken solle als die Gabe von »materiellen« Dosen. Eingenommen werden homöopathische Präparate oft entweder in flüssiger Form oder aufgebracht auf Zuckerkügelchen, sogenannte »Globuli«. Je höher die »Potenzierung«, desto »stärker« soll ein Präparat angeblich wirken, da durch das Schütteln und Verdünnen mehr geistartige Informationen entstanden sein sollen. Dieser Grundsatz des Dynamisierens und Potenzierens klassifiziert Homöopathie letztlich als Esoterik und unterscheidet sie grundsätzlich von der Medizin. Doch wissenschaftlich gesehen bleibt der Prozess die Herstellung einer Verdünnung: Steht auf einem homöopathischen Produkt, es enthalte beispielsweise »Pel talpae« (Maulwurfshaut)[67] als D8 Potenz, beträgt die Verdünnung 1:100 Millionen – ein Wirkstoff ist da selbst mit Mitteln modernster Messtechnik nicht mehr nachweisbar. Das Label »Naturheilkunde« passt daher an vielen Stellen nicht.

Die Vorstellungen Hahnemanns widersprechen diversen Naturgesetzen. Weder die Existenz geistartiger Kräfte in Globuli noch eine von ihm ebenfalls vermutete »Lebenskraft«-Energie im Patienten lassen sich messen – oder plausibel begründen. Es erscheint zudem unlogisch, warum sich beim Schütteln angeblich nur der Wirkstoff »dynamisiert und potenziert« und nicht die verwendeten Substanzen zum Verdünnen selbst (samt womöglich enthaltener Verunreinigungen). Ob ein Drink geschüttelt oder gerührt wird, ist allenfalls Geschmackssache – geistartige Stoffe werden dabei nicht freigesetzt.

Laut einer Studie der Weltgesundheitsorganisation (World Health Organization, WHO) aus dem Jahr 2019, in der sich 133 Staaten geäußert hatten, kommt in 100 Ländern Homöopathie beim Menschen zum Einsatz.[68] Damit zählt sie zu den weltweit am weitesten verbreiteten sogenannten alternativmedizinischen Verfahren – wobei es regional deutliche Unterschiede gibt. In Indien praktizierten laut WHO 2016 fast 300.000 Homöopathen,[69] es gab über 300 rein homöopathische Krankenhäuser.[70] Ungefähr zehn Prozent der indischen Bevölkerung waren laut WHO für ihre Gesundheitsversorgung ausschließlich auf Homöopathie angewiesen.[71] Mehr als 70 Prozent der Franzosen haben schon einmal zu homöopathischen Globuli oder Ähnlichem gegriffen.[72] In anderen Ländern ist das Verfahren hingegen eher ein Nischenphänomen. Während homöopathische Präparate in den USA zum Teil mit einer unmissverständlichen Kennzeichnung versehen werden (»Es gibt keine wissenschaftlichen Belege, dass dieses Produkt wirkt«)[73], sieht es in Deutschland, dem Ursprungsland der Homöopathie, ganz anders aus.

In Deutschland sind homöopathische Präparate in fast jeder Apotheke erhältlich, und viele Krankenkassen erstatten Behandlungskosten zumindest teilweise. Zahlreiche Tierarztpraxen bieten homöopathische Therapien für die vierbeinigen Begleiter an. Laut einer Untersuchung des Instituts für Demoskopie Allensbach aus dem Jahr 2014 haben 60 Prozent der Deutschen bereits Erfahrungen mit Homöopathie gemacht – 1970 waren es in Westdeutschland noch 24 Prozent gewesen.[74] Viel spricht jedoch dafür, dass zumindest einige Menschen sich vollkommen falsche Vorstellungen von der Homöopathie zu machen scheinen.[75] Eine repräsentative Untersuchung von Allensbach aus dem Jahr 2009 zeigte, dass bei einer offenen Fragestellung nur 17 Prozent korrekt angaben, die Homöopathie basiere auf dem Verdünnungs- und/oder Ähnlichkeitsprinzip.[76]

Im 18. Jahrhundert mag die Homöopathie so manchen Patienten davor bewahrt haben, infolge kräftezehrender Aderlässe oder obskurer Quecksilberkuren an der Behandlung selbst zu sterben.[77] In Anbetracht der Brutalität der damaligen Behandlungsmethoden waren Globuli demnach tatsächlich oft die »sanftere« Wahl. Aber heutzutage sehen die Alternativen durchaus anders aus. Im Jahr 1997 kam eine in der Fachzeitschrift *The Lancet* veröffentlichte umfassende Metaanalyse zum Ergebnis, dass es keine Hinweise für die Wirksamkeit von Homöopathie bei körperlichen Beschwerden gebe.[78] Der Beirat für Gesundheits- und Medizinforschung der australischen Regierung (NHMRC) wertete 2015 mehr als 50 systematische Übersichtsarbeiten zu einzelnen Krankheitsbildern sowie 225 Einzelstudien aus. Das Ergebnis war ernüchternd: »Aufgrund der Untersuchung der Evidenz zur Wirksamkeit der Homöopathie kommt das NHMRC zu dem Schluss, dass es keine Krankheitsbilder gibt, für die es einen zuverlässigen Nachweis dafür gäbe, dass die Homöopathie bei der Behandlung von Gesundheitsproblemen wirkungsvoll wäre.«[79]

2019 entschied die Landesärztekammer Bremen als erste deutsche Ärztekammer, die Homöopathie aus ihrer Weiterbildungsordnung zu streichen. »Eine strukturierte Weiterbildung inklusive Lehrplan und Prüfungen für Verfahren und Mittel anzubieten, deren Wirkung wissenschaftlich nicht nachvollziehbar ist, das fanden wir etwas albern«, so Heidrun Gitter, Präsidentin der Bremer Ärztekammer.[80] Bis zum Jahr 2022 zog eine große Mehrheit der Landesärztekammern Deutschlands nach.[81]

Aber kommen wir von diesem kleinen Exkurs nun zu unserem Beispiel im Bio-Supermarkt zurück: Homöopathie wird also als mögliche Behandlungsmethode in den Regularien zum EU-Bio-Siegel aufgeführt und auf einigen Höfen bei Nutztieren angewendet. Interessierte Landwirte stoßen online auf Kurse zum Einsatz bei Schafen sowie im Schweine- und Rinderstall. Viele hoffen womöglich, durch die vermeintlich »sanfte Alternative« den Einsatz von Antibiotika vermeiden zu können. »Genau hier mag einer der Vorteile der Globuli für Landwirte liegen: Tiere, die beispielsweise mit Antibiotika behandelt worden sind, dürfen für eine gewisse Zeit nicht an einen Schlachthof geliefert werden. Solche Sperren gelten für Globuli nicht, da keine Rückstände im Fleisch zu vermuten sind«, heißt es in einem Artikel der *Neuen Osnabrücker Zeitung*.[82] »Werden Tiere mit Globuli therapiert, unterliegen sie keinerlei Wartezeiten«, lesen wir auch in der *taz*. »Milch von Milchkühen, die gegen eine Euterentzündung ein Antibiotikum gespritzt bekommen, darf mindestens eine Woche nicht in den Handel gelangen. Wird in einem Milchtank auch nur die Spur eines Antibiotikums nachgewiesen, muss der ganze Tankinhalt in die Biogasanlage.«[83] Auf Esoterik zu vertrauen, kann also einen handfesten ökonomischen Vorteil mit sich bringen.

In Interviews und öffentlichen Statements bemühen sich zwar sowohl Homöopathie nutzende Landwirte als auch Tierärzte und Heilpraktiker, zu betonen, dass bei ernsten Beschwerden nicht allein auf Homöopathie gesetzt würde – doch ob dieser Rat in der Praxis von jedem Homöopathie-Verfechter beherzigt wird, ist zumindest fraglich. Eine der profiliertesten Kritikerinnen der Homöopathie, die

Ärztin Natalie Grams-Nobmann, beobachtet diese Entwicklung mit Sorge: Ein häufiges Einsatzgebiet sei eine Euterentzündung, die für die Tiere sehr schmerzhaft sein muss. Es könne dann natürlich auch Leid auftreten, wenn die Tiere trotz Indikation eben nicht mit einem Antibiotikum oder einem Schmerzmittel behandelt werden. »Das ist sicherlich auch ein Aspekt, bei dem dann auch die ›friedliche Tierhaltung der Biolandwirtschaft‹ irgendwie konterkariert wird«, sagt Grams-Nobmann. Von dem immer wieder angeführten Einwand, der Placeboeffekt könne bei Tieren doch gar nicht auftreten, hält die Medizinerin wenig: »Besonders Haustiere haben sehr gute Antennen für ihre Bezugspersonen. Viele Tiere haben außerdem ein sehr gutes Immunsystem, da funktioniert die Selbstheilung und das kann dazu führen, dass man sich denkt: Wow!« Auch bei Nutztieren kann Grams-Nobmann zufolge die positive Erwartungshaltung der Tierhalter eine Rolle spielen. Wer an die Homöopathie glaubt, schreibt zudem womöglich jede Veränderung nach der Gabe von Globuli (zum Beispiel beigemischt im Trinkwasser der Tiere) der angeblichen Wirksamkeit zu – und lässt andere Faktoren außer Acht. Hierbei spricht man auch vom »Danach-aber-nicht-deswegen-Fehlschluss«.

Natalie Grams-Nobmann weiß, wovon sie spricht, denn sie hat selbst einst als Homöopathin praktiziert. »Ich bin wahrscheinlich wie die allermeisten Menschen zur Homöopathie gekommen, nämlich durch eine eigene positive Erfahrung«, teilt uns die Medizinerin im Gespräch mit. Nach einem schweren Autounfall während ihres Medizinstudiums hatte sie Beschwerden. Eine von einer Kommilitonin empfohlene Heilpraktikerin riet ihr damals zu Homöopathie in Kombination mit Psychotherapie.[84] »Mir ging's nicht gut, ich habe Globuli genommen, danach ging es mir besser«, sagt sie uns. Das Abklingen der Beschwerden führte zur Überzeugung. »Und dann habe ich das eigentlich nicht mehr groß hinterfragt und wollte das als Ärztin unbedingt lernen«, erinnert sich Grams-Nobmann. »Erst später kamen Fragen auf: *Wie* wirkt denn das? Und *was* wirkt denn da? Und wie sieht's aus mit der wissenschaftlichen Beleglage zur Wirksamkeit? Welche Faktoren könnten sonst zur Besserung geführt haben – weitaus plausiblere Faktoren als nicht vorhandene Wirkstoffe? Da habe ich langsam gemerkt, dass ich mich ziemlich getäuscht habe.« Natalie Grams-Nobmann schloss ihre damalige Praxis und klärt seitdem öffentlich über Homöopathie und ihre Irrtümer auf. Sie verfasste mehrere Bücher, in denen sie sich kritisch mit vermeintlich »sanften Alternativen« zur evidenzbasierten Medizin beschäftigt. Rückblickend kann sie über den grundlegenden Ansatz der Homöopathie nur den Kopf schütteln. »Ich hatte eine Patientin in der Praxis, die ihre Beschwerden darauf zurückführte, dass das Haus des Nachbarn mit sehr blauer Farbe gestrichen wurde«, berichtet sie uns. »Sie war überzeugt davon, dass sich das auch nur mit einem Lapislazuli, also einem blauen Stein, homöopathisch verdünnt, sozusagen heilen ließe. Sie war selbst versiert in Homöopathie und wollte sich damals bei mir nur rückversichern.«

Derartig irrationale Ansätze können gravierende Folgen haben. Während der Coronapandemie wurde vielfach spekuliert, ob die große Popularität von esoterischen Behandlungen wie Homöopathie womöglich die im europäischen Vergleich geringe Impfquote in Deutschland, Österreich und der Schweiz erklären könnte.[85] »Wird Homöopathie befürwortet, ist die Impfbereitschaft geringer«, heißt es in einer deutschen Studie zum Covid-19-Vakzin aus dem Jahr 2021. In Bezug auf die Impfentscheidung von Eltern ist dieser Effekt anscheinend besonders stark.[86] »Mit steigender Häufigkeit von Besuchen bei Heilpraktikern/-innen sinkt die Impfbereitschaft«, konstatierte eine weitere Untersuchung aus demselben Jahr.[87]

Der Zusammenhang zwischen Esoterik und Impfskepsis ist wohlgemerkt nicht neu. 2003 dokumentierte eine Umfrage unter britischen Homöopathen eine breite Ablehnung der Masern-Mumps-Röteln-Impfung.[88] Viele weitere Studien zeigten eine Korrelation zwischen der Nutzung esoterischer Verfahren und einer Ablehnung von Impfungen. »Niemand kann naiv genug sein zu glauben, es hätte keine Folgen, wenn Menschen Zuckerkügelchen als sinnvolle ›Alternative‹ zur Medizin angedient werden. Oder wenn das Narrativ bedient wird, Wirksamkeit könne anders als wissenschaftlich erklärbar erzielt werden«, kritisierte Natalie Grams-Nobmann 2021 in einem Beitrag für *Spektrum der Wissenschaft*. »Nun aber erwarten wir, dass alle der Wissenschaft und der evidenzbasierten Medizin vertrauen. Während diese gleichzeitig von vielen ziemlich selbstverständlich als ›Schulmedizin‹ der ›bösen Pharmaindustrie‹ diffamiert wird. [...] Wer Globuli sät, wird Impfgegnertum ernten. Denn wer an den einen Unsinn glaubt, ist geneigt, dem nächsten auf den Leim zu gehen.«[89]

Bevor wir den Bio-Supermarkt verlassen, legen wir noch ein paar Besorgungen aufs Kassenband und zahlen. Wir haben ehrlich gesagt keine Ahnung, ob bei der Herstellung einer Vielzahl der Produkte aus unserem Einkaufskorb Esoterik zum Zuge kam. Wie sollten wir auch? Gleichzeitig wünschen wir uns aber, dass sich das in Zukunft ändert. Die meisten Bio-Kunden haben wie wir – da sind wir uns sicher – weder Angst vor Barcodes, noch legen sie Wert darauf, dass ihre Bio-Äpfel mit angeblich kosmisch wirkenden Präparaten in Kontakt kommen. Und ganz sicher wollen sie nicht, dass kranken Tieren Zucker statt Medizin verabreicht wird. Sie wollen einfach nur Lebensmittel aus ökologischer Landwirtschaft genießen. Ganz ohne »Belebung« oder andere esoterische Rituale. Ist das zu viel verlangt?

Kapitel 3

Kosmische Therapien und Handauflegen gegen Krebs: Wer heilt, hat recht?

Der Anruf trifft Maria vollkommen unerwartet. »Wir haben ihre Labordaten, melden Sie sich bitte umgehend in der Praxis.« Beim Rückruf ist die Arzthelferin der Frauenarztpraxis kurz angebunden und sagt, sie möge doch bitte schnell kurz vor Ende der Sprechstunde vorbeikommen. Maria fühlt sich wie betäubt. Statt wie sonst im Wartezimmer die Hochglanz-Illustrierten durchzublättern, starrt sie vor sich hin und versucht sich gegen das zu wappnen, was da gerade wie ein Tsunami auf sie zurollt. Als ihr Name aufgerufen wird, werden ihre Knie weich. Eine ältere Sprechstundenhilfe bereitet sie mit leiser Stimme auf die Diagnose vor. Unzählige Fremdwörter prasseln auf Maria ein. Aus ihren Augen kullern große Tränen. »Haben Sie Kinder?«, fragt die Arzthelferin. In ihrem Blick liegt aufrichtiges Bedauern. Maria schüttelt stumm den Kopf. Und dann schweigen beide für einen kurzen, schrecklichen Moment, weil nichts mehr zu sagen bleibt. Später dann, auf dem Weg nach Hause, ist Maria froh über den Regen. Denn so ist ihr nicht anzusehen, dass sie nicht aufhören kann zu weinen. Ihre Finger tasten immer wieder nach dem Blatt Papier in der Jackentasche: die Überweisung an eine Spezialistin für Gewebeveränderungen am Gebärmuttermund.

Wenn eine schlimme Diagnose in Raum steht, fühlt sich das für viele Betroffene an, als würde die Welt plötzlich aus den Angeln gehoben werden. Mit einem Mal gilt es, Entscheidungen von ungeheurer

Tragweite zu treffen, die einen völlig überfordern. Die meisten Menschen beginnen in solchen Situationen damit, in Eigenregie online nach Informationen zu suchen. Vielleicht auch, um irgendwie die Kontrolle über das Unkontrollierbare zurückzugewinnen. Was für Behandlungsoptionen habe ich? Wie stehen meine Chancen? Welche Expertenmeinungen gibt es? Auch Maria tippt wenige Stunden später ihre Diagnose in das Fenster einer Suchmaschine. Arglos klickt sie auf den ersten Link. Was sie dort zu lesen bekommt, verschlägt ihr die Sprache.

Laut Webseitenbetreiber leidet Maria unter einem »weiblich sexuellen Frustrations-Konflikt«, der sich auf ihre Gebärmutter auswirkt und Krebs verursacht. Verändertes Gewebe an der Gebärmutter, so heißt es weiter, sei womöglich ein Zeichen dafür, dass man unter einem unerfüllten Kinderwunsch leide. Als Therapie wird von jeglichen medizinischen Eingriffen abgeraten. Stattdessen sollen Betroffene an dem vermeintlich ursächlichen Problem »Des-nicht-begattet-Werdens« arbeiten. »Schulmedizinern« wird unterstellt, sie würden es »regelrecht sadistisch genießen«, Patienten die Krebsdiagnose zu überbringen.

Was Maria zu diesem Zeitpunkt noch nicht weiß: Die von ihr angesteuerte Webseite wird von Anhängern der sogenannten Germanischen Neuen Heilkunde oder auch »Germanischen Neuen Medizin« betrieben. Dabei handelt es sich um eine esoterische Pseudo-Heilslehre, die auf den deutschen Arzt Ryke Geerd Hamer zurückgeht. Die Entstehungsgeschichte ist mehr als abenteuerlich: In den 1970er-Jahren wurde bei Hamer Hodenkrebs diagnostiziert. Er ließ den Tumor auf Anraten seines Arztes operativ entfernen, wenig später gelangte er aus unerfindlichen Gründen jedoch zu der Überzeugung, der erst wenige Monate zurückliegende Tod seines Sohnes (er starb an einer Schussverletzung) hätte die Erkrankung ausgelöst. Basierend auf dieser Annahme verkündete Hamer alsbald seine »Eiserne Regel des Krebses«. Er war überzeugt, Krebs entstünde durch sogenannte Schockerlebnisse, wie etwa den Verlust eines Angehörigen. Tumore seien demnach lediglich eine körperliche Folge nicht verarbeiteter seelischer Konflikte, und insgesamt handele es sich bei Krebs um ein »biologisch sinnvolles Sonderprogramm der Natur«.[1] Laut Hamer-Anhängern gibt es auch keinen Zusammenhang zwischen Rauchen und Lungenkrebs, Metastasen entstünden angeblich erst durch den Schock infolge der Diagnose. Der eigentliche Auslöser sei vielmehr ein »Revierangst-Konflikt« des Patienten. Dieser »kann nur in männlicher Hormonlage empfunden werden; ihr weibliches Gegenstück ist die Schreckangst.« Als Beispiele für einen drohenden »Verlust eines Revierbestandteils« werden Probleme im Job, gesellschaftliche Abstiegsängste oder auch problematische Liebesbeziehungen genannt. Die Ursache von Prostatakrebs lässt sich laut den Lehren Hamers oft in Beziehungsproblemen finden. Auf einer einschlägigen Webseite heißt es: »älterer Mann, wird von jüngerer Freundin zugunsten eines jüngeren Mannes verlassen«, oder »Mann erwischt seine Ehefrau/ Geliebte in flagranti mit einem jüngeren Liebhaber«.

Die moderne Onkologie verschuldet Hamers Ansicht nach den größten »Holocaust der Weltgeschichte«. Medizinische Krebstherapien, wie etwa Operationen, Bestrahlung oder Chemotherapie hält er für unnötig und schädlich. Seinen Patienten rät er stattdessen, ihre angeblichen »Konflikte« beispielsweise durch therapeutische Gespräche aufzuarbeiten.

In den 1980er-Jahren war Hamer in zahlreichen deutschsprachigen Medien präsent. Sein vollmundiges Versprechen, Krebs heilen zu können, brachte ihm viel Kritik ein – zog zugleich aber auch verzweifelte Patienten an, die keinen anderen Ausweg sahen. Im Jahr 1981 versuchte Hamer an der Universität Tübingen zu habilitieren, seine Arbeit mit dem Titel »Das Hamer-Syndrom und die Eiserne Regel des Krebses« wurde jedoch aufgrund gravierender wissenschaftlicher Mängel abgelehnt. 1986 wurde ihm schließlich die Approbation entzogen, und er durfte nicht mehr als Arzt praktizieren. Das Verwaltungsgericht Koblenz attestierte ihm eine »ungeeignete psychopathologische Persönlichkeitsstruktur« und »mangelnde Einsichtsfähigkeit«. Trotzdem behandelte er noch über Jahre hinweg weiter Patienten.[2]

Angehörige verstorbener Opfer schilderten immer wieder erschütternde Geschichten über die Details von Hamers »Therapie«. Krebspatienten im Endstadium wurde etwa dringend von schmerzlindernden Opiaten abgeraten, was zu einem sehr qualvollen Tod führte. Der *Stern* berichtete, dass von 50 nach der Hamer-Methode behandelten Krebspatienten in dem 1982 eröffneten privaten »Sanatorium Rosenhof« im baden-württembergischen Bad Krozingen nur sieben überlebt hatten und kein Einziger geheilt worden war.[3] Hamer verordnete zudem allerlei skurrile »Behandlungen«, wie etwa das Hören eines von ihm für seine Ehefrau komponierten Liedes mit dem Titel »Mein Studentenmädchen«, da die Melodie seiner Ansicht nach heilsame Schwingungen aufweise.[4] Eine ehemalige Krankenschwester berichtete über ihre Erfahrungen: »Der Hamer hat nie nach den Patienten geschaut. Die ganze Behandlung bestand nur noch aus gemeinsamem Singen und Essen […]. Wenn es ans Sterben ging, hat er die Patienten nach Hause geschickt.«[5]

Ab 1990 betrieb Hamer im österreichischen Burgau ein Zentrum für »Neue Medizin«. Bei der Schließung im Jahr 1995 stellten die Behörden rund 6.500 Patientenakten sicher. Hamer wurde im Laufe seiner Karriere als »Wunderheiler« wiederholt wegen Betrugs und illegalen Praktizierens verurteilt und saß mehrere Haftstrafen ab. 1993 wurde er etwa zu vier Monaten auf Bewährung verurteilt. Hamer hatte im Fall eines an Knochenkrebs erkrankten Patienten dazu geraten, das von Zellveränderungen betroffene Bein einzugipsen, um den Tumor zu »verkalken«. Statt der versprochenen Heilung endete die Behandlung damit, dass das Bein schlussendlich amputiert werden musste.[6] 1997 verurteilte ein deutsches Gericht Hamer zu einer Haftstrafe von 19 Monaten, von denen er 12 im Gefängnis absitzen musste. Im *Deutschen Ärzteblatt* hieß es dazu: »Das Amtsgericht Köln sah es als erwiesen an, dass der 62-jährige Arzt 1995 ohne Zulassung drei todkranke Krebspatienten behandelt hatte. Dabei habe sich Hamer von seinem ›Absolutheitsanspruch‹ leiten lassen, mit dem er die von ihm entwickelte ›Neue Medizin‹ vertrete. Eine Aussetzung der Strafe zur Bewährung lehnte das Gericht wegen der einschlägigen Vorstrafen Hamers ab.«[7]

Aufgrund der Beteiligung an der Behandlung von mehreren Patienten ohne Approbation in Frankreich wurde Hamer dort im Jahr 2000 in Abwesenheit (er war zwischenzeitlich nach Spanien geflüchtet) zu einer längeren Haftstrafe verurteilt. Nachdem er 2004 im südspanischen Malaga infolge eines europäischen Haftbefehls gegen ihn festgenommen[8] und nach Frankreich ausgeliefert worden war, kam er erst im Februar 2006 wieder auf freien Fuß.

Behörden mehrerer Länder gingen rechtlich gegen Hamer-Anhänger vor, die ihren schwerkranken Kindern eine angemessene medizinische Behandlung verweigerten. Dabei handelte es sich wohlgemerkt nicht immer um Krebs, denn über die Jahre verbreitete Hamer zahlreiche weitere, aus medizinischer Sicht vollkommen abwegige Thesen, nach denen körperliche Erkrankungen durch Konflikte verursacht würden. Neurodermitis, so heißt es auf einer Webseite zum Thema »Germanische Neue Medizin«, werde etwa durch einen »Trennungskonflikt« verursacht. Karies entsteht angeblich durch einen »Verteidigungs-Konflikt des Nicht-zubeißen-Dürfens«, etwa wenn man sich so sehr über einen anderen ärgert, dass man ihn am liebsten beißen will, es aber nicht darf.

Hamer versprach seinen Patienten nicht weniger als ein Wunder. Er propagierte, dass die »Germanische Neue Medizin« auf alle wichtigen Gesundheitsfragen eine Antwort hätte. Doch wer sich darauf verließ, riskierte sein Leben. Am Weihnachtsabend des Jahres 2009 starb die vierjährige Sighild an multiplem Organversagen. Auslöser war eine massive Überzuckerung, verursacht durch eine Unterversorgung mit Insulin. Zwei Jahre zuvor war bei dem Mädchen aus der Lüneburger

Heide Diabetes diagnostiziert worden, doch die Mutter vertraute laut einem Angehörigen statt auf ärztlichen Rat lieber auf die »Germanische Neue Medizin«. Sighilds Eltern mussten sich später vor Gericht für den Tod ihrer Tochter verantworten. In einem Bericht des NDR-Magazins *Panorama* heißt es: »Die Mutter wuchs im Kreise der ›Artgemeinschaft – Germanischen Glaubensgemeinschaft‹ auf, eine stramm rechts-völkische Vereinigung. Der Vater war 1994 in der verbotenen ›Wiking Jugend‹ und stand in engem Kontakt zum NPD-Fraktionsvorsitzenden Udo Pastörs aus Mecklenburg-Vorpommern.«[9]

Dass die »Germanische Neue Medizin« auch heute noch in der rechtsextremen und völkischen Szene Anhänger findet, mag mitunter der Tatsache geschuldet sein, dass Hamer sich wiederholt offen antisemitisch äußerte. So behauptete er etwa, viele Onkologen wären Juden, deren geheimes Ziel es sei, Menschen mittels Chemotherapie zu vergiften. Die *taz* beschrieb 2006 Hamers Sicht auf die Welt wie folgt: »Dass seine Habilitationsschrift und Lehre nicht angenommen wurden, sei dem Einfluss ›jüdischer Logen‹ geschuldet. [...] Er meint weiter, dass die ›dumme alte Schulmedizin eigentlich eine jüdische Medizin‹ sei, und es wäre ›der wahnsinnige Kampf der Talmud-Zionisten, alle Nichtjuden umbringen zu wollen‹.«[10] Bei Impfungen würden Hamer zufolge insgeheim Gift-Chips eingepflanzt, die durch Satelliten gesteuert gezielte Tötungen erlauben sollen.[11] Nach dem Tod der vierjährigen Sighild meldete sich Hamer öffentlich zu Wort und machte einen ebensolchen Chip für ihren Tod verantwortlich.[12] Hamer-Anhänger verbreiteten auch drastische Mythen über Corona-Impfungen. Da hieß es beispielsweise, hinter der angeblichen »Impftäuschung« würden »die satanisch pädophilen Eliten« stecken, und »Konzerne übernehmen nun die Steuerung der Online-Menschen«.

2010 sorgte der Fall »Muriel« in Österreich für Schlagzeilen. Ein Baby musste gegen den Willen der HIV-positiven Eltern in einem Grazer Krankenhaus behandelt werden. Die Mutter hatte zuvor ärztliche Empfehlungen zum Schutz des Kindes vor einer HIV-Infektion bei der Geburt ausgeschlagen.[13] Sie berief sich dabei unter anderem auf Hamer, der AIDS lediglich für die Folge einer »Smegma-Allergie« hielt.[14] Mit Smegma ist eine Substanz gemeint, die sich am Penis zwischen Eichel und Vorhaut bildet. Nicht das HI-Virus ist Hamer zufolge unbehandelt lebensbedrohlich, sondern vielmehr die Behandlung selbst. Der Fall »Muriel« ist vor allem deshalb besonders tragisch, da das Baby höchstwahrscheinlich hätte davor geschützt werden können, sich bei der Geburt mit HIV zu infizieren.[15] Die Kindesmutter musste sich später vor Gericht verantworten, das Kind wiederum wurde bei Pflegeeltern untergebracht. Selbst der Tod ihres Lebensgefährten hatte sie nicht von ihrem Irrglauben abbringen können.[16]

Über die Jahre ist ein internationales Netzwerk von Ärzten, Heilpraktikern und Unterstützern entstanden, die sich auf die Lehren Hamers beriefen und seine Botschaft in Büchern, Esoterik-Zeitschriften und bei Vorträgen verbreiteten. Die Krebsliga Schweiz warnte 2001 in einem Schreiben ausdrücklich vor Anbietern von Hamer-»Therapien«.[17] Immer wieder kam es aufgrund von Hamer-Anhängern zu öffentlichen Diskussionen in Italien. So schlug 2016 in Rimini eine 34-jährige Mutter zweier Kinder nach einer Brustkrebsdiagnose mit Verweis auf Hamers Thesen die ihr empfohlene Chemotherapie aus und verstarb daraufhin wenig später an ihrer Erkrankung.[18] In einem anderen Fall lehnten die Eltern einer an Leukämie erkrankten jungen Frau die dringend empfohlene Chemotherapie ab und ließen stattdessen ihre Tochter in der Schweiz mit Gesprächstherapie, Vitaminen und Cortison behandeln.[19] Der Zustand der Tochter verschlechterte sich dramatisch. Den Eltern wurde schlussendlich das Sorgerecht entzogen. Da war es jedoch bereits zu spät.

Hamer verstarb 2017 im Alter von 82 Jahren in Norwegen, wohin er zehn Jahre zuvor vor Strafverfolgung geflüchtet war.[20] Doch auch nach seinem Tod verbreiten Anhänger weiterhin seine gefährlichen esoterischen Botschaften und ködern schwer Erkrankte mit vollmundigen Heilungsversprechen. Zu den bekanntesten Vertretern der

»Germanischen Neuen Heilkunde« gehört heute ein österreichischer Ingenieur namens Helmut P. Der Mann wurde international bekannt, als er 1995 seine damals sechsjährige krebskranke Tochter Olivia von Hamer behandeln lassen wollte. Die Eltern flohen mit Hamer ins Ausland.[21] Als das Mädchen letztendlich auf Druck der Behörden doch noch medizinisch behandelt wurde, wog ihr Tumor bereits sechs Kilogramm. Die Behandlung schlug glücklicherweise an, das Mädchen überlebte. Trotzdem beharrte der Vater darauf, nicht etwa die behandelnden Ärzte, sondern vielmehr Hamer sei der eigentliche Retter seiner Tochter gewesen.

Ryke Geerd Hamer hat eines mit zahlreichen esoterischen Wunderheilern und Gurus gemein: Medienberichte beschreiben ihn als ungemein charismatisch. Er trat selbstbewusst auf und hatte offenbar ein Talent dafür, Patienten zu suggerieren, sie wären bei ihm in besten Händen. Hamer inszenierte sich als aufopferungsvoller Wunderarzt, der – wenn es sein musste – sogar bereit war, mit seinen Patienten ins Ausland zu flüchten, um sie vor den Fängen der »Schulmedizin« zu retten. Das mag einigen seiner späteren Opfer anfangs imponiert haben. Jeder wünscht sich schließlich einen Arzt, der seinen Patienten das Gefühl von ungeteilter Aufmerksamkeit vermittelt. Vor allem, da derartige Versprechen meist in krassem Kontrast zum engen zeitlichen Korsett des Gesundheitssystems stehen.

Oft wird daher vermutet, dass die Hinwendung zur Esoterik mit einer generellen Unzufriedenheit mit dem Gesundheitssystem zusammenhängen könnte. Schaut man sich aber hierzu die Studienlage an, ist die empirische Evidenz für eine solche These eher schwach.[22] Der Psychologe John Astin untersuchte beispielsweise 1999, ob das Vorurteil, dass Nutzer von sogenannten alternativen Ansätzen eigentlich alle nur unzufrieden mit herkömmlichen Behandlungen seien, wirklich stimmt. Für seine Studie befragte er mehr als 1.000 Personen in den USA. Das Ergebnis zeigte: Unzufriedenheit spielte keine Rolle bei der Entscheidung für alternative Heilansätze.[23]

Die Frage, warum einige Menschen trotz der vernichtenden Bilanz seines Wirkens nach wie vor auf die Methoden Ryke Geerd Hamers setzen, ist nicht einfach zu beantworten. Esoterische Heilslehren wie die »Germanische Neue Heilkunde« haben gegenüber seriöser Medizin zunächst vor allem den unlauteren Vorteil, dass sie vollkommen utopische Erwartungen schüren können. Während ein seriöser Arzt seinen Patienten reinen Wein einschenken muss, lullen selbst ernannte Wunderheiler ihre Kunden häufig mit blumigen Versprechen ein. Gerade in Momenten tiefer Verzweiflung angesichts wenig Zuversicht spendender Diagnosen kann es passieren, dass Menschen nach jedem Strohhalm greifen, der ihnen auch nur einen Funken Hoffnung verspricht. In seinem Buch *Vergebliche Hoffnung. Der Mythos von sanften und natürlichen Krebstherapien* schreibt der Autor Michael Spöttel, während die Medizin »mithilfe von abstrakten Zahlen *Prognosen*« entwickele, »versprechen alternative Heiler mit großem Gebärde *Erlösung*«.[24] Statt akzeptieren zu müssen, dass die Krankheit ihr Leben bedroht, können sich Patienten in eine wohltuende Illusion flüchten. Man glaubt, die Kontrolle über eine Situation zurückzuerlangen, die einen zutiefst verängstigt.

Verschiedene Forschungsergebnisse zeigen, dass Ängste in Bezug auf mögliche Nebenwirkungen von Behandlungen eine Nutzung von nicht-evidenzbasierten Ansätzen wahrscheinlicher machen.[25] Während ein seriöser Spezialist selbst bei simplen operativen Eingriffen vorab erklärt, es könne in Einzelfällen zu Komplikationen kommen, werden viele Esoterik-Behandlungen als vollkommen frei von Risiken angepriesen. Einige Patienten hatten sich auch deshalb Hamer anvertraut, weil sie aufgrund von Erlebnissen im eigenen Umfeld in Zusammenhang mit Krebsbehandlungen zutiefst verängstigt waren. Medizinische Behandlungen wie Chemotherapie oder Bestrahlung sind für viele Menschen mit immensen Ängsten verbunden – auch wenn derartige Maßnahmen gerade bei schweren Verläufen oft den größten Effekt haben.[26] Leider gilt: Was wirkt, hat auch

Nebenwirkungen. Diese können von Haarausfall über Erbrechen und Durchfall bis hin zu schwerer körperlicher Erschöpfung reichen. Zusätzlich wird das Immunsystem massiv geschwächt und je nach konkreter Medikation können weitere Beschwerden wie etwa eine Schädigung der Nerven an Händen oder Füßen hinzukommen.[27] Angesichts einer solchen Drohkulisse dürfte es auf emotionaler Ebene für einige Menschen verlockend sein, zu glauben: »Die Chemo ist die Gefahr, nicht der Krebs«, da so eine beängstigend wirkende Behandlung scheinbar abgewendet werden kann.

Egal ob Aspirin, Paracetamol oder Ibuprofen – wer sich die Liste möglicher Nebenwirkungen so mancher populärer Medikamente zu Gemüte führt, dem wird schnell mulmig zumute. Um wie viel »sanfter« kommt da doch im Vergleich dazu ein Ratgeber der »Neuen Homöopathie« daher, schließlich heißt es dort, man könne Regelschmerzen wirksam bekämpfen, indem Betroffene sich einfach ein großes Y mit einem Kugelschreiber auf das Becken malen. Bei Tinnitus helfen angeblich fünf kleine Striche unterhalb der Ohren, zusätzlich soll ein Kristall am Kopf platziert werden. Wenn die Heilung so einfach und mühelos möglich erscheint – wozu da noch langwierige medizinische Therapien? Die Esoterik präsentiert sich Kunden mit ihrem Versprechen einer »ganzheitlichen« und dazu noch nebenwirkungsfreien Heilung quasi als eierlegende Wollmilchsau.

Bereits in den 1970ern wurde medial über einen Zusammenhang von Persönlichkeitseigenschaften und dem Auftreten von Krebs bis hin zur angeblichen Existenz einer »Krebspersönlichkeit« spekuliert – eine Behauptung, die sich zwar als medizinischer Unfug herausstellte, aber trotzdem in vielen Köpfen verhaftet blieb.[28] Esoterischen Scharlatanen spielt zudem medizinisches Un- und Halbwissen über Psychosomatik, also der Wechselwirkung von Psyche und Körper, in die Hände. Selbst vollkommen haltlose Behauptungen, etwa dass bösartige Tumore allein durch Gedankenkraft heilbar seien, erscheinen einigen Menschen plausibel. Es bedarf zudem keiner großen Anstrengung, um im eigenen Leben zahlreiche Krisen zu identifizieren, die als vermeintliche »Ursache« herangezogen werden können.

Nach dieser »Methode« ging auch der Begründer der »Germanischen Neuen Medizin« vor, heißt es in einer Recherche des *Spiegels:* »Während Hamer auf einer gynäkologischen Krebsstation arbeitete, fing er an, nach auslösenden Konflikten bei den Patientinnen zu suchen. Er fand, wo immer er suchte, Beziehungskonflikte, Trennungskonflikte, Mutterkonflikte, Sexualkonflikte und so fort.«[29] Aber ist nicht unser aller Leben – zumindest an manchen Punkten – von Krisen und Konflikten gekennzeichnet? Warum die einen Menschen erkranken, andere jedoch selbst nach schwersten Schicksalsschlägen gesund bleiben, vermochte Hamers Ansatz nicht zu erklären.

Einige Patienten empfanden es womöglich als entlastend, nicht länger rätseln zu müssen, was ihren Tumor ausgelöst haben könnte. Zufall oder nicht erklärbare Faktoren haben innerhalb dieses Modells keinen Platz. Mehr noch, es galt in der eigenen Erkrankung plötzlich einen tieferen Sinn zu erkennen. Krebs wird innerhalb esoterischer Narrative nicht selten zur vermeintlichen »zweiten Chance« umgedeutet – als Hinweis des Körpers, um seit Langem schwelende innere Konflikte anzugehen. Im Vergleich dazu sind Aussagen seriöser Mediziner dann auf emotionaler Ebene vermutlich deutlich weniger attraktiv. Weder tragen Krankheiten aus wissenschaftlicher Perspektive eine »tiefere Botschaft« in sich, noch ist immer klar, warum Krebs den einen trifft, andere aber verschont. Bei den meisten Krebspatienten gibt es eben nicht »die eine« klar identifizierbare Ursache, und bei vielen schweren Erkrankungen wie etwa Multipler Sklerose steht die Wissenschaft noch immer vor einem Rätsel, welche Faktoren hierbei wie genau zusammenwirken.[30] Auch das macht die einfachen Botschaften von Heilern und Gurus so anziehend, weil sie vorgeben, die Ursachen einer Krankheit sowie gleichzeitig einen Ausweg daraus bestimmen zu können, indem sie vermitteln: »Du hast Fehler gemacht, und dein Körper bestraft dich dafür, aber nun kannst du alles wieder reparieren!«

Auf Außenstehende wirkt die esoterische Heilerszene wie eine fremdartige eigene Welt, mit deren Sprache man sich erst vertraut machen muss. In Vorträgen zur »Germanischen Neuen Medizin« wurden potenzielle Interessenten mit allerhand kryptischen Begriffen und Abkürzungen wie beispielsweise »Sinnvolles Biologisches Sonderprogramm (SBS)«, »Dirk-Hamer-Syndrom (DHS)« oder auch »Hamerscher-Herd (HH)« bombardiert. Bescheidenheit war sicherlich nicht Hamers Stärke, er stellte sogar die Behauptung auf, eine neue, allem bisher Dagewesenen überlegene Medizin erfunden zu haben – inklusive fünf eigener »biologischer Naturgesetze«. Solche eigens geschaffenen Pseudo-Fachbegriffe vermitteln Laien oft den Eindruck von Seriosität. Die durch den Mangel an wissenschaftlicher Evidenz entstehende intellektuelle Leere wird einfach mit eindrucksvollen Begriffen gefüllt. Wer weiß schließlich schon, dass »Quantenheilung«, »Tachyonen-Behandlungen« und esoterische »Energien« mit moderner Physik herzlich wenig zu tun haben? Oder dass das nach Hightech aussehende »Bioresonanz-Gerät« laut einer wissenschaftlichen Studie nicht einmal lebende Patienten von Leberkäse unterscheiden kann?[31] »Es soll streng wissenschaftlich zugehen; je größer der Humbug, desto sorgfältiger die Versuchsanordnung«, lästerte bereits Adorno über esoterische Praktiken.[32]

Gerade wenn es um den lukrativen Markt für Gesundheitsdienstleistungen geht, werden viele Anbieter erfinderisch. Handauflegen klingt weniger seriös als das Versprechen, mittels »Energiearbeit« Blockaden in den »Meridianen« aufzulösen. Unsichtbare Kräfte, die nicht messbar sind, werden heutzutage oft nicht mehr als »geistartig«, sondern »feinstofflich« bezeichnet. Wer in die Welt der Esoterik abtaucht, hat schon bald das Gefühl, zum Experten aufzusteigen, der komplexe Zusammenhänge erfasst, die über die »grobstofflichen« Methoden der Medizin erhaben sind. Per Wochenendseminar hat zudem jeder Neueinsteiger die Chance, zügig in den Kreis der Wissenden aufzusteigen.

Hamers Anhänger halten die »Eisernen Regeln des Krebs« für unfehlbar, hinter Wissenschaft und Medizin wittern sie hingegen eine bösartige Verschwörung. Auch das ist nicht ungewöhnlich für die Esoterik-Szene. In Interviews hetzte Hamer gegen eine vermeintliche »Chemo-Mafia« und sprach davon, »Staatsanwaltschaft und Staatsmedizin« seien wie die »Gülle-Presse ein Teil der Weltherrschaft«.[33] Derartige Narrative machten es möglich, die vielen Medienberichte über Todesfälle gegenüber der Anhängerschaft als Teil einer bösartigen Kampagne gegen ihn darzustellen. Jegliche Kritik von außen wurde als weiterer Beweis für eine mutmaßliche Verschwörung der »Pharmalobby« oder »Mainstream-Medien« gesehen. Ähnliches begegnet einem immer wieder im Milieu der Wunderheiler.

Wissenschaftliche Studien konnten einen Zusammenhang zwischen einer individuell stark ausgeprägten *Verschwörungsmentalität* und der Nutzung nicht-evidenzbasierter Behandlungsformen messen. Die Verschwörungsmentalität ist eine Art Persönlichkeitseigenschaft, die bei Menschen unterschiedlich stark ausgeprägt ist. Sie manifestiert sich vor allem in Vorurteilen gegenüber allen, die als mächtig wahrgenommen werden. Der Glaube an eine große Verschwörung im Pharmabereich sowie in Medizin und Wissenschaft wirkt sich massiv auf Gesundheitsfragen aus. Eine US-amerikanische Studie aus dem Jahr 2014 kam zu dem Ergebnis, dass Personen, die an medizinische Verschwörungserzählungen glauben, seltener Grippeschutzimpfungen oder jährliche Vorsorgeuntersuchungen wahrnehmen und stattdessen öfter auf Vitamine und pflanzliche Nahrungsergänzungsmittel setzen.[34] Auch für Deutschland zeigen sich ähnliche Zusammenhänge: Je stärker der Verschwörungsglaube, desto eher wurden alternative Ansätze befürwortet und Medizin abgelehnt.[35] Eine Meta-Analyse hat 2022 die Daten von 53 Studien mit knapp 80.000 Personen aus Zeiten der Pandemie ausgewertet und konnte eindrücklich belegen, dass der Glaube an Verschwörungen nicht nur mit einer Ablehnung von Impfungen einherging, sondern auch mit einer Befürwortung von alternativen Behandlungsmethoden bis hin zu dem auch von Ex-Präsident Donald Trump gepriesenen Hydroxychloroquin,[36] vor dem das Bundesinstitut für Arzneimittel und Medizinprodukte im Kontext von Coronabehandlungen eindringlich warnte.[37, 38]

Es gibt nicht die eine Antwort auf die Frage, warum Patienten trotz ausbleibender Erfolge teils bis zu ihrem Tod weiter an Hamers dubiosen Heilsversprechen festhielten. Es ist jedoch plausibel, dass zumindest manchmal eine weitere in der Esoterik-Szene verbreitete Masche hierbei eine Rolle spielte. Absurd positive Erfolgsquoten der angepriesenen Behandlungen inklusive überschwänglicher Testimonials ehemaliger Patienten, selbst bei schwersten Fällen, lassen sich etwa mit systematischen Fehlern bei der Diagnosestellung erklären. Bei so manchem »Wunderheiler« wird so ein harmloser gutartiger Knoten in der Brust kurzerhand zum bösartigen Tumor deklariert, ohne die Biopsie abzuwarten.[39] Verschwindet der Knoten dann wenig später von allein, wird dies umgehend als »Krebsheilung« und somit als Beweis für die Effektivität der eigenen Methode verbucht, frei nach dem Motto: »Wer heilt, hat recht!« Immer wieder werden auch in der Esoterik-Szene werbewirksam »Heilungen« von Patienten verkündet, die sich Monate oder Jahre später als Trugschluss herausstellten, da der Patient letztendlich verstarb. Innerhalb der verdrehten Logik der »Germanischen Neuen Medizin« belegen Todesfälle zudem keineswegs die Wirkungslosigkeit der eigenen Verfahren. Stirbt ein Patient, liegt vielmehr nahe, in Anlehnung an Hamers Thesen zu behaupten, derjenige habe es eben nicht geschafft, den angeblich ursächlichen inneren Konflikt aufzulösen. Oder es heißt, der Patient habe Hamer eben zu spät aufgesucht.[40]

Es gibt diverse Tricks, mit deren Hilfe sich angebliche Wunderheiler Kritik vom Leib halten. Bei einigen esoterischen Anbietern werden Kunden gleich zu Beginn wegen einer angeblich zu erwartenden typischen »Erstverschlimmerung« nach Beginn einer Behandlung vorgewarnt. Da wird dann beispielsweise behauptet, es käme zu

»Reinigungsreaktionen« des Körpers, weil negative Energien ausgeschieden würden. Anbieter können dank dieses Disclaimers bei ausbleibendem Erfolg darauf verweisen, alles verlaufe nach Plan, aufkeimende Zweifel des Kunden werden bequem beiseitegewischt. Durch die so gewonnene Zeit steigen natürlich auch die Chancen, dass:

1. (primär leichte) Beschwerden von allein verschwinden,
2. eine parallel oder davor angewendete konventionelle Behandlung anschlägt,
3. die für viele chronische Erkrankungen typische schubartige Zu- und Abnahme von Beschwerden als Therapieerfolg umgedeutet werden kann und/oder
4. irgendwann ein Placeboeffekt einsetzt.

Den Opfern Hamers wurde etwa systematisch eingeredet, Verschlechterungen ihres Gesundheitszustands als positives Zeichen einer angeblichen »Heilungsphase« umzudeuten. Eine gute Frauenärztin wird hellhörig, wenn von spontanen Blutungen berichtet wird, da dies auf einen bösartigen Gebärmuttertumor hindeuten kann – Hamer-Anhänger interpretierten solche Blutungen hingegen als positives Zeichen der Genesung. Je mehr sich der Zustand verschlimmerte, desto eher wähnte man sich auf dem Weg der Besserung. Doch je länger auf die Pseudo-Behandlung gesetzt wurde und umso gravierender die Konsequenzen waren, desto schwieriger dürfte es fallen, irgendwann auch nur den Gedanken daran zuzulassen, eine womöglich zu Beginn noch existierende Chance auf Genesung durch den Glauben an einen Wunderheiler verspielt zu haben.

Neben den hochgefährlichen »Behandlungen« nach Hamer tummeln sich auf dem Markt für vermeintliche Krebs-Wunderheilungen noch unzählige weitere esoterische Dienstleister. Dem in Esoterik-Kreisen populären »Familientherapeuten« Bert Hellinger zufolge kann etwa der unbewusste Wunsch, die Schuld vorangegangener Generationen zu sühnen, Krebs auslösen.[41] In einem seiner Bücher heißt es: »Die Seele weiß, wann wir eine Krankheit brauchen, und sie schickt sie uns.« Einer an Krebs erkrankten Frau wurde auf dieser Grundlage mitgeteilt, sie habe durch eine Abtreibung nicht nur ihren eigenen Krebs, sondern auch den Prostatakrebs des Sohnes ausgelöst. Selbst ernannte Reinkarnationstherapeuten referieren über »karmische Schulden« und versprechen, angeblich krebsauslösende Vorkommnisse in früheren Leben aufzudecken. Krankheiten, heißt es hier, seien die Strafe höherer Mächte für das Fehlverhalten früherer Reinkarnationen.

Konzepte, in denen es ähnlich wie bei Hamer heißt, Krankheiten könnten durch die Kraft der eigenen Gedanken überwunden werden, sind im Esoterik-Milieu in vielerlei Formen anzutreffen. Da wird beispielsweise suggeriert, Krebspatienten müssten ihren Tumor lediglich vor ihrem inneren Auge visualisieren und dann durch Gedankenkraft das Immunsystem davon überzeugen, ihn zum Verschwinden zu bringen. In kostspieligen Workshops dürfen Patienten dann »die richtigen Befehle« an ihr Immunsystem Wort für Wort auswendig lernen. Wer bei Derartigem an selbst ernannte Magier oder Hexen denkt, die meinen, durch Zaubersprüche Dämonen bannen zu können, liegt wahrscheinlich nicht ganz falsch.

Mit der Hoffnung von Menschen lässt sich besonders in ausweglos erscheinenden Situationen eine Menge Geld verdienen. In einem Online-Forum schreibt ein Nutzer, eine Heilerin könne Lymphdrüsenkrebs zum Verschwinden bringen, indem sie sich »einfach nur auf die entsprechende Person konzentriert«. Das Konzept nennt sich »Fernheilung«. Bei Schwerkranken könne »es jedoch ein paar Wochen dauern«, wird eingeräumt. Auf YouTube rühmt sich ein Medium, kosmische Energien für den ganz persönlichen Heilungsprozess ihrer Kunden aus außerirdischen Quellen zu »channeln«. »Feinstoffliche Chirurgen« bieten eine Beseitigung von Ungleichgewichten. Auf Esoterik-Messen können Besucher Kristalle und Schutzamulette gegen Krebs erwerben und spirituelle Gebärmutterreinigungen (»wie man verlorene Kraft von früheren Partnern zurückgewinnt«) buchen.[42]

Esoterik-Anbieter versprechen Kunden oft schier Unmögliches. Problematisch ist dies insbesondere dort, wo gezielt Menschen angesprochen werden, bei denen viel auf dem Spiel steht und die von purer Verzweiflung getrieben sind. Besonders tragisch sind Fälle, bei denen Eltern ihr schwerkrankes Kind in die Hände von Wunderheilern geben. Viele von ihnen würden paradoxerweise bei trivialen Fragen des Alltags niemals auf die Idee kommen, auf derartige Methoden zu setzen. »Nimmt man die Möglichkeiten eines Eingriffs in körperliche Zustände und Abläufe per Visualisierung ernst«, gibt der Autor Michael Spöttel zu bedenken, »könnte man genauso gut verkünden, per Meditation lasse sich eine Glatzenbildung rückgängig machen oder der Busen lasse sich nach Belieben vergrößern«.[43] Seminare und Workshops zur spirituellen Heilung von Haarverlust sind in der Esoterik-Szene allerdings wahrscheinlich vor allem deshalb weniger häufig anzutreffen, weil das Ausbleiben von Effekten selbst bei wohlwollender Betrachtung unübersehbar bleibt.

Vielfach wird es auch als harmlos abgetan, wenn Esoterik-Anbieter lediglich ergänzend zu einer normalen Therapie hinzugezogen werden. Frei nach dem Motto: »Ein wenig positive Gedanken können schließlich nicht schaden … Und vielleicht hilft ja der Placeboeffekt!« Das Problem bei solchen Argumentationen ist aber, dass Anbieter sich bei Ausbleiben von Besserung darauf zurückziehen können, dass der Patient sich beispielsweise nicht genug angestrengt oder eben die falschen »Schwingungen« oder Gedanken hatte. Gerade bei schweren Verläufen setzt so schnell eine toxische Dynamik ein. Mit zunehmender Verschlechterung des Gesundheitszustands wachsen die Schuldgefühle der Patienten. Ein Ausbleiben der Besserung wird als Zeichen dafür gedeutet, dass derjenige »spirituell eben nicht weit genug« sei. Dies kann sogar in einen Vorwurf umschlagen, man sabotiere die eigene Genesung. Selbst bei Abbruch der Behandlung kann ein solches Mindset langfristig zu psychischen Belastungen führen, wenn Patienten beständig den eigenen Willen oder das eigene Bestreben zur Besserung infrage stellen. Darüber hinaus sind nicht alle in der Esoterik-Szene kursierenden »Wundermittel« rein »feinstofflicher« Natur – einige enthalten gar toxische Stoffe oder Bestandteile, die eine parallel durchgeführte Chemotherapie beeinträchtigen können.

Wer an Krebs erkrankt, hat eben die falschen Schwingungen ausgestrahlt, nicht richtig gedacht, war nicht achtsam genug, hat seine inneren Konflikte unbearbeitet gelassen – Faktoren wie etwa genetische Veranlagung werden gleichzeitig entweder vollkommen ausgeblendet oder als nicht so wichtig dargestellt. Statt schädliche Einflüsse wie Rauchen zu betrachten, wird lieber gleich die »unnatürliche« oder gar »entartete« moderne Gesellschaft als Ganzes für die Erkrankung verantwortlich gemacht. In zahlreichen esoterischen Ansätzen wird die Überzeugung verbreitet, Krankheiten würden uns spirituelle Hinweise geben. Hamers Ideen waren in der Hinsicht keineswegs neu. Das Konzept, den Körper und Krankheitssymptome als eine Art Metapher zu deuten, ist in der Esoterik weit verbreitet. Ein Patient berichtete uns, eine Heilpraktikerin habe ihm offenbart, seine Beschwerden am Gehörgang würden eindeutig auf Nierenprobleme hindeuten, da ein bestimmter Teil des Gehörgangs die Form einer Niere habe. Er quittierte diese »Diagnose« mit lautem Lachen. Derartige Ansätze gehen auf sehr alte Vorstellungen zurück. Gemäß der Signaturenlehre, die unter anderem vom Schweizer Arzt und Alchemisten Paracelsus (1493–1541) gelehrt wurde, ging man davon aus, man könne von Eigenschaften wie Form oder auch Geschmack auf die medizinische Wirkweise von Dingen wie zum Beispiel Pflanzen schließen. Da die Walnuss wie das Gehirn zweigeteilt ist und dazu zahlreiche Falten und Wölbungen aufweist, vertraten beispielsweise einige Anhänger der Signaturenlehre die Ansicht, Walnüsse würden aufgrund ihrer Form gegen allerhand mit dem Gehirn zusammenhängende Beschwerden helfen. Bohnen wiederum sollten aufgrund ihrer Gestalt Nierenleiden kurieren. Zwar liefern beide Lebensmittel zweifellos allerhand Nährstoffe, von denen diverse Organe profitieren können – ein Wundermittel gegen schwere Krankheiten sind sie aber nicht.[44, 45]

Das Arbeiten mit Analogien ist auch heute noch beispielsweise in der Traditionellen Chinesischen Medizin (TCM) anzutreffen. Dort spielt etwa der Geschmack von Substanzen eine Rolle bei der Bestimmung der Anwendung. Bitterer Geschmack wird etwa laut einigen Anwendern dem »Feuer«-Element sowie den Organen Herz und Dünndarm zugeordnet und manchmal auch als entzündungshemmend oder Gifte ausleitend gedeutet. In der Antike gab es die Idee, der Verzehr von Knollen der Orchideenart Knabenkraut würde dazu führen, dass Frauen männliche Nachkommen gebären – schließlich erinnerte das Aussehen dieser Knollen an männliche Hoden. Später wurde die Knolle aufgrund ihrer Form auch noch als Mittel zur Stärkung der Potenz[46] oder gegen Hodenerkrankungen genutzt.[47] Die Annahme, man könne vom Aussehen einer Pflanze auf das Organ schließen, an dem sie heilende Kräfte entfalten würde, zeugt von einer sehr menschzentrierten Weltsicht. Die Form einer Orchideenwurzel orientiert sich schließlich genauso wenig an der Form männlicher Hoden, wie es andersherum der Fall ist. Gleichwohl passten derartige Annahmen zu der Vorstellung einer göttlichen Ordnung, in deren Mittelpunkt der Mensch steht. Auch wenn sich durch die so erdachten Behandlungen möglicherweise Zufallsfunde ergaben, gelten derartige Annahmen mittlerweile als überholte Relikte der frühen Medizingeschichte.

Anhänger der sogenannten Anthroposophischen Medizin vertreten häufig die Ansicht, es gebe eine spirituelle Verbindung zwischen Planeten, Metallen und Körperfunktionen. Einige Präparate, die an die Lehren des Anthroposophie-Begründers Rudolf Steiner anknüpfen, bestehen aus Extrakten von Pflanzen, die in einer mit Metall angereicherten Erde aufgezogen worden sind. Bei diesem von Steiner-Anhängern »Vegetalisierung« genannten Prozess soll das jeweilige Metall angeblich eine »Verlebendigung« erfahren. Steiners Ansichten sorgten bereits zu Lebzeiten für viel Kopfschütteln und auch Spott. Der Blogger Oliver Rautenberg, der sich seit Jahren in seinem *anthroposophie.blog* kritisch mit den Thesen Steiners auseinandersetzt, teilte uns mit: »Rudolf Steiner wirkte auf die Zuhörerschaft bei seinen abertausend Vorträgen meist polarisierend. So konnte er an manchen Tagen die Menschen in seinen Bann ziehen und Stürme der Begeisterung auslösen; an anderen Tagen wirkte der viel beschäftigte Dauerredner müde, unkonzentriert und repetitiv. Einige berühmte Zeitgenossen wurden zu Bewunderern des Esoterikers, darunter Albert Schweitzer, Stefan Zweig und Christian Morgenstern. Andere wie Albert Einstein, Franz Kafka oder Kurt Tucholsky sparten dagegen nicht an Spott: In der Wochenschrift *Die Weltbühne* schrieb Tucholsky im Jahre 1924, Steiner wirke auf ihn wie ein armer Schauspieler: ›... alles aus zweiter Hand, ärmlich, schlecht stilisiert ... und das hat Anhänger! Wie groß muß die Sehnsucht in den Massen sein, die verloren gegangene Religion zu ersetzen!‹ Noch heute findet sich kaum ein Mensch, dem Steiner gleichgültig wäre.«[48]

Im anthroposophischen Milieu wird Krebspatienten häufig auch zur Einnahme von Mistelpräparaten geraten. Rudolf Steiner war nämlich davon überzeugt, die Mistel stamme in ihrer Urform von einem Himmelskörper, der sich einst aus Erde und Mond zusammensetzte.[49] Krebspatienten bilden Steiner zufolge »zu stark die Erdkräfte in sich aus«.[50] Als Gegenmittel sei die parasitär an Bäumen wachsende Mistel ideal geeignet, da man so »tatsächlich die Äthersubstanz des Baumes in den Menschen hineinbringen« könne.[51]

»In den derzeit gültigen Leitlinien zur Krebstherapie spielt die Mistelbehandlung keine Rolle«, schreibt das Deutsche Krebsforschungszentrum in der Helmholtz-Gemeinschaft.[52] In Deutschland, Österreich und der Schweiz gehören Mistelpräparate trotzdem zu den bekanntesten komplementär genutzten »alternativen Verfahren« bei Krebsdiagnosen. Komplementär bedeutet hierbei, dass parallel dazu eine wissenschaftlich fundierte medizinische Behandlung erfolgt, wie Chemotherapie oder Operationen. Das Problem ist nur, dass die Grenze zwischen denjenigen, die nur unterstützend zu solchen Präparaten greifen, und jenen, die ihre ganze Hoffnung darauf setzen, fließend ist.

2016 wurde ein Arzt von der Disziplinarkammer des französischen Ärzteverbands mit einem zweijährigen Berufsverbot belegt.[53] Er hatte eine Brustkrebs-Patientin mit Misteltherapie behandelt, die eine Alternative zur Chemotherapie suchte. Die Plattform *Medwatch* berichtete: »Als die Patientin im Jahr 2012 herausfand, dass es sich bei der Misteltherapie nicht um eine wissenschaftlich anerkannte Krebsbehandlung handelte – wie es der Arzt versichert hatte –, reichte sie Beschwerde bei der Ärztekammer ein. Das Ergebnis der Untersuchung sollte die Frau nicht mehr erleben. Sie starb am 18. März 2013.«[54]

Neben der Empfehlung von Mistelpräparaten bei Krebs stößt man in der anthroposophischen Literatur auch immer wieder auf den Hinweis, dass das Aushalten von Fieber einen positiven Effekt auf Kinder habe. Argumentiert wird dabei gern mit dem Konzept der Wiedergeburt. »Das Fieber hilft dem Ich, dem Eigenwesen des Kindes, sich selbst den ererbten Leib ›passender‹ zu machen, sodass es sich durch ihn besser zum Ausdruck bringen kann«, heißt es beispielsweise im anthroposophisch geprägten Bestseller *Kindersprechstunde*. Wenn das Durchleben von Masern oder anderen Infektionskrankheiten als spirituell positive Erfahrung gesehen wird, kann dies natürlich zu einer ablehnenden Haltung gegenüber Impfungen beitragen, wenn befürchtet wird, dadurch ein »passenderes Inkarniertsein« zu behindern. Rudolf Steiner beschrieb in seinem Vortrag »Die Offenbarungen des Karma«, den er am 20. Mai 1910 in Hamburg hielt, dass es bei Masern einen »karmischen Zusammenhang« gebe. Ein an Masern erkrankter Patient hätte sich in »einem vorhergehenden Leben« nicht gern um die »äußere Welt bekümmert« und wäre deswegen erkrankt.[55]

»Jedes Angebot schafft seine Nachfrage.«[56] Diese Beobachtung des französischen Ökonomen Jean-Baptiste Say aus dem 19. Jahrhundert lässt sich sehr gut auf das Milieu der esoterischen Heilversprechen übertragen. So ist es ein ganz grundsätzliches Problem, wenn Esoteriker behaupten, Ärzte würden sich lediglich an Symptomen abarbeiten und ihnen würde der ganzheitlich-spirituelle Blick fehlen, um die »wahren Ursachen« beheben zu können. Wird eine schwere Krankheit bei begleitendem Einsatz esoterischer Verfahren überstanden, reklamieren »Heiler« gern den Erfolg für sich. So entsteht das Risiko, dass Patienten beim nächsten Gesundheitsproblem wieder dort aufschlagen. Das anfängliche »Es kann ja nicht schaden« ist schleichend einer neuen Unsicherheit gewichen: »Und was, wenn da doch etwas dran ist?« In Kombination mit Anbietern, die nach Belieben »Ungleichgewichte« oder »schlechte Schwingungen« erspüren, kann dies eine toxische Wirkung entfalten.

Wer im Zuge einer »komplementären« Behandlung mitgeteilt bekommt, die wahre Ursache eines Gehirntumors sei im »Ätherleib« zu verorten, der wird womöglich auch Jahre nach einer erfolgreichen Operation noch von Ängsten geplagt, ob dieses Ungleichgewicht nicht erneut auftreten könnte. Wer dann den Esoterik-Anbieter um Rat fragt, wird womöglich auf präventive Behandlungen, Nahrungsergänzungsmittel oder kostspielige Retreats verwiesen. Ohne klar messbare Kriterien, was eine Krankheit ausmacht und wann eine Krankheit als überwunden gilt, können Behandlungen quasi endlos ausgedehnt werden – esoterische Dauermedikation ist die Folge. So mancher, der sich der Esoterik in der Hoffnung zuwendet, »weniger Pillen zu schlucken«, hat am Ende Unmengen neuer Präparate im heimischen Medizinschrank stehen, einen Haufen Geld und Zeit in wirkungslose Behandlungen gesteckt und trotzdem am Ende nicht das Gefühl, wirklich gesund zu sein. Es macht natürlich einen Unterschied, ob jemand bei gelegentlichen Kopfschmerzen oder bei potenziell lebensbedrohlichen Krebserkrankungen auf Esoterik setzt. Aber wenn Menschen über lange Zeit bei leichten Beschwerden lieber zum Heiler als zum Arzt gehen, kann es natürlich passieren, dass sie dies später bei einer schweren Erkrankung ebenfalls tun werden. Hinzu kommt die Gefahr, dass ernste Erkrankungen womöglich erst deutlich später korrekt diagnostiziert werden und so kostbare Zeit verloren wird.

Wer Kritik an esoterischen Behandlungen übt, wird oft damit beschwichtigt, es handele sich hierbei zumeist lediglich um komplementäre Methoden und Patienten würde keinesfalls davon abgeraten, bei schweren Erkrankungen eine medizinisch angezeigte Behandlung zu beginnen. In vielen Ländern wäre Derartiges auch strafbar. Doch es gibt gute Gründe zu befürchten, dass diese Grenze in der Praxis immer wieder überschritten wird. Im Jahr 2014 wagte Dr. med. Bernhard Albrecht im Rahmen einer Recherche für das Magazin *Stern* die Probe aufs Exempel.[57] Er heuerte eine Schauspielerin an und stattete diese mit dem medizinischen Befund einer echten Brustkrebspatientin aus. Als falsches Ehepaar statteten die beiden im Verlauf ihrer Recherche zwanzig unterschiedlichen, auf Krebs spezialisierten Therapeuten aus dem alternativen Spektrum einen Besuch ab. Die mitgeführten Unterlagen zur Mammografie und Histopathologie zeigten eindeutig, dass man es mit einem kleinen, aber schnell wachsenden, bösartigen Tumor in der Brust zu tun hatte. Die medizinische Prognose, die zu Vergleichszwecken zuvor eingeholt worden war, klang ausgesprochen positiv: Bei einer sofortigen Operation lag die Wahrscheinlichkeit, zehn Jahre später metastasenfrei zu sein, bei 90 Prozent – mit Zusatzmaßnahmen wie Hormon-, Chemo- oder Strahlentherapie sogar bei 95 Prozent. Der Tumor war jedoch kurz davor zu streuen, was die Chancen auf Genesung dramatisch verschlechtern könnte. Würde das erkannt werden?

Das Ergebnis war niederschmetternd. »Zwölf der zwanzig Testkandidaten, Ärzte und Heilpraktiker gemischt, hielten eine Operation für verzichtbar«, lautete das Fazit. Erschreckend war vor allem, wie viele der ausgebildeten Mediziner mit alternativer Zusatzspezialisierung falsche Ratschläge gaben. Fünf scheiterten bereits daran, den Befund überhaupt korrekt zu interpretieren. In seinem Bericht urteilte Albrecht: »Fatal ist das deshalb, weil die meisten Patienten zunächst neben Heilpraktikern auch Fachärzte konsultieren werden, sodass das Fehlurteil eines Heilpraktikers weniger gravierende Konsequenzen hätte. Die sechs Ärzte aber, die im Test versagten, boten ein Rundum-sorglos-Paket: Ich kann Ihren Krebs mit den Augen der Schulmedizin sehen und plane danach meine alternativen Heilmethoden.« Ein Mediziner meinte sogar, allein die Entnahme einer Gewebeprobe im Rahmen der Biopsie sei schon ein Fehler gewesen, dadurch habe die Patientin »den Tumor geärgert« und das Risiko für Metastasen erhöht. Von einer Operation riet er kategorisch ab.

Ob so manchem unfreiwilligen Teilnehmer des Experiments wohl schon vorher klar gewesen ist, dass man sich mit einigen Ratschlägen juristisch auf äußerst dünnes Eis begibt? Da war etwa die Rede von einem Aufklärungsbogen, den die Patientin vor der Behandlung unterschreiben müsse, um eine spätere Haftung auszuschließen. Bei einem Anbieter wurden bis zu 30.000 Euro als Behandlungspreis allein für das erste Jahr genannt. »Wer als Krebspatient arglos in den Dschungel der Wunderheiler stolpert, spielt Lotterie«, urteilt Bernhard Albrecht. »Gerät er an den Falschen, riskiert er den frühen Tod.«

Maria, welche, wie zu Beginn des Kapitels geschildert, eine Diagnose für eine Krebsvorstufe erhielt und sich während ihrer Suche nach Behandlungsmöglichkeiten unerwartet auf dubiosen Internetseiten der »Germanischen Neuen Medizin« wiederfand, entschied sich glücklicherweise für einen anderen Weg. Nachdem sie einen Screenshot von einer besonders absurden Grafik mit dem Kommentar »Absurd! Laut denen bin ich einfach nur untervögelt. WTF?!« an eine Freundin geschickt hatte, setzte sie die Recherche auf seriösen Webseiten fort. Die von ihrer Frauenärztin empfohlene Spezialistin nahm sich bei einem ersten Abklärungsgespräch ausgiebig Zeit, alle Fragen zu beantworten. Maria fühlte sich bei ihr gut aufgehoben und entschied sich für eine Operation. Natürlich wäre es verlockend gewesen, zu glauben, das alles mit Gedankenkraft lösen zu können. Und vielleicht hätte es sich die ersten Wochen auch gut angefühlt. Maria war in der Tat überzeugt, dass derartige Ideen die Kraft hätten, ihre Diagnose zu verändern – allerdings zum Schlechteren.

Noch vor wenigen Jahrzehnten wäre die Veränderung im Gewebe vermutlich nicht weiter aufgefallen – bis es irgendwann zu spät gewesen wäre. Aber dank medizinischem Fortschritt und engmaschiger Vorsorge lag Maria bereits drei Wochen nach der Diagnose auf einem OP-Tisch – mit guten Prognosen, dass ihr Problem aus der Welt geschafft sein würde, sobald sie aus der Narkose aufwachte. Drei Monate später kam der Befund der ersten Nachuntersuchung. Auf ihrem Gesicht breitete sich ein breites Lächeln aus, während sie las. Medizin statt Magie. Sie hatte die richtige Entscheidung getroffen.

Mythen über Medizin:

Wie Esoteriker uns in die Irre führen

Sobald es um das Thema Gesundheit geht, stößt man in der Esoterik-Szene auf sehr spezifische Argumentationsmuster. Was aber auf den ersten Blick zumindest für einige Menschen einleuchtend und nachvollziehbar wirkt, entpuppt sich bei genauerem Hinsehen allerdings oft als Scheinargument. Im Folgenden werden die wichtigsten Narrative vorgestellt.

Warum Begriffe wie »Schulmedizin« problematisch sind

Der Begriff »Schulmedizin« verbreitete sich im 19. Jahrhundert im deutschsprachigen Raum, zu einer Zeit, die von starken Konflikten zwischen Vertretern esoterischer Verfahren, Laienärzten und einer zunehmend naturwissenschaftlich orientierten Medizin geprägt war. Letztere drängten im Zuge einer Professionalisierung auf eine staatliche Regulierung von »Quacksalbern« und »Kurpfuscherei« und konnten sich damit an vielen Stellen auch durchsetzen.

Hierbei ist es wichtig zu verstehen, dass es damals keineswegs eine Einheitlichkeit in der Behandlungspraxis gab. Die große Trennlinie zu dem, was als »Schulmedizin« bezeichnet wurde, ließ sich an wissenschaftlichen Methoden sowie dem Verhältnis zu Naturwissenschaften wie Physik oder Chemie ausmachen. In den damals auch als »Staatsmedizin« bezeichneten Strömungen gab es für unsichtbare Geister und übernatürliche Phänomene – also Dinge, die geltenden Naturgesetzen widersprechen – schlichtweg keinen Platz mehr. Esoteriker, die sich heute bewusst von »Schulmedizin« abgrenzen, tun dies also auch, weil sie den Anforderungen wissenschaftsbasierter Verfahren weder gerecht werden können noch wollen. Im Nationalsozialismus wurde der Begriff zusätzlich antisemitisch aufgeladen. Eine angeblich »verjudete« Schulmedizin wurde einer vermeintlich überlegenen germanischen Heilkunde gegenübergestellt.[1] Auch heute noch finden sich solche Verbindungen – gerade im verschwörungsideologischen Milieu.

Der Begriff »Schulmedizin« kann im besten Sinne als »wird an Hochschulen gelehrt« verstanden werden. Dem gegenüber stehen jedoch zahlreiche negative Assoziationen, wie etwa: starr, verkopft oder verstaubt. Insgesamt haftet dem Begriff gerade innerhalb der Esoterik-Szene vor allem Negatives an, und er wird oft genutzt, um medizinische Verfahren abzuwerten. Dabei passen viele der Zuschreibungen eher zur Esoterik: Während evidenzbasierte Medizin aufgrund von Forschung in einem stetigen Wandel begriffen ist und sich an modernen wissenschaftsbasierten Leitlinien orientiert, sind viele Esoterik-Schulen eher dogmatisch und resistent gegenüber Veränderungen.

In Bezeichnungen wie »Schulmedizin« schwingt zudem mit, wissenschaftlich fundierte Verfahren seien lediglich eine von vielen gleichberechtigten Spielarten der Medizin. Wenn Esoteriker ihre Dienstleistungen als »Alternativmedizin« oder »Komplementärmedizin« beschreiben, beanspruchen sie implizit das Label »Medizin« für sich. Während »Alternativmedizin« suggeriert, bei Esoterik handele sich um eine gleichwertige Alternative zu wissenschaftlich fundierten Verfahren, erweckt »Komplementärmedizin« den Eindruck, seriöse Verfahren wären grundsätzlich mangelhaft und bedürften daher einer spirituellen Ergänzung.

Würde jemand sagen, dass er beim Bau seines Hauses überlege, in Sachen Statik voll und ganz auf »Alternativphysik« zu vertrauen, würde das private Umfeld sicherlich von derartigen Plänen abraten. Bei als »Alternativmedizin« getarnter Esoterik geht es im Kern der

Sache um dieselbe Problematik. Esoterische Verfahren setzen voraus, dass grundlegende Annahmen der Naturwissenschaften nicht stimmen, ohne allerdings ihre Behauptungen mit entsprechenden Beweisen zu untermauern.

Warum Geschichten von der »guten Alternativmedizin« und der »bösen Pharmalobby« zu kurz greifen

Keine Frage, in der jüngeren Geschichte der modernen Arzneimittelherstellung finden sich zahlreiche Skandale. In mehreren Gerichtsverfahren gegen den US-Konzern Purdue Pharma konnte beispielsweise gezeigt werden, dass Unternehmensvertreter über Jahre Ärzte und Patienten getäuscht hatten. Das Unternehmen erwirtschaftete große Gewinne mit opioidhaltigen Schmerzmitteln, die fälschlicherweise als kaum süchtig machend vermarktet wurden. Durch aggressives Marketing wurde der Purdue-Kassenschlager Oxycontin zu einem der umsatzstärksten Medikamente weltweit. US-amerikanische Ärzte verschrieben es bei Rückenschmerzen oder nach Sportverletzungen. Viele Patienten wurden abhängig und wechselten später zu illegalen Drogen wie Heroin oder dem synthetischen Fentanyl. Seit der ehemalige US-Präsident Donald Trump aufgrund der Opioidkrise 2017 den nationalen Notstand ausrief, hat sich die Lage weiter verschlimmert. Laut der US-Gesundheitsbehörde CDC starben zwischen April 2020 und April 2021 mehr als 100.000 Menschen an den Folgen von Drogensucht – 2015 waren es noch 59.000 Tote pro Jahr.[2, 3]

Es gibt viel zu kritisieren an der Unternehmenspolitik diverser Pharmahersteller: aggressives juristisches Vorgehen gegen Länder des globalen Südens, die günstige Generika als Ersatz für patentierte Medikamente produzieren und der Bevölkerung zugänglich machen.[4] Das Aussetzen der Produktion von dringend benötigten Medikamenten, wie etwa eines Serums gegen Schlangenbisse, weil der Verkauf finanziell nicht genug abwirft.[5] Oder aber diverse Medikamentenskandale, wie jener um das Beruhigungsmittel Contergan, infolgedessen im Deutschland der 1960er-Jahre Tausende Babys mit schweren Fehlbildungen oder fehlenden Gliedmaßen auf die Welt kamen. Etliche betroffene Neugeborene starben bereits im Säuglingsalter.[6]

Es läuft viel falsch – keine Frage. Zugleich greift aber die in esoterischen Kreisen gern erzählte Geschichte vom heroischen Kampf gegen die »böse Pharmalobby« zu kurz. Unternehmen können nicht nach Gutdünken Medikamente auf den Markt werfen, sondern unterstehen – übrigens nicht zuletzt als Folge der Lehren aus dem Conterganskandal – strengen Kontrollen und Qualitätsstandards. Diese versagen manchmal, allerdings wäre es absurd, daraus zu schließen, man solle stattdessen auf Methoden ohne jegliche staatliche Regulierung oder wissenschaftlichen Evidenznachweis setzen. Auch Pharmaunternehmen müssen ihre Ergebnisse publizieren – und ihre Daten unabhängigen Zulassungsbehörden vorlegen. Medizinische Forschung wird zudem nicht nur durch Pharmafirmen, sondern auch an Forschungseinrichtungen und Universitäten betrieben, die deutlich weniger finanzielle Interessen verfolgen.

Der Gesundheitsbereich ist ein gewaltiger Markt, auf dem sich auch mit Esoterik eine Menge Geld verdienen lässt. Wer auf seine herkömmlichen Medikamente jedoch verzichtet und stattdessen einzig und allein spirituelle Coachings absolviert, hat am Ende nicht der »bösen Pharmalobby« eins ausgewischt, sondern einzig an der eigenen Gesundheit gespart. Gleichzeitig funktioniert der Esoterik-Sektor gar nicht so »alternativ«, wie man die Kundschaft gerne glauben lässt. Für die Esoterik-Lobby geht es beim Thema Gesundheit keineswegs um Nächstenliebe, sondern vor allem um sehr viel Geld. Patentschutz und Copyright werden auch von Esoterikern genutzt, um sich unliebsame Konkurrenz vom Leibe zu halten. In einigen Ländern gibt es finanzstarke Lobbyverbände, die bei Abgeordneten und Krankenkassen für esoterische Verfahren werben und aggressiv gegen Kritiker vorgehen.[7] Journalisten, Autoren und Blogger, die über esoterische Pseudomedizin berichten, werden immer wieder juristisch angegangen. »Der Arzneimittelhersteller Hevert geht mit Unterlassungsabmahnungen gegen Homöopathiekritiker vor«, berichtete der *Spiegel* 2019. »Die bekannte Ärztin und Autorin Natalie Grams wird darin aufgefordert, nicht länger zu behaupten, die Wirksamkeit von Homöopathie gehe ›nicht über den Placebo-Effekt hinaus‹.« Die Ärztin wies die Aufforderung zurück und gab an, sie lasse sich nicht dazu zwingen, den Stand der Wissenschaft zu verleugnen.[8]

Warum das Versprechen einer »ganzheitlichen« Behandlung oft trügerisch ist

Wenn Esoteriker Verfahren als »ganzheitlich« anpreisen, schwingt dabei oft mit, dass Medizin stets nur einen Teilaspekt im Blick hätte, aber nie das große Ganze. So mancher Wunderheiler will damit zum Ausdruck bringen, dass sein Können weit über die Möglichkeiten medizinischer Verfahren hinausgeht. Der Wunsch nach einem »ganzheitlichen« Blick auf das Thema ist ein möglicher Beweggrund für eine positive Einstellung zu nicht-evidenzbasierten Behandlungsmethoden.[9]

Es lohnt wirklich, sich eines klarzumachen: Der Begriff »Ganzheitlichkeit« ist die perfekte Projektionsfläche, da so ziemlich jeder wahrscheinlich etwas anderes darunter versteht. Der eine denkt dabei an Ernährung und Sport, andere an psychologische und soziale Faktoren, während wieder andere eine spirituelle Ebene im Sinn haben. Kein Patient würde wohl abstreiten, dass er sich eine »ganzheitliche« Behandlung wünscht. Doch lösen Esoteriker dieses Versprechen überhaupt ein? Kann ein Life-Coach ohne psychotherapeutische Ausbildung überhaupt abschätzen, welchen Risiken er seine Kundschaft bei emotional belastenden Fantasiereisen zu angeblichen Vergewaltigungen im früheren Leben aussetzt? Hat ein Behandlungsansatz, der die Existenz von Viren und Bakterien leugnet, wirklich den ganzen Körper im Blick? Ist ein Liebeszauber-Seminar wirklich »ganzheitlicher« als eine Paartherapie, bei der Probleme aufgearbeitet werden – und auch der Partner zu Wort kommt?

In der modernen Medizin ist – entgegen der Behauptung zahlreicher »alternativer Heiler« – der Einfluss der Psyche auf das körperliche Wohlbefinden des Patienten unbestritten. Gesundheit wird gemäß der WHO sogar offiziell ganzheitlich definiert: Gesundheit meint dort nicht die reine Abwesenheit von Krankheit, sondern einen »Zustand vollständigen körperlichen, seelischen und sozialen Wohlbefindens«.[10] Auch wenn das in der Praxis nach wie vor manchmal vernachlässigt wird, gibt es immerhin einen ganzen Forschungszweig »Psychosomatische Medizin«, dessen Ergebnisse auch immer mehr praktische Umsetzung erfahren. Krebspatienten können natürlich von einer begleitenden psychoonkologischen Betreuung massiv profitieren. Es gibt gute Gründe, sich nach einer individuellen medizinischen Betreuung zu sehnen, in der beispielsweise Erkenntnisse der Psychosomatik stärker berücksichtigt werden. Auch ein Gesundheitssystem anzustreben, in dem das ausführliche persönliche Gespräch mit dem Arzt stärker von den Krankenkassen gefördert wird, ist mehr als nur verständlich. Die Ganzheitlichkeit in esoterischen Verfahren zu suchen, die grundlegende Erkenntnisse wissenschaftlicher Forschung leugnen und oft genug von persönlicher Willkür geprägt sind, wäre jedoch ein Irrweg.

Warum die Idealisierung von Natur gefährlich sein kann

Im Umfeld sogenannter alternativer Krebstherapien finden sich zahlreiche selbst ernannte Heiler, die versprechen, selbst Krebstumore ganz »natürlich« verschwinden lassen zu können, etwa durch eine ausgefallene Ernährungsumstellung, Ayurveda oder Homöopathie. Als »natürlich« vermarktete Therapien gelten oft als »sanft« und unbedenklich. Dabei kann dieser Eindruck trügerisch sein, schließlich kommen viele Gifte aus der Natur. Seit Jahren wird beispielsweise online verbreitet, der Verzehr von Aprikosenkernen würde gegen Krebs helfen – tatsächlich aber kann die enthaltene Blausäure in hohen Dosen tödlich sein.[11] 2017 wurden bei einem 67-jährigen Franzosen Vergiftungssymptome diagnostiziert, als er wegen einer OP im Krankenhaus untersucht wurde. Es stellte sich heraus, dass der Mann fünf Jahre lang Aprikosenkern-Extrakt zu sich genommen hatte, da er hoffte, so Tumoren vorzubeugen.[12]

Im Esoterik-Milieu gibt es zahlreiche Vorbehalte gegen evidenzbasierte Medizin. Da heißt es etwa, Medikamente seien »unnatürlich« und unnütz, schließlich lasse sich bei »Mutter Natur« gegen jede Beschwerde ein Gegenmittel finden. Vom Standpunkt der Evolutionsbiologie aus gesehen gibt es aber keinen Grund zur Annahme, die Evolution würde durch einen wie auch immer gearteten Mechanismus sicherstellen, dass sich zu jeder Erkrankung ein passendes Medikament in der Natur finden lässt. Und auch die These, es würde der Menschheit besser ergehen, wenn sie den Errungenschaften der modernen, als künstlich betrachteten Medizin abschwören würde, klingt angesichts zahlreicher natürlicher Krankheitserreger – und passender Impfstoffe dagegen – wenig plausibel.

Die im esoterischen Milieu oft verbreitete Ablehnung von »Chemie« in der Medizin ist irreführend, da aus naturwissenschaftlicher Sicht auch alle »natürlichen« Mittel aus chemischen Verbindungen bestehen. Naturstoffe sind eine wichtige Grundlage für die Herstellung vieler von Esoterikern als »chemisch« abgewerteter Medikamente. Weidenrinde war beispielsweise bereits in der Antike als fiebersenkendes Mittel bekannt. Der darin enthaltene Wirkstoff Salicin diente im 19. Jahrhundert als Vorbild für die Herstellung der Salicylsäure. 1897 entwickelte der Apotheker Felix Hoffmann diese zum Wirkstoff Acetylsalicylsäure weiter, welcher sich als deutlich magenschonender und verträglicher herausstellte und sich daher auch international durchsetzen konnte. Das später als Aspirin vermarktete Medikament war nicht nur günstig in der Herstellung, sondern vor allem auch deutlich einfacher und damit sicherer zu dosieren, im Vergleich zur »natürlichen« Alternative.

Auch heutzutage spielen Naturstoffe immer noch eine Rolle bei der Arzneimittelherstellung. So betonte auch das Deutsche Krebsforschungszentrum in der Helmholtz-Gemeinschaft die Bedeutung der Forschung an Naturstoffen für die Chemotherapie. Die moderne Phyto- oder Pflanzentherapie habe sich allerdings weiterentwickelt: »Statt der Verwendung ganzer Pflanzen werden heute zunehmend nur die tatsächlich wirksamen Inhaltsstoffe genutzt, um eine kontrollierbare und standardisierte Wirkung zu erzielen. [...] Sie werden aus Pflanzen gewonnen, wären als ungereinigter Presssaft oder Auszug jedoch nicht einsetzbar. Dazu gehören beispielsweise das Zytostatikum Vincristin, das auf Immergrün-Extrakte zurückgeht, sowie die Taxane, deren Wirkstoffe aus Eiben stammen.«[13] Ein voller Medikamentenschrank bedeutet somit keineswegs, dass jemand pflanzlichen Wirkstoffen abgeneigt ist. Womöglich nimmt er diese nur in anderer Form zu sich, um die Wirkung besser dosieren zu können und unerwünschte Nebenwirkungen zu minimieren.

Warum »altes Wissen« beim Thema Gesundheit kein Qualitätsmerkmal ist

Als Gegenmodell zur modernen Medizin wird in der Esoterik-Szene auch oft eine Rückbesinnung auf vermeintlich »altes Wissen« gefordert. Zweifellos gibt es einige Wirkstoffe, die bereits seit Hunderten von Jahren in unterschiedlichen Kulturen eingesetzt werden und deren Wirksamkeit sich auch heute einwandfrei mittels seriöser medizinischer Studien belegen lässt. Bei der pauschalen Verherrlichung mittelalterlicher oder antiker Konzepte wird jedoch ausgeblendet, wie oft deren falsche Grundannahmen über Zusammenhänge in der Natur zu radikalen Fehlschlüssen führten. Als vor 500 Jahren die Syphi lis in Europa wütete, starben viele Patienten nicht an der Krankheit, sondern infolge der aggressiven Behandlung mit hochkonzentrierter Quecksilber-Salbe.[14] Laut Paracelsus, einem der einflussreichsten europäischen Mediziner der Renaissance, sollten Wunden mit »Mumienbalsam«, einem Gemisch aus Frauenmilch und Leichenteilen, eingerieben werden.[15] In der ersten Hälfte des 20. Jahrhunderts wurde die Zahnpasta Doramad vertrieben, die eine »biologische Wirkung« für strahlende und gesunde Zähne durch ein Rezept mit radioaktivem Thorium-X versprach.[16]

Nachweislich giftigen Schwermetallen wie Quecksilber, Arsen oder Blei wird heute noch in diversen Spielarten der Esoterik eine heilende Wirkung zugesprochen.[17] »Traditionell« oder »natürlich« heißt also nicht automatisch, dass ein Produkt sicher ist. Bei einer Untersuchung von 193 ayurvedischen Präparaten von 37 Herstellern aus Indien und den USA fanden US-amerikanische Forscher 2008 in jedem fünften Produkt Schadstoffe, die den jeweils erlaubten Grenzwert teils um das Hundert- bis Zehntausendfache überschritten.[18, 19] Als das Bayerische Landesamt für Gesundheit und Lebensmittelsicherheit 2007 ayurvedische Nahrungsergänzungsmittel prüfte, stießen sie auf Kräuterpastillen mit extrem hohen Quecksilber- und Arsen-Werten.[20] Präparate mit traditionellen chinesischen Kräutern zur Unterstützung von Diäten, die die giftige und als krebserregend geltende Aristolochiasäure enthielten, führten in Frankreich und Belgien noch Anfang der 2000er-Jahre wiederholt zu Vergiftungserscheinungen bis hin zu Nierenversagen.[21, 22]

Warum der Placeboeffekt allein keine Medizin macht

Der Begriff »Placebo« leitet sich vom lateinischen Wort für »ich werde gefallen« ab. Im 19. Jahrhundert wurden so Präparate bezeichnet, die nur dem Patienten zuliebe verschrieben wurden.[23] Heute wissen wir dank zahlreicher Studien, dass vollkommen wirkstofffreie Mittel aufgrund des Placeboeffekts bei einigen Menschen zur Veränderung von Symptomen und Befindlichkeiten führen können. Deshalb werden auch bei medizinischen Versuchen oft Kontrollgruppen gebildet, bei denen nur vorgegeben wird, ein Medikament zu verabreichen. Durch diese Vergleichsgruppe kann anschließend bestimmt werden, ob die Veränderung des Befindens allein dem Placeboeffekt geschuldet war. Im Rahmen der als Goldstandard in der Forschung geltenden Doppelblindstudien wissen selbst die behandelnden Ärzte nicht, ob sie gerade ein Placebo oder ein echtes Medikament verabreichen.

Bei Diskussionen über esoterische Präparate reagieren Anwender oft gekränkt, wenn sie mit der Möglichkeit konfrontiert werden, dass bei ihnen der Placeboeffekt aufgetreten sein könnte. »So einfach lasse ich mich doch nicht austricksen!«, lautet eine typische Entgegnung. Vielleicht auch, weil einige Menschen das Gefühl haben, ihnen würde damit unterstellt, ihre Beschwerden seien eben nicht wirklich schwerwiegend oder gar eingebildet gewesen.

Dabei gibt es beeindruckende Beispiele dafür, wie stark der Placeboeffekt ausfallen kann. Inmitten des Ersten Weltkriegs wurde einzelnen schwerverletzten Patienten aufgrund des Medikamentenmangels Kochsalzlösung statt Morphium verabreicht, anschließend gaben Patienten trotzdem an, weniger Schmerzen zu verspüren. Der Effekt kann sogar bei physischen Interventionen wie etwa Schein-Operationen auftreten. Selbst Form, Farbe und Geschmack von Medikamenten sowie die Frage, ob ein Arzt oder Pfleger diese verabreicht, können die Wirkungserwartung und damit auch einen möglichen Placeboeffekt beeinflussen.[24]

Manchmal heißt es, esoterische Präparate hätten eine über Placebos hinausgehende Wirkung, da selbst Kinder vermeintlich damit geheilt wurden. Dabei kann der Placeboeffekt bei Kindern in einigen Fällen sogar nachweislich besonders stark auftreten.[25] Hinzu kommt der *Placebo-by-proxy*-Effekt: Wenn Eltern zuversichtlich sind, dass die Behandlung helfen wird, kann dies den Genesungsprozess beeinflussen.[26]

Der Effekt lässt sich übrigens auch umdrehen. Infolge einer negativen Erwartungshaltung schlagen dann Behandlungen manchmal weniger gut an. Der böse Zwilling des Placeboeffekts, der »Noceboeffekt«, kann zum Zug kommen, wenn Patienten eine skeptische Haltung zu einem bestimmten Verfahren oder Medikament (oder gar der Medizin im Allgemeinen) haben.[27]

Man kann sich den Placeboeffekt auch gänzlich ohne Esoterik zunutze machen. Wer bewusst ein Placebo nimmt, aber vorher über mögliche positive Effekte durch den Placeboeffekt aufgeklärt wurde, mag in manchen Fällen eine Besserung seiner Beschwerden verspüren.[28] Der Placeboeffekt kann zudem die Wirkung von echten Medikamenten verstärken. »Ein Schmerzmittel lindert den Schmerz effektiver, wenn der Patient von dessen Wirkung überzeugt ist«, sagt etwa Prof. Dr. Ulrike Bingel, Schmerzforscherin an der Universität Hamburg mit Schwerpunkt auf Placebo- und Nocebo-Effekte.[29] Der Placeboeffekt ist also real, und seine Auswirkungen sind manchmal bis auf die Ebene von Blutanalysen messbar. Niemand sollte sich schämen müssen, empfänglich dafür zu sein. Der Effekt kann von Person zu Person und auch abhängig vom Kontext anders ausfallen – und natürlich auch ganz ausbleiben. Wichtig ist: Man sollte keine Wunder erwarten. Der Placeboeffekt allein macht aus einem Zuckerkügelchen oder einem Heilstein eben noch lange kein echtes Medikament.

Kapitel 4

Von Hellsehern und Life-Coaches: Das große Geschäft mit dem »Psychomarkt«

An einem sonnigen Tag im September 2019 betreten wir das altehrwürdige Gebäude der Freimaurer-Loge Berlin-Wilmersdorf, stellen uns an der Schlange zur Kasse an, zahlen den Eintritt und folgen den Schildern zu den Ausstellungsräumen im oberen Stockwerk, wo bereits zahlreiche Esoterik-Dienstleister ihr Lager aufgeschlagen haben. Die Besuchenden der jährlich in Berlin stattfindenden »Spiritualität und Heilen«-Messe erwartet ein täglich wechselndes Programm mit Vorträgen, wobei so gut wie alle Referierenden vor Ort auch als Verkäufer tätig sind. Nachmittags können Interessierte entweder einem Vortrag zur »Spirituellen Selbstverteidigung« lauschen oder sich von einem Medium mithilfe übersinnlicher Kräfte die Leber reinigen lassen. Der Markt boomt, der Veranstalter ist nach eigenen Angaben seit rund 30 Jahren im Geschäft und mittlerweile in rund einem Dutzend Städten in Deutschland und Österreich präsent.[1]

Eine gewisse »Hellseherin Elena« hat neben »Bewältigung von Flüchen mit Psalmen und Gebeten« und übersinnlichem Rat für das eigene Haustier auch »100 % Auflösung schwarzmagischer Angriffe« im Angebot. Hildegard aus Mönchengladbach wiederum bewirbt ihre geheimnisumwobene Palmblatt-Bibliothek auf einem grünen Flyer. Weltweit gibt es mehrere traditionelle Palmblattbibliotheken – beispielsweise in Indien, Myanmar oder Bali. Die auf Palmblätter geritzten Informationen sollen Wissen über Vergangenheit und Zukunft enthalten, die – zumindest laut esoterischen Kreisen – aus der Akasha-Chronik, dem übersinnlichen »Buch des Lebens«, stammen.

Egal ob Tarot, Medium oder Geburtshoroskop – vor allem Lebensberatung macht einen beachtlichen Anteil der angebotenen Dienstleistungen aus. Nach wissenschaftlich fundierten Wirksamkeitsnachweisen sucht man hier meist vergeblich. Vor allem das Versprechen, die Zukunft oder den Charakter eines Menschen aus dem Stand der Sterne ablesen zu können, stößt bei derartigen Events auf großen Anklang. Während einige kommerzielle Astrologen sich auf Persönlichkeitsanalysen beschränken, beraten andere vor allem bei Problemen im Job oder in der Beziehung.

Wenig überraschend gibt es keinerlei wissenschaftliche Belege für die Wirksamkeit astrologischer Vorhersagen. Astrologische Konzepte wurden in unzähligen Studien auf die Probe gestellt, und das Ergebnis ist so eindeutig, wie es nur sein kann. Ein Forscherteam aus Dänemark und Deutschland wertete beispielsweise 2006 auf der Suche nach astrologischen Einflüssen die Daten von rund 15.000 US-Bürgern aus.[2] »Wir fanden überhaupt keinen Zusammenhang zwischen dem Zeitpunkt der Geburt und der Persönlichkeit der Menschen«, lautete das nüchterne Fazit von Helmuth Nyborg, einem der Studienautoren und Professor für Entwicklungspsychologie an der Universität Aarhus.[3] Im Rahmen einer weiteren Studie aus dem Jahr 2007 untersuchten Forscher die Sternzeichen von 10 Millionen Ehepaaren aus England und Wales.[4] Fazit: »Diese Studie zeigt, dass das Sternzeichen keinen Einfluss auf die Wahrscheinlichkeit hat, jemanden mit einem anderen Sternzeichen zu heiraten – und verheiratet zu bleiben.«

Als uns ein älterer Mann mit langem Bart und sonnengegerbtem Gesicht eine kostenlose Session Handlesen anbietet, sagen wir kurzerhand zu. An seinem Hals baumeln gleich mehrere okkulte Talismane, was an einem Ort wie diesem wahrscheinlich als Zeichen der Seriosität zu deuten ist. Bald darauf offenbart er uns, eine von uns habe »heilende Hände«. Dann aber wiegt er tadelnd den Kopf: »Manchmal kannst du aber auch ganz schön schwierig sein, nicht?« Wir schauen einander an. »Ist das nicht jeder?«, rutscht es einer von uns heraus. Er runzelt die Stirn, und kurze Zeit später ist die Sitzung beendet. Vermutlich passt unser Verhalten nicht zum Profil von Kundinnen, die anschließend eine kostenpflichtige Rundum-Analyse buchen, geht es uns durch den Kopf.

Egal ob spirituelle Diagnostik, Aura-Analyse oder esoterisch-okkulte Therapieangebote – der esoterische Psychomarkt boomt. Menschen wenden sich an angebliche Coaches oder Gurus – häufig ohne jegliche formale Ausbildung –, um in Lebenskrisen oder angesichts drängender Fragen Antworten zu erhalten. Nicht nur aus Sternen, Handflächen und Tarot-Karten lässt sich angeblich das Schicksal ablesen, sondern auch mittels Urin (»Uromantie«), gegossenem Blei (»Plumbomantie«)[5], dem Wiehern und dem Gang von Pferden (»Hippomantie«) oder geronnenem Käse (»Tyromantie«).[6]

Während die Anzahl der Zukunftsdeuter mit der Spezialisierung auf Käse zugegebenermaßen recht überschaubar ist, tummeln sich gerade beim Thema Tarot, Handlesen und Astrologie sowohl online wie offline zahllose Dienstleister. Als 2015 herauskam, dass niederländische Behörden sieben Arbeitssuchenden eine Fortbildung zum »spirituellen Telefonratgeber« finanziert haben sollen, sorgte das für einige Irritationen in der Medienlandschaft.[7] »Hellseher-Ausbildung auf Staatskosten«, kommentierte zum Beispiel das *Handelsblatt*. Auch wenn aus wissenschaftlicher Sicht nichts an esoterischer Telefonberatung dran ist, so gibt es doch zweifellos eine rege Nachfrage nach derartigen Dienstleistungen. Das Angebot ist dementsprechend umfangreich.

Es bedarf zweifelsohne eines gewissen Handwerkszeugs, um sich in diesem hart umkämpften Markt behaupten zu können. Mit übersinnlichen Fähigkeiten hat dies allerdings weniger etwas zu tun. Das bestätigt auch unser Selbstversuch auf der Esoterik-Messe. Nicht ohne Grund beschlich uns bei vielen Anbahnungsgesprächen das Gefühl, eingangs zunächst intensiv gemustert zu werden. Anhand von Aussehen und Verhalten lässt sich einiges über die Persönlichkeit eines Menschen mutmaßen. Für die Eingebung, Kunden mit abgekauten Fingernägeln auf Stress anzusprechen, bedarf es sicherlich keiner übernatürlicher Talente. Doch es gibt auch subtilere Faktoren: Ist der Kleidungsstil eher alternativ oder konservativ? Zeugen Schmuck oder Kleidung von einem gewissen Lebensstandard? Steckt ein Ehering am Finger? Wirkt die Körpersprache schüchtern oder selbstbewusst? Was verraten Satzbau und Wortwahl über den Bildungsgrad? Ist ein Dialekt erkennbar? …

Der US-amerikanische Psychologe Ray Hyman bezeichnet ein solches Vorgehen als *Cold Reading*. Damit meint er ein »Verfahren, mit dem ein sogenannter Leser in der Lage ist, einen Kunden, dem er noch nie zuvor begegnet ist, davon zu überzeugen, dass er alles über seine Persönlichkeit und Probleme wisse«.[8] Wurde der Kunde in einer bestimmten sozioökonomischen Gruppe verortet, lassen sich im nächsten Schritt leicht Aussagen finden, die mit großer Wahrscheinlichkeit zutreffen. Laut Hyman soll man sich dabei an drei grundlegenden Aussagen orientieren:[9]

1. Es gibt mehr, das uns verbindet, als uns trennt.
2. Unsere Probleme werden meist von denselben großen Themen bestimmt, wie Geburt, Pubertät, Arbeit, Ehe, Kinder, Älterwerden und Tod.
3. Die meisten Kunden suchen jemanden, dem sie ihre Probleme in Sachen Liebe, Geld oder Gesundheit anvertrauen können.

Die Gespräche im Rahmen unseres Selbstversuchs verliefen allesamt nach einem ähnlichen Muster. Zu Beginn wurden meist sehr allgemeine Aussagen im Barnum-Stil getätigt, etwa: »Du bist offen für Neues, weißt aber auch Stabilität zu schätzen.« Viele »Analysen« kamen als Schmeicheleien daher. Prognosen waren oft mit einer Hintertür versehen. Da hieß es etwa, man habe das Potenzial, ein bestimmtes

Ziel zu erreichen, das könne aber nur klappen, wenn man sich genug anstrenge. Oft hieß es auch abstrakt, wir hätten mit »schmerzhaften Erlebnissen« zu kämpfen oder hegten insgeheim »einen großen Traum«. Auf wen trifft das wohl nicht zu? Durch Blickkontakt oder Fragen wurde beständig dazu ermuntert, Feedback zu geben. Jedes Mal, wenn wir etwas durch Beispiele aus unserem Leben konkretisierten, wurden dies umgehend aufgegriffen und weiter ausgeschmückt. In einer Session hieß es sogar: »Nur wenn du bereit bist, dich möglichst weit zu öffnen, kann die Analyse gelingen.« Weitergedacht bedeutet das auch: »Wenn die Analyse nicht zutrifft, liegt es eben an der mangelnden Kooperationsbereitschaft der Kundin.« Auch das ist wieder ein typischer Mechanismus innerhalb der Esoterik. Es wundert uns kaum, dass einige Menschen nach einer solchen Session felsenfest davon überzeugt sind, man habe erfolgreich in ihr Innerstes geblickt.

Auf der Esoterik-Messe waren wir undercover unterwegs, stellten uns mit falschem Namen vor, und keinem der Aussteller standen irgendwelche Informationen über unsere Person zur Verfügung. Das kann in anderen Kontexten natürlich ganz anders aussehen. Im Gegensatz zu *Cold Reading* beschreibt *Hot Reading* die Strategie, Kunden vorab zu durchleuchten. Bereits bei den im 19. Jahrhundert in wohlhabenden Kreisen beliebten Séancen arbeiteten Medien oft mit einem Team, das sich unbemerkt unter die Kundschaft mischte, um diese auszuhorchen und anschließend versteckte Zeichen zu geben. Wer heutzutage online einen exklusiven Ratschlag aus der angeblich weltumspannenden Allwissenheit der Akasha-Chronik bucht, wird teilweise sogar dazu angehalten, den Vor- und Zunamen sowie ein Bild mitzuschicken. Das kann in vielerlei Hinsicht nützlich sein. LinkedIn oder Xing präsentieren den beruflichen Werdegang auf dem Silbertablett. Öffentlich einsehbare Facebook- oder Instagram-Profile offenbaren nicht nur Beziehungsstatus und Familienstand, sondern auch Hobbys, Sehnsüchte und Interessen. So wundert es kaum, wenn der online gebuchte Rat anschließend zwar treffsicher das Aussehen der besten Freundin samt gemeinsamer Reise beschreibt, bei der Vorhersage von Börsenkursen für eine individuelle Anlagestrategie aber kläglich versagt.

Nach diversen Gesprächen mit Handlesern und Kartenlegerinnen wird uns klar: Das große Geld wird an den meisten Ständen nicht auf der Messe selbst gemacht, hier gilt es vielmehr einen schmackhaften Köder auszuwerfen. Die günstigen oder gar kostenlosen Erstberatungen sind voller Andeutungen über zukünftige Verheißungen oder Gefahren. Eine stark geschminkte und mit Federschmuck behängte sibirische Schamanin lässt uns etwa wissen, wir seien in einer früheren Inkarnation Seherinnen gewesen und hätten in diesem Leben gute Chancen auf eine Gesangskarriere. Wir wissen genau, wenn sie uns einmal singen gehört hätte, würde sie diese Aussage wahrscheinlich sofort zurückziehen. Als wir uns anschließend aber weder für ein Reinigungsritual der eigenen vier Wände noch das Seminar am Folgetag oder einen Kraftstein begeistern lassen (»Wenn man einen Monat lang jeden Tag seine Energien damit sammelt, werden alle Wünsche in Erfüllung gehen!«), weicht die Freundlichkeit schnell einem desinteressierten Gesichtsausdruck. Zum Abschied bekommen wir noch einen Flyer für ein »Schamanisches Retreat« in die Hand gedrückt. Darin heißt es über eine der Leiterinnen, »der alleinige Aufenthalt in ihrem Energiefeld half mehr als 5.000 Frauen, Probleme bezüglich der Schulden zu lösen«. Die Teilnahmegebühr beträgt mehrere hundert Euro, was besonders absurd ist, wenn man bedenkt, dass hier anscheinend versucht wird, Menschen mit Schulden zusätzlich Geld aus der Tasche zu ziehen.

Für viele ist Esoterik eben eine Art psychologisches Hilfskonstrukt, das ihnen die trügerische Illusion von Kontrolle vermittelt. Der soziale oder kulturelle Aspekt kann aber ebenso eine Rolle spielen. In einigen Haushalten wird die Kartenlegerin des Vertrauens über Jahrzehnte hinweg zu Rate gezogen. In einem solchen Setting werden dann manchmal auch ernste Beziehungsprobleme oder Ängste erörtert, die Betroffene an anderer Stelle sonst kaum zur Sprache bringen können. Esoterische Dienstleistungen fungieren somit in einigen Fällen als Ersatz für vertrauensvolle Gespräche im Kontext einer Freundschaft oder gar als vermeintlicher Therapieersatz – was fatale Folgen nach sich ziehen kann, denn den erbrachten Ratschlägen liegt in der Regel weder eine psychotherapeutische Ausbildung noch ein freundschaftliches Wohlwollen zugrunde.

Ein weiteres Motiv ist das Suchen nach Trost, welches sich steigern kann bis hin zur Realitätsflucht. Bereits Sigmund Freud ahnte, dass Wahrsagerkunden lieber die Erfüllung ihrer Wünsche prophezeit bekommen als eine wenig rosige Zukunft.[10] Andere wiederum tun sich schwer mit Entscheidungen und versuchen so die Verantwortung für ihr Handeln auszulagern. So mancher Kunde, der sich beim ersten Besuch nur der Neugier halber die Karten legen ließ, empfindet das spirituelle Coaching einige Jahre später bereits als unverzichtbaren Bestandteil des eigenen Lebens. Manchmal entwickeln Betroffene über die Zeit ein Gefühl von Unmündigkeit. Sie glauben, keine richtige Entscheidung mehr ohne spirituelle Konsultation treffen zu können. Der übersinnliche Coach gewinnt zunehmend Macht über den Alltag und diktiert das Verhalten in puncto Job, Gesundheit und Beziehung – oft zum großen Leidwesen des privaten Umfelds. Egal ob Ehekrise, Schuldenfalle oder psychologische Notlage – wer hierbei, statt professionelle Hilfe zu suchen, auf übersinnliche Unterstützung vertraut, riskiert viel. Natürlich gibt es auch Menschen, die Kartenlegen, Astrologie oder Handlesen lediglich als skurrile Form der Unterhaltung sehen. Die treuesten und auch zahlungskräftigsten Kunden nehmen das Ganze aber tatsächlich ernst.

Oft heißt es, esoterische Dienstleistungen seien harmlos, solange jemand damit eben nicht übertreibt. Ein Mensch, der in stabilen Zeiten derartige Angebote als gute Stütze wahrnimmt, wird nur wahrscheinlich erst recht in Krisenzeiten darauf setzen. Es droht ein Teufelskreis, denn viele Anbieter sind sehr geschickt darin, bei ihren

Kunden das Bedürfnis nach mehr zu wecken. Durch Telefon- und Online-Angebote ist der übersinnliche Rat zu jeder Tages- und Nachtzeit verfügbar, während man auf Therapieplätze oft monatelang warten muss. Jenseitskontakte werden heutzutage per Skype vermittelt, und im Messenger wartet jeden Morgen das tägliche »feinstoffliche« Update. Bei Beratungsstellen schlagen Jahr für Jahr Menschen auf, die nach solchen Angeboten geradezu süchtig waren und sich dadurch massiv verschuldet haben.

Zurück zur Esoterik-Messe. In einem Seminar am Nachmittag wird der Frage nachgegangen, ob Beziehungsschwierigkeiten womöglich mit einem spirituell verbundenen »verlorenen Zwilling« zusammenhängen. In der großen Halle bietet ein selbst ernanntes Medium Partnerzusammenführung und »energetische Lösungen« für Beziehungsprobleme an. Wer nach esoterischen Beziehungstipps sucht, wird aber nicht nur bei derartigen Events, sondern auch in auflagenstarken Boulevard- und Frauenzeitschriften fündig. Wie oft der Partner Sex möchte,[11] welche erogenen Zonen bevorzugt werden[12] und was das Jahr in erotischer Hinsicht bereithält, wird dort ausgiebig analysiert. Im Artikel »Laut Sternzeichen: Wie ticken Frauen im Bett?«[13] der Zeitschrift *Gala* heißt es, beim Sternzeichen Widder könne man ruhig aufs Vorspiel verzichten, »ein Sex-Date zwischendurch« sei »immer drin«. Oder es heißt: »Sex ohne Gefühle ist für einen Krebs unvorstellbar«, »Dirty Talk mag der Zwilling am liebsten«, und »Jungfrauen sind eher unkreativ und eintönig [...] Sie brauchen jemanden, der ihnen sagt, wo es lang läuft«. Ein Teenie-Magazin für Mädchen »verrät« sogar, welches Sternzeichen angeblich perfekt fürs erste Mal geeignet sei (Steinbock, Krebs, Fische).[14] Dass eine aus solchen Aussagen erwachsende Erwartungshaltung in zwischenmenschlichen Beziehungen durchaus Schaden anrichten kann, scheint die betreffenden Verlage nicht zu stören. Ob alle Leser derartige »Tipps« als skurrile Unterhaltung abtun, ist zumindest fraglich.

Was Erwartungen an die Liebe anbelangt, so finden sich in vielen

Spielarten der Esoterik ähnlich unrealistische Ideale wieder wie in manchen Hollywoodfilmen. Wenn die Hellseherin prophezeit, man werde am Wochenende den Traumpartner finden, sorgt das zunächst sicherlich für ein gutes Gefühl. Wenn ein Mensch daraufhin aber eine dysfunktionale Beziehung eingeht und trotz vieler Warnsignale weiter daran festhält, weil »die Sterne nun mal nicht lügen«, kann es schnell umschlagen. Fatal ist, wenn die spirituelle Überzeugung dazu führt, dass man meint, sich so die mitunter anstrengende Beziehungsarbeit sparen zu können. Wer eine Hexensession bucht und den Partner durch Zaubersprüche und Liebesamulette zum Bleiben bewegen will, verpasst womöglich die Chance für einen echten Neuanfang dank klärender Gespräche. Sicherlich ist es bequemer, sich nach einer Trennung einzureden, es läge an der »geistigen Welt«, statt sich eingestehen zu müssen, dass die Beziehung an sehr weltlichen Dingen – und womöglich auch dem eigenen Verhalten – gescheitert ist. Statt »inneres Wachstum« zu befördern, bewirken derartige Ansätze letzlich oft das Gegenteil. Wenn die Ursachen für Konflikte in der Partnerschaft in »früheren Leben« vermutet werden, bleiben Probleme im Hier und Jetzt unangetastet.

An einem schlichten Stand mit einigen ausgelegten Flyern spricht uns eine Frau mittleren Alters an. Sie fragt, ob wir Interesse an Jenseitskontakten hätten. So beiläufig, wie sie das ausspricht, scheint es fast, als wären Ferngespräche in die Welt der Toten für sie das Normalste auf der Welt. Tatsächlich gehören solche Dienstleistungen zum Standardrepertoire auf Events dieser Art.

Ein Start-up aus dem Silicon Valley wirbt seit einigen Jahren damit, eine digitale Kopie von Personen erstellen zu können.[15] Zur Kundschaft gehören Menschen mit schweren Krankheitsdiagnosen, die so ihrer Familie ein Quäntchen Trost spenden wollen.[16] Wie sinnvoll das ist, mag jeder für sich entscheiden. Kunden ist dabei jedoch klar, dass die tröstliche Stimme eines schmerzlich vermissten Verstorbenen aus der digitalen Konserve und nicht etwa dem Jenseits kommt. Das sieht bei Sitzungen mit Anbietern esoterischer Dienstleistungen – egal ob Gläserrücken, Channeling oder Ouija-Brett – ganz anders aus.

Da wird etwa der verstorbene Vater um Vergebung dafür gebeten, dass man zu Lebzeiten kaum Kontakt hatte. Oder das tot geborene Kind wird gefragt, warum es diese Welt nicht betreten wollte. Dass die vermeintlichen Botschaften aus dem Jenseits oft kryptisch wirken, ist nicht ungewöhnlich. Bereits zu Zeiten von Nostradamus war schließlich bekannt: Vage Aussagen lassen mehr Möglichkeiten für die Auslegung und steigern dadurch die vermeintliche Erfolgsquote. Ein Irrtum wird kurzerhand als Interpretationsfehler deklariert. Kunden werden angehalten, die Ursache für den Mangel an zufriedenstellenden Antworten in höheren Sphären zu suchen. Allzu konkrete individuelle Fragen oder Bitten von Ratsuchenden werden geschickt umschifft. »Die Geisterwelt darf sich nicht in weltliche Angelegenheiten einmischen!«, heißt es da etwa.

Wenn Kunden meinen, mithilfe eines Mediums Beziehungen über den Tod hinaus weiterführen zu können, ist das ein lukratives Geschäft. In medialen Sitzungen wird nicht selten eine schillernde Fantasiewelt erschaffen. »Ich lernte ihn erst richtig kennen, als er schon tot war«, schwärmt etwa ein Schweizer Medium über spirituelle Begegnungen mit dem verstorbenen Vater. Wer bei derartigen Sitzungen meint, verpasste Gelegenheiten nachholen zu können oder gar eine zutiefst ersehnte Absolution erteilt bekommen möchte, bewertet dieses Erlebnis unter Umständen als positiv. Doch selbst wenn ein Anbieter beabsichtigt, mit ein paar blumigen Worten Trost zu spenden, kann er unmöglich die Bedeutung und Tragweite der angeblich überbrachten Botschaften im Kontext komplexer Beziehungen abschätzen.

Die Verkünder der übersinnlichen Botschaften bezeichnen sich selbst oft als Medium oder »Experten für Medialität«. Diese sehen sich als eine Art Mittler zwischen den Welten, wobei auch oft von »Channeling« die Rede ist. »Channel« kommt aus dem Englischen und bedeutet »Kanal«. Die Bandbreite der Wesen, zu denen eine spirituelle Standleitung versprochen wird, ist groß und beschränkt sich keineswegs auf Gespräche mit dem Totenreich. Einige Anbieter werben mit einem ganzen Pantheon von gesprächsfreudigen Geistwesen. Im spirituellen Gemischtwarenladen trifft man auf ägyptische Gottheiten, Engel und religiöse Figuren wie Jesus oder Buddha. Natürlich sind auch Außerirdische, Prinzessin Diana oder Gandhi einem Gespräch nicht abgeneigt. Hinzu kommen Eigenkreationen, die den unterschiedlichen Strömungen der Esoterik entsprungen sind. 1963 behauptete etwa das US-amerikanische Medium Jane Roberts, Kontakt zu einem gewissen »Seth« aufgenommen zu haben. Hierbei handelt es sich ihr zufolge um ein übernatürliches Wesen, das seine irdischen Reinkarnationen abgeschlossen habe und Menschen eine tiefere Weisheit lehren wolle. Der Name wurde schnell von anderen Medien aufgegriffen. Mittlerweile gibt es unzählige Bücher, die um die fiktive Figur kreisen, und es toben regelrechte Konflikte darüber, wer den besseren Draht zu »Seth« habe und die Zeichen der »Neuen Zeit« am besten lesen könne.[17] Manchmal heißt es sogar, Aufzeichnungen »gechannelter« Botschaften würden Bewusstseinsveränderungen oder gar körperliche Heilungsprozesse auslösen. Ein auf Audible verfügbares Hörbuch verspricht, durch das Hören lasse sich die eigene DNS von links- zu rechtsdrehend verändern – was wohlgemerkt physikalisch unmöglich ist.

Neben Channeling und Jenseitskontakt werden auf vielen Esoterik-Messen auch sogenannte Reinkarnationstherapien angeboten. Dabei wird der Kundschaft das Erlebnis einer »Rückführung« in vergangene Leben versprochen. Im Netz stößt man auf unzählige begeisterte Testimonials von Menschen, die durch angebliche Erinnerungen an Ereignisse aus dem Mittelalter oder der Antike wichtige Erkenntnisse über sich und ihr Leben gewonnen haben wollen. Egal ob Wahrsagenkurs, Channeling-Führerschein oder eben Rückführungssession: Wer sich nur genug darauf einlasse, so heißt es, könne die Standleitung zur spirituellen Welt anzapfen. Da unser Gehirn sehr schlecht darin ist, an nichts zu denken, erlernen Teilnehmende so vor allem aber, spontane Gedankenfetzen als übersinnliche Botschaften zu deuten.

»Reinkarnationstherapeuten« geben ihren Kunden bei den gemeinsamen Fantasiereisen oft zusätzlich noch einen Schubs, indem sie beispielsweise immer wieder nachhaken, was man anhat, wie man aussieht und wo man sich gerade befindet. »Der erste spontane Gedanke ist die Erinnerung! Nicht denken, einfach aussprechen!«, heißt es immer wieder. Da unser Gehirn zudem daran gewöhnt ist, Dinge zu vervollständigen, wird so gemeinsam nach und nach eine äußerst lebendig wirkende Szenerie kreiert – ein Film, den der Kunde sozusagen vor dem inneren Auge ablaufen sieht. In Berichten über angebliche Rückführungen wimmelt es nicht umsonst von Mönchen, Hexen und Rittern, weil dies eben typische Assoziationen sind, die vielen Menschen beim Stichwort »Mittelalter« in den Sinn kommen. Auch der Glaube, im vergangenen Leben sei man etwas ganz Besonderes gewesen, scheint auf einige Menschen eine gewisse Anziehungskraft zu entfalten. Nicht wenige sehen sich als preußische Prinzessin, britischen Hochadel oder General im amerikanischen Unabhängigkeitskrieg. Viele Anbieter greifen dabei immer wieder auch auf optische Stereotype zurück. Die junge blonde Frau war im vorherigen Leben angeblich eine Fee, die etwas korpulente Rothaarige kann auf eine lange Geschichte als Wikingerin zurückblicken.

Wer sich eine Stunde lang mit geschlossenen Augen durch eine solche Fantasiewelt führen lässt, ist am Ende nicht selten davon überzeugt, auf authentische Erinnerungen gestoßen zu sein. Tatsächlich handelt es sich dabei aber um einen Streich, den uns unser Gehirn spielt. Erinnern ist nie ein bloßes Abbild der Realität, sondern ein Prozess, in dem unser Gehirn verschiedene Informationen zusammenfügt. Reale Ereignisse werden mit unseren Erwartungen, Weltbildern oder Erfahrungen angereichert. Da kann es auch vorkommen, dass wir uns an Dinge zu erinnern glauben, die gar nicht so passiert sind. Wenn der vermeintliche Rückführungsexperte dann auch noch immerzu Fragen stellt oder Dinge suggeriert, meint manch einer plötzlich, sich an ein früheres Leben zurückerinnern zu können. Hierbei ist es wichtig anzumerken, dass die meisten Menschen sehr empfänglich für derartige Mechanismen sind. Es handelt sich dabei keineswegs um ein Phänomen, das nur bei Esoterik-Anhängern auftritt. In psychologischen Experimenten konnte immer wieder gezeigt werden, dass man Menschen falsche Erinnerungen relativ einfach einreden kann. Auch im Alltag lässt sich Entsprechendes beobachten. Etwa wenn ein Freund uns von einem gemeinsamen Kindheitserlebnis erzählt, das wir selbst längst vergessen haben. Wer sich daraufhin die Situation sehr lebhaft ausmalt, ist sich einige Monate später manchmal gar nicht mehr sicher, ob dies nicht doch die eigene Erinnerung ist. Ähnliche Mechanismen erklären auch, warum polizeiliche Augenzeugenberichte – gerade nach längerer Zeit – teilweise extrem unzuverlässig sind.[18]

Was auf den ersten Blick wie eine harmlose Fantasiereise wirkt, kann jedoch zu durchaus unappetitlichen Interpretationen führen. Denn der diesem Ansatz meist zugrunde liegende Karmaglaube wird in der Esoterik oft wie folgt ausgelegt: »Wenn du im Hier und Jetzt Probleme hast, musst du in früheren Leben etwas verbrochen haben.« Die damit verbundene Umkehr von Opfer- und Täterrolle bietet eine Steilvorlage für wahre Horrorszenarien. »Wer als Missbrauchsopfer einen Reinkarnationstherapeuten aufsucht, könnte als Antwort bekommen, dass er oder sie in einem früheren Leben vergewaltigend durch die Lande zog«, kritisiert der Journalist Bernd Kramer.[19] In seinem Buch *Erleuchtung gefällig?* schildert er die Begegnung mit einer Reinkarnationstherapeutin, die davon überzeugt war, ihr Sohn sei in einem früheren Leben Inquisitor gewesen und habe sie als Hexe auf den Scheiterhaufen gebracht – wobei ihr erster Mann diesen angezündet haben soll. Es braucht nicht viel Fantasie, um sich auszumalen, was solche Überzeugungen für den Familienfrieden bedeuten.

Die Annahme, es gebe vorherige Leben, deren Auswirkungen sich im Hier und Jetzt manifestieren, findet sich in zahlreichen esoterischen Angeboten. Kunden einer Schamanin aus Baden-Württemberg bekommen etwa erklärt, es drohe Krebs, wenn »Kontakt mit Männern in früheren Generationen« zu einer Anreicherung negativer Energien führe. Um das »Ahnenkarma der Gebärmutter« zu reinigen, wird ein kostenpflichtiges Seminar als unerlässlich angesehen. Es gibt sogar Anbieter, die bei Buchung eines »Karma Detox«-Kurses versprechen, ihre Kunden würden danach problemlos nicht nur dysfunktionalen Beziehungen, sondern auch dem Rauchen abschwören.

Auch Rudolf Steiner glaubte an das Karma-Prinzip. Über den tragischen Tod eines siebenjährigen Jungen, der im schweizerischen Dornach von einem Umzugswagen erfasst wurde, urteilte Steiner: »Bei dem kleinen Theodor war es so, dass das Karma abgelaufen war, sodass man sagen kann: Er hat den Wagen selbst hingestellt.«[20] Das Konzept von Wiedergeburt spielt heute noch in der Gedankenwelt der Anthroposophie eine große Rolle. Laut der anthroposophisch orientierten Kinderärztin und Autorin Michaela Glöckner kann »kein Interesse für Musik« zu »Folgen für die gegenwärtige Biografie oder ein späteres Erdenleben« in Form von »Asthma« und »Neigung zu Lungenkrankheiten« führen. Das »Durchleiden körperlicher Krankheiten« werde dafür angeblich mit »physischer Schönheit im nächsten Leben« belohnt.[21] Glöckner fragt außerdem: »Woher kommen angeborene Fähigkeiten, Genialitäten? Könnten sie nicht gerade das Ergebnis durchgemachter Behinderungen und Krankheiten in einem früheren Erdenleben sein?«[22]

Derartige Gedanken schlagen sich auch in der Behandlungspraxis nieder. Eine Frau berichtet uns, ein anthroposophischer Arzt habe ihr im Alter von 15 Jahren erklärt, die Fehlstellung an ihrer Wirbelsäule sei durch ihre eigene Unehrlichkeit in einem früheren Leben entstanden, da sie nach oben »gebuckelt« hätte. Gegen ihre Depression bekam sie Globuli verschrieben, diese spülte sie aber daheim in der Toilette runter. »Ich habe zwar nie daran geglaubt, was dieser ›Arzt‹

gesagt hat«, erklärt sie uns Jahre später, »aber ich bin traurig darüber, um wie viel schneller es mir hätte besser gehen können, wenn ich eine adäquate evidenzbasierte Behandlung erhalten hätte.« Heutzutage, so die studierte Psychologin, würde sie bei einem solchen Fall unverzüglich die Ärztekammer einschalten.

Je länger wir auf der Esoterik-Messe verweilen, desto mehr drängt sich uns der Eindruck auf, dass es kaum ein Thema zu geben scheint, das sich nicht esoterisch aufarbeiten lässt. Das gilt insbesondere für psychische Notlagen und Krisensituationen. An einem großen Bücherstand stoßen wir auf eine breite Auswahl von Ratgebern für alle Lebenslagen. In der Werbebroschüre eines einschlägigen Buchhändlers findet sich neben »Engelkarten« zum »Ansehen, Fühlen und um Kontakt mit seinem Inneren aufzunehmen« und der Audio-CD *Magische Seelenreise mit Deinem Krafttier* auch ein Buch, das nicht weniger verspricht als *Glück und Reichtum – ein Leben lang*. Der Autor Joseph Murphy ist einer der bekanntesten Vertreter esoterischer Positiv-Denken-Literatur. Bei derartigen Ansätzen wird behauptet, man könne Probleme allein durch die magische Kraft positiver Gedanken überwinden.

Murphy wurde 1898 in Irland geboren, wanderte in die USA aus, wo er Jura, Philosophie und Theologie studierte. Im Laufe seines Lebens verfasste er mehrere Dutzend spirituelle Ratgeber, die sich mit Problemen in allen nur erdenklichen Lebenslagen beschäftigen. Sein 1962 erschienenes Buch *Die Macht Ihres Unterbewusstseins* war ein internationaler Bestseller und steht heute noch in vielen Haushalten im Buchregal. Darin wird behauptet, das Unterbewusstsein habe übernatürliche Kräfte und Menschen könnten hellsehen und hellhören. Wünsche erfüllen sich sozusagen von ganz allein, wenn Leser nur die von Murphy propagierte Methode des »wissenschaftlichen Betens« anwendeten. Dabei handelt es sich um eine magische Kraft, »die alle vom Leben geschlagenen Wunden des Geistes und des Körpers heilt, die die angstgequälte Seele trösten und Sie für immer vom Druck der Armut, des Misserfolgs, des Elends, des Mangels und der Enttäuschung befreien wird«.[23]

Krankheit, zwischenmenschliche Probleme oder Armut lassen sich laut Murphy dementsprechend ganz einfach durch eine geänderte innere Haltung beseitigen. »Ihr Unterbewusstsein kennt die Lösung aller Probleme«, lautet das vollmundige Versprechen des Bestsellerautors, der sogar Fernheilung per Gedankenkraft für möglich hielt.[24] Er ging davon aus, dass »Krankheit und Leid nichts anderes als die körperlichen Erscheinungsformen destruktiver Denkgewohnheiten sind«.[25] Nach seinem Tod im Jahr 1981 lebten seine Ideen fort, auch außerhalb von Seminaren nach der »Dr. Murphy-Methode«.

Es gibt eine ganze Reihe von Bestsellerautoren und selbst ernannten Lebensberatern, die auf die magische Kraft positiver Gedanken schwören. Rhonda Byrne verspricht in ihrem weltweit millionenfach verkauften (und sogar mittlerweile mit Katie Holmes in der Hauptrolle verfilmten) Buch *The Secret* Reichtum und Glück durch Gedankenkraft und Visualisierung. Darin wird ein angeblich existierendes »Gesetz der Anziehung« dargelegt, dem zufolge alles Energie sei. »Sie sind ein Energiemagnet, und als solcher ziehen Sie energetisch alles zu sich und energetisieren sich selbst elektrisch zu allem, was Sie wollen.«[26] Beim Thema Geld wird geraten, sich spielerisch vorzustellen, reich zu sein, »und Sie werden sich in Bezug auf Geld wohler fühlen; und da sich dabei Ihre Stimmung aufhellt, wird mehr in Ihr Leben fließen.«[27] Laut *New York Times* kann der Erfolg der esoterisch argumentierenden Bestsellerautorin Rhonda Byrne mit etwas erklärt werden, »was man die Illusion des Potenzials nennen könnte, unsere Bereitschaft zu glauben, dass wir ein riesiges Reservoir an ungenutzten Fähigkeiten haben, die nur darauf warten würden, freigesetzt zu werden«.[28]

Positives Denken als Mittel gegen alle Probleme dieser Welt ist ein Ansatz, der bei professionellen Psychotherapeuten in der Regel heftiges Kopfschütteln auslöst. Eine positive Einstellung zum Leben lässt sich eben nicht einfach auf Knopfdruck überstülpen. Der Gedanke, schwere psychische Krisen ließen sich einfach durch positive Gedanken beseitigen, schürt zunächst große Hoffnungen, kann aber langfristig in einigen Fällen zu massiven Schuldgefühlen führen.[29] Immerzu wird Druck aufgebaut, bloß keine »schlechten Gedanken« zuzulassen, und Betroffene glauben irgendwann schlimmstenfalls, sich jede Verschlechterung des Zustandes selbst eingebrockt zu haben. Dieser Ansatz kann Positiv-Denken-Apologeten eine Immunisierung vor Kritik bieten. Schlägt die Behandlung nicht an, liegt die Verantwortung bei denen, die entweder spirituell nicht offen genug waren oder einfach nicht oft genug positiv gedacht haben. Schwere psychische Erkrankungen werden zur persönlichen Verfehlung erklärt. Wenn das Schuldgefühl darüber, es »einmal wieder nicht geschafft« zu haben, zu einer Intensivierung der selbst verordneten »Therapie« führt, entsteht eine sich selbst verstärkende Spirale: Die Probleme, derentwegen man ursprünglich zum Ratgeber gegriffen hat, belasten umso mehr.

Sich inmitten einer schweren Depression dazu zu zwingen, Lebensfreude auszustrahlen, ist keine Entlastung. Das systematische Unterdrücken von Gefühlen und ein Verstellen gegenüber dem Umfeld kann vielmehr eine schleichende innere Entfremdung fördern.[30, 31] Die in vielen Ratgebern vertretene Ansicht, man solle einfach so tun, als sei man glücklich, und der gewünschte Zustand werde sich schon einstellen, ist also geradezu kontraproduktiv.

Tägliche Erfolgsmantras, die einen vor allen Übeln dieser Welt schützen sollen, haben mit modernen psychologischen Erkenntnissen wenig gemein. Der Psychotherapeut Günter Scheich kritisiert, dass eine solche Weltsicht zudem oft von »unreifen Zielen« geprägt sei, »wie ein vollkommen angstfreies Leben, ewige Harmonie, absolute Gesundheit und ein ›natürlich zufallender‹ Reichtum«.[32] Die Idee, langfristig in jeglicher Hinsicht stets glücklich zu sein, ist hochgradig unrealistisch und führt unweigerlich zu Frust und Enttäuschung.

Nach dem Verlust enger Angehöriger ist Trauer ein vollkommen normaler Prozess, Ähnliches gilt für das Ende von Beziehungen. Dass Menschen im Laufe ihres Lebens zahlreiche Krisen durchleben, ist normal. Es sollte also nicht darum gehen, nie traurig zu sein, sondern darum, wie man mit diesen Gefühlen umgeht. Tragfähige Strategien zum Umgang mit eben solchen Krisen und Konflikten – oder gar psychischen Erkrankungen – werden in der Literatur des oft esoterisch geprägten Positiv-Denken-Genres jedoch nicht vermittelt.

Der Zwang, alles durch die rosarote Brille einer positiven Grundhaltung zu sehen, führt schnell zu einer gefährlichen Dynamik. Wer Gefühle der Wut und Verletzung systematisch verdrängt und versucht, alles positiv zu deuten, dessen Frühwarnsystem schlägt womöglich irgendwann bei problematischem Verhalten anderer kaum noch an. Günter Scheich schildert in seinem Buch *Positives Denken macht krank* zahlreiche Fallbeispiele aus seiner Behandlungspraxis. Da ist etwa die Geschichte eines Angestellten, bei dem Konflikte im Job zunehmend eskalierten. Die Lektüre esoterischer Ratgeber verschlimmerte alles nur: »Statt sich zu wehren und sich durchzusetzen, hatte er sich alles gefallen lassen und damit seinen boshaften Chef geradezu ermuntert, ihn tyrannisch zu malträtieren.«[33]

Es gibt unterschiedliche Erklärungsansätze dafür, warum so viele Menschen auf windige Glücksseminare und Life-Coaches hereinfallen. Eine große Rolle spielt dabei sicherlich, dass der Gang zum professionellen Psychotherapeuten und auch psychische Erkrankungen gesellschaftlich immer noch stigmatisiert werden. Insbesondere bei schweren psychischen Leiden wird von echten Fachleuten selten Hoffnung auf eine schnelle Heilung gemacht. Auch gibt es nicht das eine einfache Konzept, das bei jedem Patienten in jeder Lage garantiert anschlägt. Im Gegensatz dazu werben esoterische und unwissenschaftliche Psycho-Ratgeber mit dem unseriösen, aber umso verlockenderen Versprechen einer bequem für jeden erreichbaren Transformation des eigenen Selbst.[34] Umfassende Veränderungen bedürfen jedoch oft einer langfristigen therapeutischen Begleitung, die individuell auf die Bedürfnisse der Betroffenen zugeschnitten ist. Dies sind Prozesse, die anstrengend und emotional aufreibend sein können – insbesondere, wenn es um tief verinnerlichte Denk- und Verhaltensmuster oder Kindheitstraumata geht. Gleichzeitig sind die Wartezeiten für Psychotherapieplätze wie bereits dargelegt deutlich zu lang.[35] Die Dienste von esoterischen Psycho-Coaches sind dagegen oft schneller verfügbar, eben auch weil es sich um privat bezahlte Leistungen handelt. Für einige Menschen ist es außerdem schwer nachzuvollziehen, welche Qualifikationen der psychologische Psychotherapeut im Vergleich zu einem selbst ernannten »Lebenscoach« oder »spirituellen Lebensberater« hat.

Eine Psychotherapie geht für manche Menschen zudem mit direkten Nachteilen einher. Anwärter für eine Verbeamtung haben in Deutschland absurderweise manchmal Probleme, wenn sie in der Vergangenheit eine Psychotherapie von ihrer Krankenkasse finanziert bekommen haben.[36] Je nach Land und Versicherungsmodell werden bei psychologischer Beratung womöglich hohe Zuzahlungen fällig. Anstelle zu fördern, dass Menschen sich um ihr psychisches Wohl genauso kümmern wie um ihr leibliches, ist dieser Weg für viele mit Ängsten und Unsicherheiten verbunden. Diese gesellschaftliche Gemengelage trägt zum Erfolg von Psychogurus bei.

Der esoterische Psychomarkt hält aber nicht nur für den privaten Bereich, sondern auch für das jeweilige Businessumfeld Angebote bereit. Selbst ernannte Lebenscoaches zum Thema »Positiv Denken & Finanzen« adressieren vor allem Männer mit dem Versprechen, sie in Windeseile in einen erfolgreichen »Entrepreneur« zu verwandeln. Auf YouTube werben Videos zum Thema »Money Affirmation« damit, quasi im Schlaf ein Mindset zu schaffen, das Geld magisch anziehen würde.[37] Darin rezitieren Sprecher eine Art kapitalistisches Mantra: »Ich bin es wert, reich zu sein. Ich bin ein Geldmagnet. Ich ziehe Wohlstand an. Ich wechsle vom Armutsdenken zum Überflussdenken. Ich komme ganz einfach und ohne Mühen zu Geld. Ich bin eins mit der Energie des Überflusses …«. Auch das ist alter Wein in neuen Schläuchen. Ähnliche Ideen wurden vom eingangs vorgestellten Positiv-Denken-Esoteriker Murphy propagiert, der empfahl: »Schlafen Sie ein mit dem Wort ›Reichtum‹ auf Ihren Lippen, und Sie werden erstaunt sein über die Wirkung. Bald nämlich sollte dann Wohlstand von allen Seiten überreichlich auf Sie zuströmen.«[38] Sogar Aktien- und Anlagetipps lassen sich Murphy zufolge im Traum beschwören.[39] »Armut ist keineswegs etwas Tugendhaftes oder Verdienstvolles, sondern es handelt sich um eine von vielen geistigen Erkrankungen«, lautete sein Urteil.[40]

Natürlich kann ein gesundes Selbstbewusstsein hilfreich sein, wenn es ums Geschäft geht. Selbstüberschätzung und naive Annahmen pflastern jedoch nur allzu oft den Weg zur Privatinsolvenz. Der in esoterischen Ratgebern propagierte Wunderglaube kann dazu führen, dass Anhänger ihre Kompetenzen überbewerten, finanzielle Risiken unterschätzen und wichtige Warnsignale ignorieren. Auch aus Fehlern zu lernen wird erschwert. Eine konstruktive, nicht auf Verdrängung fokussierte Auseinandersetzung mit dem eigenen Scheitern ist in derartigen Gedankenkonstrukten schlichtweg nicht vorgesehen. Dass die Chancen auf finanziellen Erfolg in einer ökonomisch ungleichen Gesellschaft nicht gleich verteilt sind, wird sogar komplett ausgeblendet.

Die Leiterin der Sekten-Info NRW Sabine Riede hat im Zuge ihrer Arbeit immer wieder mit Betroffenen zu tun, die teilweise Zehntausende Euro für unseriöse Coachings oder esoterische Lebenshilfe ausgegeben haben – und es später bitterlich bereuen.[41] Sie rät grundsätzlich dazu, hellhörig zu werden, wenn Anbieter einem das Blaue vom Himmel versprechen: »Erleuchtung oder ewiges Glück sind unrealistische Ziele, da sollte man immer misstrauisch werden. Auch schwammige Aussagen und das Fehlen klar definierter Ziele sind problematisch.« Professionelle Coaching- und Beratungsangebote zeichnen sich schließlich dadurch aus, dass vorab genaue Ziele festgelegt werden – wie ließe sich sonst später ermitteln, ob man erfolgreich war? Sabine Riede empfiehlt außerdem, stets auf die Qualifikation des Anbieters sowie wissenschaftliche Belege für die propagierte Methode zu achten. Allgemeinplätze, wie »Ich helfe seit 20 Jahren Menschen bei spirituellen Krisen jeder Art« ersetzen keine verbriefte Fachkompetenz.

Bei Veranstaltungen rät sie außerdem dazu, auf das eigene Bauchgefühl zu achten:[42] Werde ich zu Dingen gedrängt? Etwa, einen extrem weitgehenden Haftungsausschluss zu unterschreiben oder Kontaktdaten dazulassen? Werden die eigenen Methoden als alternativlos dargestellt? Wird souverän auf kritische Fragen reagiert? Gibt es vonseiten der Seminarleitung eine Verschwiegenheitserklärung, damit ich sicher sein kann, dass meine sensiblen Daten geschützt sind? Werden Ängste geschürt, um mir Produkte oder Dienstleistungen zu verkaufen? Gibt es bei längeren Veranstaltungen genug Pausen, und haben Teilnehmende eine Möglichkeit, sich zwischendurch zurückzuziehen? Wird man im Anschluss dazu gedrängt, direkt das nächste Seminar zu buchen? »Wir haben Fälle von Coachingangeboten gehabt, wo die Leute ihr Handy abgeben mussten und die Tür geschlossen wurde«, berichtet uns die Expertin im Gespräch. »Das ist ein Eingriff in die Privatsphäre, so etwas geht überhaupt nicht.« Seriöse Anbieter befähigen Hilfesuchende zudem dazu, langfristig auf eigenen Beinen zu stehen. »Es darf nicht sein, dass durch jede esoterische Sitzung oder durch jedes Coaching neue Probleme auftauchen und ich wieder weiter Veranstaltungen buchen muss«, so Riede. »Wenn das so eine Endlosschleife ist, dann ist es auf jeden Fall unseriös.«

An seriösen Anbietern mangelt es leider auf der Esoterik-Messe. Wir wandern vom Bücherstand weiter durch die großen Hallen mit dunklem Holzboden und Stuck an den Decken. Spontan lassen wir noch eine Aura-Fotografie anfertigen. Das grellbunte Polaroid, das wir anschließend in die Hand gedrückt bekommen, sieht weniger nach übersinnlichen Kräften, sondern eher nach einer Bildbearbeitung aus den 1990er-Jahren aus. Wie um unsere sichtliche Enttäuschung wettzumachen, wird uns geschwind eine schriftliche Aura-Analyse versprochen, die man uns alsbald per Mail zukommen lassen will.

Es ist mittlerweile Abend, und die Messe neigt sich ihrem Ende zu. Erste Aussteller läuten bereits bei einem gemeinsamen Getränk ihren Feierabend ein. Die Stimmung ist gelöst. Der eine oder andere hat hier sicher ein gutes Geschäft gemacht. Und mit kritischen Rückfragen muss man sich an Orten wie diesen wahrscheinlich kaum herumschlagen. Wir beschließen, dieser merkwürdigen Parallelwelt den Rücken zu kehren, und steuern müde in Richtung Ausgang.

Einen Tag später liegt ein 33-seitiger »Aura Report« in unserem Mailpostfach. Der erste Eindruck ist positiv. »Goldene« Menschen sind angeblich gerecht, zuverlässig, wertvoll, treu und glücklich und verfügen über angeborene Führungseigenschaften. »Sie sind von hohen spirituellen Idealen geleitet, die Sie auf einen Meisterweg führen können.« Die Detailanalyse auf den folgenden Seiten hört sich dann allerdings gar nicht mehr so gut an. In allen sieben Chakren ist das Energielevel entweder viel zu hoch oder viel zu niedrig. Infolgedessen fällt es angeblich schwer, zu lieben oder auch nur mit anderen zu kommunizieren, und es drohen Burn-out und Magengeschwüre. Die Beurteilung der »Meridiane« gemäß der traditionellen Chinesischen Medizin ist ebenfalls vernichtend – die Leber steht wohl kurz vor dem Kollaps. Als Gegenmittel werden Homöopathie, Bachblüten-Extrakte, Duftöl, allerhand magische Edelsteine und ein vom Anbieter speziell energetisiertes Glas empfohlen – wobei besonders Letzteres sich als extrem teuer erweist. Insgesamt belaufen sich die Kosten der empfohlenen Behandlung auf fast 1.000 Euro. »Dies ist KEINE medizinische Software«, heißt es in einem unauffälligen Disclaimer. Wer eine Diagnose oder Behandlung suche, solle sich stattdessen an einen Arzt oder Therapeuten wenden, der »Aura Report« diene nämlich lediglich Unterhaltungszwecken. Es erschließt sich uns nicht, was daran unterhaltsam sein soll, Menschen einzureden, sie stünden kurz vor einem energetischen und physischen Zusammenbruch. Für uns scheint dahinter vielmehr ein äußerst perfides und zumindest in diesem Sinne ganz und gar »ganzheitliches« Geschäftsmodell zu stehen.

Die Exkursion hinterlässt bei uns auch Tage später noch ein flaues Gefühl im Magen. Suchende und Neugierige werden mit dem Versprechen von Gesundheit, Selbstbestimmung und Glück gelockt, aber am Ende wird nichts davon eingelöst. Die Welt der Esoterik erinnert uns ein wenig an die Computerspiele unserer Kindheit: In Wochenendseminaren kann man immerzu neue Level in Hinblick auf seine individuellen spirituellen Fertigkeiten erreichen, für jedes Hindernis existiert ein passender Zauberspruch, und mit der richtigen Ausrüstung ist man in seiner persönlichen Lebensrealität sogar quasi unverwundbar! Das Problem dabei ist nur: Wer mit negativen Gedanken und Gefühlen zu kämpfen hat, wird diese nicht durch den Kauf einer »Horus Energiepyramide« los. Ein Rosenquarz-Amulett bringt eine Depression nicht zum Verschwinden. Globuli mit Murus Berlinensis (einem Stück von der Berliner Mauer) helfen nicht bei Problemen mit zwischenmenschlichen Grenzen.[43] Und Opfer häuslicher Gewalt erfahren keinen Schutz vor ihrem Partner aufgrund des Tragens von magischen Amuletten.

Kapitel 5

Das Wissenschaftsparadox: Zwischen Wissenschaftsleugnung und Pseudowissenschaft

Während es noch vergleichsweise einfach scheinen mag, »Geistheilung« aus wissenschaftlicher Perspektive als eindeutigen Unsinn zu identifizieren, wird es schon schwieriger, wenn Esoteriker sich auf tatsächliche Wissenschaftler und Studien in hochrangigen Fachzeitschriften berufen, um ihre Behauptungen zu untermauern. Wie schnell die Grenze zwischen Esoterik und Wissenschaft verschwimmen kann, zeigt die Geschichte des US-amerikanischen Psychologen Daryl J. Bem, der meinte, beweisen zu können, dass Menschen in der Lage wären, die Zukunft vorauszusehen. Aber fangen wir erst einmal ganz von vorn an.

Daryl Bem wurde 1938 in Denver, Colorado, geboren, studierte Physik und promovierte 1964 in Sozialpsychologie an der University of Michigan. Bem war ein Kind seiner Zeit und stark von den gesellschaftlichen Veränderungen der 1960er- und 1970er-Jahre geprägt. Er machte Karriere und wurde ein bekannter und geschätzter Sozialpsychologe, der eigene Theorien formulierte und über viele Jahre hinweg Forschungsergebnisse auf hohem Niveau publizierte. Unter anderem wurde er durch seine Forschung zur Selbstwahrnehmungstheorie bekannt. Er ging davon aus, dass Menschen durch die Beobachtung ihres eigenen Verhaltens auf ihre Einstellungen schließen. Seiner Meinung nach sind also nicht nur Einstellungen die Grundlage von Verhalten, sondern auch das Verhalten selbst kann unsere Einstellungen beeinflussen. Bedeutet konkret: Wenn man einer Person dabei hilft, die Einkäufe nach Hause zu tragen, glaubt man anschließend eher, ein fürsorglicher Mensch zu sein. Die Selbstwahrnehmungstheorie wurde von anderen Wissenschaftlern aufgegriffen und im Rahmen von Experimenten erforscht. Die Ergebnisse gaben Bem recht. Die Entstehung und Änderung von Einstellungen konnte so besser erklärt werden, und der Ansatz wird auch heute noch in therapeutischen Settings eingesetzt.

Bem konnte sich mit seiner Arbeit einen Namen in der Wissenschaftsgemeinschaft machen, er lehrte an renommierten US-amerikanischen Universitäten wie Stanford, Harvard und der Cornell University in New York. Allein seine berühmte Studie zur Selbstwahrnehmungstheorie, die er 1967 veröffentlichte, wurde bis heute fast 5.000-mal in wissenschaftlichen Publikationen zitiert.[1]

Seit seiner Kindheit interessierte sich Daryl Bem für Magie und Illusionen. Auch als Erwachsener beschäftigte er sich weiterhin mit Magie und nutzte sein Hobby sogar für Demonstrationen in seinen Universitätsseminaren. 1985 wurde Bem eingeladen, bei einem Treffen der Parapsychological Association einige Zaubertricks vorzuführen.[2] Das war auch der Zeitraum, in dem Bem begann, Wissenschaft und Magie miteinander zu vermengen. »Ich bin also hingegangen und habe meinen Vortrag gehalten, und damals war ich ein Skeptiker«, erklärte der Sozialpsychologe in einem Interview: »Jemand dort, nämlich Chuck Honorton, baute zu dieser Zeit ein neues Labor auf. Er bat mich, in sein Labor zu kommen und seine Versuchsmethoden zu untersuchen, sowohl aus der Sicht eines Magiers als auch aus der Sicht eines Sozialpsychologen, der Live-Experimente durchführt, um zu sehen, ob sie hieb- und stichfest waren.«[3]

Bem war von der Arbeit des »Parapsychologen« Honorton beeindruckt, welcher ihn mit vermeintlich eindeutigen Hinweisen auf die Existenz eines sogenannten Psi-Phänomens, also einer hypothetischen psychischen Kraft wie Telepathie, konfrontierte.[4] Gemeinsam mit Honorton veröffentlichte Bem dann 1994 in der renommierten Fachzeitschrift *Psychological Bulletin* eine Analyse, die Belege für die Existenz von paranormalen Prozessen der Energieübertragung liefern sollte.[5] Die beiden werteten darin die Ergebnisse verschiedener sogenannter Ganzfeldstudien aus.

Mit Ganzfeldversuchen soll experimentell Telepathie nachgewiesen werden. Bei einem typischen Versuchsaufbau sitzt der Telepathie-»Empfänger« für eine halbe Stunde entspannt auf einem Stuhl in einem abgeschirmten Raum. Ihm werden die Augen mit halbierten Tennisbällen verdeckt, die wiederum mit rotem Licht bestrahlt werden. Die Ohren werden mit Kopfhörern bedeckt, über die »weißes Rauschen« (Störgeräusche) gesendet wird. Zur gleichen Zeit sitzt der Telepathie-»Sender« in einem anderen Raum und schaut sich ein Video an. Dabei versucht er die im Video enthaltenen Informationen mental an den anderen Versuchsteilnehmer zu senden. Der »Empfänger« soll während des halbstündigen Versuchs laut beschreiben, was er »sieht«. Zusätzlich soll er anschließend aus vier Bildern dasjenige auswählen, das dem am nächsten kommt, was er während seiner »Trance« übermittelt bekommen hat. Bei vier Wahlmöglichkeiten liegt die Rate für einen Zufallstreffer bei 25 Prozent. Höhere Trefferquoten wurden daher als Beleg für die Existenz von Telepathie gewertet.[6] Ein Beleg für eine telepathische Übertragung wäre also, wenn die Empfänger überdurchschnittlich oft die vom Sender »geschickten« Informationen richtig benennen würden.

Horton und Bem waren überzeugt, genau diesen Beweis für die Existenz von Telepathie erbracht zu haben. Vonseiten der Wissenschaftsgemeinschaft brachte ihnen ihre »Psi«-Forschung allerdings – wenig verwunderlich – viel Spott ein. Diese Kritik ließ sich auch mit Zahlen untermauern. Nachträgliche Analysen der Daten mittels verbesserter statistischer Methoden fanden keine Hinweise mehr auf telepathische Gedankenübertragung.[7]

Aber selbst die harsche Kritik der Wissenschaftsgemeinschaft konnte Bem nicht bremsen – im Gegenteil. »Da dachte ich mir: ›Weißt du, ich würde gern meine eigenen Daten sammeln.‹ Das waren nicht meine Daten, obwohl ich ihnen geglaubt habe, und so habe ich mein Labor gegründet«, erklärte Bem in einem Interview.[8] Er startete daraufhin ein eigenes Forschungsprojekt, um die Existenz von übernatürlichen Fähigkeiten zu belegen – und finanzierte diese Studien zehn Jahre lang sogar aus eigener Tasche.[9] Bem hatte das Ziel, die Studien so aufzubauen, dass sie leicht zu reproduzieren waren. Er wollte, dass andere Wissenschaftler seine Forschung replizieren können.[10]

2011 schaffte der Sozialpsychologe es tatsächlich erneut, eine seiner Studien in einer der Top-Fachzeitschriften in der Sozialpsychologie, dem *Journal of Personality and Social Psychology*, unterzubringen. Der Titel seiner Arbeit lautete übersetzt: »Die Zukunft fühlen: Experimentelle Beweise für anomale rückwirkende Einflüsse auf Kognition und Affekt«.[11] Allein schon die Publikation war ein beachtlicher Erfolg für Bem, denn im Jahr der Veröffentlichung hatte die Zeitschrift bei den Einreichungen eine Ablehnungsquote von 85 Prozent. Es war für Wissenschaftler also alles andere als leicht, ihre Forschungsergebnisse dort zu veröffentlichen.[12]

Bem zufolge sind Menschen in der Lage, Informationen oder Energie in einer Art und Weise zu übertragen, die nicht durch physikalische oder biologische Mechanismen erklärt werden kann. Demnach könnten Menschen Einfluss auf zukünftige Ereignisse nehmen. Im Rahmen von neun Experimenten mit insgesamt über 1.000 Teilnehmenden glaubte er genau das zeigen zu können. »Alle Experimente bis auf eines ergaben statistisch signifikante Ergebnisse«, war in der Studie zu lesen.[13] Noch bevor der Artikel überhaupt erschienen war, stürzten sich Zeitungen und Fernsehshows auf Bem. Ein Wissenschaftler, der scheinbar zeigen konnte, dass Menschen über übernatürliche Fähigkeiten verfügen – etwas Besseres und Kontroverseres konnte es besonders für Boulevardmedien kaum geben. Für die

Fachöffentlichkeit der Sozialpsychologie markierte die Geschichte aber den Beginn einer tiefen Krise. Innerhalb der Sozialpsychologie war schnell klar: Das mit der Telepathie ist offensichtlicher Unsinn. Wenn nicht etwa irgendein dubioser Geistheiler, sondern jemand aus den eigenen Reihen unter Einhaltung wissenschaftlicher Standards zu dem Ergebnis kommt, dass Telepathie funktionieren würde, ist das ein Indiz für ein schwerwiegendes Problem: Die verwendeten Methoden sind anfällig für Fehler.

Der oft geäußerte Vorwurf, die Wissenschaft würde Vertretern spiritueller Thesen keine Chance geben, sich zu beweisen, ist schlichtweg falsch. Weltweit existieren mehr als zwei Dutzend Initiativen, die Preisgelder für die Erbringung eines Beweises für spirituelle Fähigkeiten unter wissenschaftlichen Versuchsbedingungen ausloben.[14] Das bekannteste Event dieser Art ist die von James Randi, einem amerikanisch-kanadischen Zauberkünstler und Vertreter der Skeptiker-Bewegung, initiierte *One Million Dollar Paranormal Challenge*. Während Daryl Bem sich als Wissenschaftler mit Magie beschäftigte, war es bei Randi genau andersherum. Als erfolgreicher Magier war der 2020 verstorbene Randi mit den gängigen Tricks der Szene vollauf vertraut und gehörte zu den Besten seiner Zunft.[15] Auf dem Höhepunkt seiner Karriere übertraf er den vom bekannten Magier Houdini aufgestellten Zeitrekord in puncto »Überleben in einem Sarg unter Wasser« und konnte sich aus einer Zwangsjacke befreien, während er kopfüber über den Niagarafällen schwebte.[16] Randi sah sich selbst als Entertainer, stets versicherte er seinem Publikum, bei den Vorführungen sei keinerlei Magie im Spiel. Trotz dieser klaren Ansage ersuchten ihn seine Fans jedoch immer wieder um spirituellen Rat – sogar in Bezug auf Anlagestrategien für die Börse.[17]

Die Erkenntnis darüber, wie leicht sich der Glaube an das Übernatürliche missbrauchen und auch finanziell ausbeuten lässt, bewog den Magier dazu, sich der wissenschaftlichen Überprüfung vermeintlich übernatürlicher Phänomene zu widmen. Zwischen 1964 und

2015 nahmen mehr als 1.000 Menschen an dem von Randi initiierten Wettbewerb teil, darunter zahlreiche selbst ernannte Gedankenleser, Telekinese-Performer, Hellseher und Astrologen. Wem es gelang, im Rahmen eines wissenschaftlich kontrollierten Versuchs paranormale Kräfte nachzuweisen, dem winkten bis zu einer Million US-Dollar Preisgeld. Gewonnen hat bis heute keiner. Viele der angetretenen Esoteriker hielten jedoch auch nach ihrem Scheitern daran fest, über besondere Kräfte zu verfügen. Zahlreiche bekannte Stars schlugen Randis Einladung laut einem Bericht des *New York Times Magazine* aus.[18]

Menschen wie James Randi und seine *One Million Dollar Paranormal Challenge* sind wichtig, um die Öffentlichkeit dafür zu sensibilisieren, wo der Unterschied zwischen Wissenschaft und Pseudowissenschaft oder gar Trickserei liegt. Angesichts einer massiven Verbreitung von Falschinformationen wurde vor allem zu Beginn der Coronapandemie der Bevölkerung angeraten, ihr Vertrauen in die Wissenschaft zu setzen. Und genau das tat auch ein Großteil der Menschen. Hashtags wie *#FollowTheScience* gingen viral, Wissenschaftler wurden weltweit gefeiert wie Popstars. Drei bekannte italienische Virologen veröffentlichten im Dezember 2021 ein auf der Melodie von »Jingle Bells« basierendes Lied namens »Sì, Sì vax«, mit dem sie zur Teilnahme an der Impfkampagne aufrufen wollten. Das Lied ging nicht nur in den sozialen Netzwerken viral, sondern wurde auch von der internationalen Presse aufgegriffen.[19] Dem Berliner Virologen Christian Drosten wurde sogar ein Punksong gewidmet, und Zitate des Wissenschaftlers zierten alsbald T-Shirts und Kaffeetassen.[20 21] Auch der US-amerikanische Virologe und Regierungsberater Anthony Fauci erlangte als rationaler Gegenpart zum ehemaligen US-Präsidenten Donald Trump weltweit Berühmtheit. Im Netz konnte man das »Anthony Fauci Facepalm Donald Trump Reaction«-Poster oder die »Dr. Anthony Fauci Facepalm Truth«-Socken bestellen. Diese Produkte spielen auf den Moment an, als sich Donald Trump im März 2020 zu der Behauptung verstieg, Mike Pompeo, damals US-Außenminister und zuvor Chef der CIA, sei Leiter eines »Deep State«-Departements.[22] Angesichts dieses aus Verschwörungserzählungen stammenden Begriffs fasste sich Fauci an die Stirn, sichtlich bemüht, vor laufenden Kameras die Fassung zu bewahren.[23]

Gleichzeitig zeigte sich in der Pandemie aber auch, dass man besser nicht allen Personen, die sich als Wissenschaftler oder Experten profilieren, im selben Maße vertrauen sollte. Der deutsche Mediziner und Professor im Ruhestand Sucharit Bhakdi verbreitete Verschwörungserzählungen und Falschinformationen über das Coronavirus. Ein Blick in die Wissenschaftsdatenbank *PubMed* zeigt: Bhakdi hat dort keine Veröffentlichungen zum Coronavirus vorzuweisen.[24] Sein im Juni 2020 veröffentlichtes Buch *Corona Fehlalarm?* schaffte es trotzdem auf die Bestsellerlisten. Während etablierte Wissenschaftler in verschwörungsideologischen Milieus mit Verachtung bedacht wurden, ließ Bhakdi sich als Held feiern, der endlich »die Wahrheit« ausspricht. Dass er dabei auch antisemitische Thesen verbreitete, schien seiner Popularität keinen Abbruch zu tun.[25] Im Mai 2020 gründete Bhakdi mit Gleichgesinnten den Verein »Mediziner und Wissenschaftler für Gesundheit, Freiheit und Demokratie (MWGFD)« – laut Selbstbeschreibung ein »Zusammenschluss von in Medizinberufen tätigen Personen und Wissenschaftlern, die sich in Forschung und Lehre mit den Themen Gesundheit, Freiheit und Demokratie beschäftigen«. Viele der Vereinsmitglieder sind Doktoren und Professoren, es gibt aber auch Heilpraktiker oder psychologische Berater unter ihnen. Schaut man sich die Namen genauer an, sieht man, dass viele der gelisteten Personen durch Falschinformationen oder Verschwörungserzählungen insbesondere zur Covid-19-Pandemie öffentlich in Erscheinung getreten sind.

Lange vor der Covid-19-Pandemie veröffentlichte Apl. Prof. Dr. rer. hum. biol. Ulrike Kämmerer Bücher wie *Krebszellen lieben Zucker – Patienten brauchen Fett*. Ihr Ansatz: eine sogenannte ketogene (also eine kohlenhydratarme) Diät, die angeblich einen positiven Einfluss auf die Heilung, wenn nicht gar hemmenden Einfluss bei Tumorwachstum haben soll.[26] Der Boom derartiger Diäten veranlasste die Arbeitsgemeinschaft Prävention und Integrative Onkologie (PRIO) der Deutschen Krebsgesellschaft (DKG) im Jahr 2017 zu einer Stellungnahme, in der es hieß: »Aufgrund der vorliegenden Datenbasis kann eine Anwendung einer kohlenhydratarmen oder ketogenen Diät für diese Indikation (Krebs, Anm. d. A.) jedoch nicht empfohlen werden.«[27] Auch Kämmerer fiel während der Pandemie negativ auf. Im Juli 2020 sprach sie bei der Stiftung Corona Ausschuss.[28] Hierbei handelt es sich um ein Format, das Verschwörungserzählungen verbreitet und gegen Personen hetzt, die sich öffentlich zu der Pandemie äußern.[29] Die Universitätsklinik Würzburg distanzierte sich von den Äußerungen der Mitarbeiterin. »Frau Kämmerer behauptet, sie habe eine Expertise, die sie nicht hat«, sagte Prof. Lars Dölken, Leiter des Würzburger Instituts für Virologie gegenüber der *Main-Post*.[30] Auch hier stellt sich wieder die Frage: Warum glaubt eine wissenschaftliche Mitarbeiterin mehr über PCR-Tests zu wissen als Wissenschaftler, die wirklich daran forschen? Ulrike Kämmerer kandidierte später auf der Thüringer Landesliste der verschwörungsideologischen Partei dieBasis.[31,32]

Gerade weil Wissenschaft häufig ein besonderes Vertrauen genießt, geht damit auch eine besondere Verantwortung einher. Der Psychologe Tobias Wingen forscht an der Universität Bonn zum Thema »Vertrauen in die Wissenschaft«. Er sprach mit uns darüber, was für Konsequenzen es hat, wenn Wissenschaftler Falschinformationen verbreiten: »Vertrauen lässt sich nur sehr schwer aufbauen, aber sehr leicht zerstören. Wenn Wissenschaftlerinnen und Wissenschaftler mit ihren Aussagen falschliegen, kann der entstandene Vertrauensverlust daher leicht irreparabel sein.« In Krisen kommt Wissenschaft eine noch wichtigere Rolle zu, insbesondere auch in der Kommunikation mit der Öffentlichkeit. »Wissenschaftlerinnen und Wissenschaftler sollten daher ganz besonders vorsichtig sein, keine falschen Aussagen zu tätigen und stattdessen Unsicherheiten ganz klar und deutlich benennen«, mahnte Wingen an. »Das lässt sich auch gut in der Coronakrise sehen, wo falsche Vorhersagen von Wissenschaftlerinnen und Wissenschaftlern immer wieder ausgegraben werden, um diese zu diskreditieren.«

Aber nicht nur Wissenschaftler, sondern auch Ärzte, deren Arbeit ebenfalls auf wissenschaftlicher Evidenz fußen sollte, fielen immer wieder durch das Verbreiten medizinischer Falschinformationen auf. Der Schweizer Arzt und Enkel des Erfinders des Bircher-Müslis, Andres Bircher, erregte während der Pandemie medial viel Aufmerksamkeit. Er glaubte, dass das Bekämpfen von Fieber eine »Sabotage am Immunsystem« sei und empfahl »hyperthermische Bäder«. Außerdem riet er, präventiv »lebendige Pflanzennahrung« zu sich zu nehmen, um sich gegen das Coronavirus zu schützen.[33] Auf der Internetseite des Medizinischen Zentrums Bircher-Benner finden sich diverse Ratschläge zum Umgang mit verschiedenen Erkrankungen. Im Kontext von Depressionen heißt es dort, dass »ganz wesentlich für die Heilung [...] die ganz sorgsam gewählte homöopathische Arznei in ganz hoher Potenz« sei und diese einen entscheidenden Beitrag bei der Verhütung von Suizidalität leisten würde. Es entsteht damit der Eindruck es sei eine gute Idee selbst bei einer schweren, potenziell lebensbedrohlichen Erkrankung auf Homöopathie statt auf etablierte Verfahren zu setzen.

Im Alltag fehlt es Menschen oft an grundlegenden Kenntnissen zu wissenschaftlichen Methoden und dem Umgang mit Studien. Laut den Ergebnissen der Mitte-Studie, die alle zwei Jahre von der Friedrich-Ebert-Stiftung herausgegeben wird, zeigte sich schon vor der Pandemie, wie weit verbreitet die Ablehnung von wissenschaftlichen Erkenntnissen war: Jeder Zweite in Deutschland glaubte 2019, dass er oder sie mehr dem eigenen Bauchgefühl trauen sollte als Statistiken.[34] Den Satz »Traue keiner Statistik, die du nicht selbst gefälscht hast« hat sicherlich fast jeder schon einmal gehört. Hinzu kommt ein Umgang mit Zahlen und Statistiken im medialen und öffentlichen Diskurs, der die Kompetenz von Einzelpersonen nicht unbedingt fördert.

Das alles bringt uns zu einem spannenden Phänomen, das sich als *Wissenschaftsparadox* beschreiben lässt: In der Esoterik, aber auch darüber hinaus, finden sich zwei generelle Herangehensweisen in Bezug auf Wissenschaft und Evidenz. Einerseits gibt es eine klare Ablehnung von wissenschaftlichen Methoden, die beispielsweise als »künstlich« oder »nicht ganzheitlich« abgewertet werden. Aussagen wie »Es gibt mehr zwischen Himmel und Erde, als man mithilfe der Wissenschaft verstehen kann« werden da genauso gern angeführt wie der Verweis auf anekdotische Einzelfälle und das eigene Bauchgefühl. Gleichzeitig findet sich immer wieder ein Bezug zu Pseudowissenschaften in Form von Studien, die jeglichen wissenschaftlichen Standards widersprechen. Dazu zählen beispielsweise esoterisch ausgelegte Quantenphysik, aber auch schlecht gemachte Studien, die angeblich die Wirksamkeit von magischen Heilsteinen und Ähnlichem »beweisen«. Während Wissenschaftlern, die Esoterik offen kritisieren, gern jegliche Kompetenz abgesprochen wird, werden handwerklich schlecht gemachte und daher auch irreführende Studien, welche aber die jeweiligen Glaubensüberzeugungen stützen, über den grünen Klee gelobt.

Um zu verstehen, warum derartige Strategien in einigen Milieus auf fruchtbaren Boden fallen, ist es hilfreich, sich das Verhältnis der Esoterik zur Wissenschaft genauer anzuschauen. Es gibt wichtige Unterschiede zwischen Pseudowissenschaft und Wissenschaftsleugnung – aber auch einige Gemeinsamkeiten. »Wissenschaftsleugnung ist eine Ablehnung der Wissenschaft und der wissenschaftlichen Methode überhaupt«, schreibt Robert Crease, Experte für Wissenschaftsgeschichte und Professor an der Stony Brook University in Long Island. »Pseudowissenschaft« meint hingegen »eine Scharade, die versucht, falsche, unzuverlässige oder unbewiesene Behauptungen als wissenschaftlich auszugeben«.[35] Auf die Esoterik übertragen bedeutet das: Wissenschaftsleugnung wäre, wenn es heißt, dass man mit wissenschaftlichen Methoden gar nicht herausfinden könne, ob Mondwasser der Gesundheit förderlich sei. Im Rahmen von Pseudowissenschaft wiederum werden »Studien« erstellt, welche die angebliche Wirksamkeit von Mondwasser belegen sollen, dabei allerdings wissenschaftlichen Standards nicht genügen.

Betrachten wir zunächst die Wissenschaftsleugnung. Wissenschaftsleugnung und die Ablehnung von wissenschaftlichen Methoden fallen nicht vom Himmel, sondern sind in der Gesellschaft tief verwurzelt. Wenn man sich anschaut, aus welchen Zutaten der uns eingeschenkte Cocktail von Wissenschaftsgegnern besteht, stößt man immer wieder auf sich ähnelnde Elemente – egal ob es um den Klimawandel, Krebsbehandlungen oder die Covid-19-Pandemie geht. »Um das in der Gesellschaft vorherrschende Muster der Verleugnung von wissenschaftlichen Erkenntnissen und Expertenmeinungen zu verstehen, müssen wir einen Blick über die Wissenschaft hinaus in die Geschichte werfen, die uns zeigt, dass viele der verschiedenen Formen der Verleugnung von Expertenwissen ihre Wurzeln in der Geschichte des Tabaks haben«, schreibt die US-amerikanische Professorin für Wissenschaftsgeschichte an der Harvard University Naomi Oreskes in einem Aufsatz im Fachmagazin *Scientific American*.[36] In der Tat hat die Tabaklobby schon früh auf zahlreiche hocheffektive Tricks gesetzt, um Zweifel am wissenschaftlichen Konsens in Bezug auf Gesundheitsrisiken zu streuen.

Übersicht zur Unterscheidung von Wissenschaft, Wissenschaftsleugnung und Pseudowissenschaft

	Wissenschaft	Pseudowissenschaft	Wissenschaftsleugnung
Produktion von Wissen	Schafft Wissen, reevaluiert bisheriges Wissen	Schafft Scheinevidenz; entzieht sich aber wissenschaftlichen Standards	Anekdotische Evidenz ohne objektive Standards; persönliche Erfahrungen als Grundlage
Verhältnis zu wissenschaftlichen Methoden	Versuch, möglichst objektiv zu sein und Verzerrungen zu minimieren	Gibt vor, sich an wissenschaftlichen Grundsätzen zu orientieren	Lehnt Wissenschaft ab
Verhältnis zu Evidenz	Intersubjektive Überprüfbarkeit von Erkenntnissen als Grundlage	Rosinenpickerei (Einzelfälle werden überbewertet, systematische Ergebnisse ausgeblendet)	Rosinenpickerei (Einzelfälle werden überbewertet, systematische Ergebnisse ausgeblendet)
Verhältnis zum eigenen Wissen	Permanente Reevaluation des eigenen Wissens; Sichtbarmachung der eigenen Grenzen	Starke Überzeugungen in Bezug auf das eigene Wissen, kaum Wille zur Veränderung	Starke Überzeugungen in Bezug auf das eigene Wissen, kaum Wille zur Veränderung
Verhältnis zu Kritik	Kritik durch die Wissenschafts-Community ist Grundlage von Fortschritt	Kritik wird als Teil einer Verschwörung oder Diffamierung gesehen	Kritik wird als Teil einer Verschwörung oder Diffamierung gesehen

Quelle: Adaption und Erweiterung von Trecek-King (o.D.)[37]

Es ist wohl kaum untertrieben zu sagen, dass die Tabakindustrie die Bekämpfung von Wissenschaft einst professionalisiert hat. Noch 1949 hieß es in einigen US-amerikanischen Zigarettenwerbungen, Ärzte würden eine bestimmte Zigarettenmarke sogar ausdrücklich empfehlen.[38] In den 1950er-Jahren sah sich die Tabakindustrie dann zunehmend mit dem Umstand konfrontiert, dass ein Zusammenhang zwischen Rauchen und schweren Erkrankungen wie Krebs nicht mehr zu leugnen war. Für das Zigarettengeschäft war das natürlich eine Katastrophe. Daher versuchte man, gezielt Zweifel an wissenschaftlichen Erkenntnissen zu säen. Die WHO benannte verschiedene Strategien, mithilfe derer die Tabakindustrie versuchte, die öffentliche Meinung zu ihren Gunsten zu beeinflussen:

1. Diskreditierung bewährter wissenschaftlicher Erkenntnisse.
2. Verschwörung zur Unterwanderung des politischen und gesetzgebenden Prozesses.
3. Einschüchterung von Regierungen durch Rechtsstreitigkeiten oder die Androhung von Rechtsstreitigkeiten.
4. Übertriebene Darstellung der wirtschaftlichen Bedeutung der Branche.
5. Manipulation der öffentlichen Meinung, um den Anschein von Seriosität zu erwecken.
6. Vortäuschen von Unterstützung durch Tarnorganisationen.[39]

Heutzutage hat es sich etabliert, die gängigsten Strategien von Pseudowissenschaft und Wissenschaftsleugnung unter der Abkürzung PLURV zusammenzufassen. *PLURV* steht für **P**seudoexperten, **L**ogische Trugschlüsse, **U**nerfüllbare Erwartungen, **R**osinenpickerei und **V**erschwörungserzählungen.[40] Wer diese Strategien kennt, wird bei zahlreichen Debatten schnell feststellen, dass die zentralen Muster sich stets wiederholen:

Pseudo-Experten: Das Projekt Klimafakten beschreibt diese Methode wie folgt: »Man lässt unqualifizierte Personen oder Institutionen auftreten und präsentiert sie als Quelle angeblich relevanter Einwände gegen wissenschaftliche Erkenntnisse.«[41] Oft handelt es sich dabei um pensionierte oder fachfremde Wissenschaftler, die nie seriös in dem Bereich publiziert haben. Die Tabakindustrie schickte etwa unter anderem den Physiker Fred Seitz ins Rennen, der auch bei Themen wie saurem Regen, Ozonloch und globaler Erwärmung äußerst umtriebig war.[42] Nicht immer steht aber eine ausgetüftelte Strategie hinter Wissenschaftsleugnung.

Oft wird von einzelnen Akteuren oder Milieus auch eine Debatte losgetreten und gefordert, dass endlich einmal »alle Positionen« gehört werden sollten. Alle Positionen heißt dann beispielsweise im Kontext von Gesundheit: Esoteriker und Wunderheiler sowie Experten aus der Wissenschaft sollten die gleiche Reichweite erhalten, indem sie beispielsweise in eine Talkshow zum Thema »Umgang mit einer Pandemie« eingeladen werden. Infolgedessen kommt es zu einer in Fachkreisen auch als *False Balance* bezeichneten Verschiebung der öffentlichen Aufmerksamkeit zugunsten unwissenschaftlicher Thesen.

Logische Trugschlüsse: Im Bereich der Wissenschaftsleugnung begegnet man einer Vielzahl an logischen Trugschlüssen und Scheinargumenten. Typisch sind beispielsweise sogenannte Ad-hominem-Attacken: Der Fokus wird auf persönliche Angriffe gegen Wissenschaftler gelegt, anstatt auf ihre Argumente einzugehen. Ad-hominem-Attacken werden auch gern mit Verschwörungserzählungen garniert: Dann ist es mal wieder der »gierige Wissenschaftler«, der mithilfe der »alles beherrschenden Pharmalobby« nur reich werden will und deswegen gegen Esoterik argumentiert. Auch der Verweis auf vermeintlich »altes Wissen« ist ein gängiges Scheinargument, das von mangelnder Evidenz ablenken soll. Innerhalb der Esoterik wird gerade beim Thema Gesundheit zudem häufig mit Analogien, Geschichten und Vergleichen gearbeitet, die zu Trugschlüssen führen. Da werden dann beispielsweise Angstsymptome mit dem Kriegsgott Mars in Verbindung gebracht und zur Einnahme eines Präparats mit schwarzer Tollkirsche geraten, weil es sich um eine »Marspflanze« handele.[43]

Unerfüllbare Erwartungen: Bei unerfüllbaren Erwartungen geht es darum, dass von Wissenschaftlern Resultate verlangt werden, die schlichtweg unrealistisch sind. Ein Beispiel wäre: Solang es Ärzte gibt, die von der Wirksamkeit von Homöopathie überzeugt sind, gilt die Frage, ob jenseits des Placeboeffekts Wirkungen messbar sind, für manch einen womöglich als noch nicht abschließend geklärt. Braucht es vielleicht einfach nur mehr Forschung? »Wenn die Erwartungen nicht komplett erfüllt werden, wird die gesamte Forschungsgruppe oder die Wissenschaft an sich angezweifelt«, schreibt der *Humanistische Pressedienst* über einschlägige Kommentare während der Coronapandemie.[44] So mancher Klimawandelleugner will seine Position erst überdenken, wenn »100 Prozent der Wissenschaftler« ihm unrecht geben – 99,7 Prozent[45] reichen nicht aus. Bei Diskussionen um die Wirksamkeit esoterischer Verfahren ist Ähnliches immer wieder zu beobachten. Selbst wenn die überwältigende Mehrheit der Forschenden einem pseudomedizinischen Verfahren eine Wirksamkeit jenseits des Placeboeffekts abspricht, wird das einfach ignoriert.

Rosinenpickerei: Von Rosinenpickerei wird gesprochen, wenn wissenschaftliche Erkenntnisse systematisch nur lückenhaft und selektiv betrachtet werden. In der Esoterik passiert das sehr häufig. Da werden beispielsweise zahlreiche Studien zur medizinischen Unwirksamkeit von speziell »energetisch aufbereitetem« Wasser ignoriert, obwohl sie höchsten wissenschaftlichen Standards genügen. Eine Umfrage zum subjektiven Gefühl der Wirkung unter Nutzern des jeweiligen Verfahrens, durchgeführt von einem Studierenden, gilt aber als der Beweis schlechthin. Immer wieder wird in der Esoterik auch mit sogenannter anekdotischer Evidenz gearbeitet. Ein gutes Beispiel hierfür ist die Homöopathie: Während unzählige seriöse Forschungsarbeiten zu dem Schluss kommen, dass homöopathische Präparate keinen über den Placeboeffekt hinausgehenden Nutzen haben, werden von Befürwortern immer wieder spektakuläre Einzelfälle herangezogen. Gern heißt es dann auch, dass Homöopathie sich der klassischen Forschungslogik entziehen würde, weil der Wirkmechanismus derart revolutionär sei. Dass viele Studien aber bereits daran scheitern, zu belegen, *ob* das jeweilige Mittel wirkt, wird einfach ausgeblendet.

Verschwörungserzählungen: Im Rahmen von Verschwörungserzählungen wird häufig behauptet, es gebe eine geheime Verschwörung zwischen der Wissenschaft und weiteren Akteuren, etwa mit dem Ziel, esoterische Heilmethoden zu diskreditieren. Fehlende Evidenz in empirischen Studien wird von Verschwörungsgläubigen daher keineswegs so gedeutet, dass der eigene Ansatz überdacht werden sollte. Stattdessen werden den jeweiligen Wissenschaftlern kurzerhand Manipulation und konspiratives Agieren vorgeworfen. Die »Schulmedizin« wird infolgedessen oft als gierig und böse dargestellt und einer guten, vermeintlich nur am Wohl des Menschen (und keinesfalls an finanziellen Interessen) ausgerichteten »Alternativmedizin« gegenübergestellt.[46]

Pseudowissenschaft und Wissenschaftsleugnung sind eng miteinander verwoben. Trotzdem lohnt sich die Differenzierung: Bei der Wissenschaftsleugnung geht es mehr darum, etablierte Wissenschaft anzugreifen. Bei Pseudowissenschaft wird hingegen kurzerhand eigene »Evidenz« kreiert, die keinerlei wissenschaftlichen Standards genügt. Ein Klassiker aus der Esoterik ist das Thema Quantenphysik. In einschlägigen Online-Shops wird eine scheinbar unendliche Anzahl von Büchern angeboten, die sich diesem Thema widmen: Von »Quanten-Philosophie und Spiritualität« über »Quanten-Bewusstheit« bis hin zu »Quanten-Heilung« oder den »Quanten-Äther« scheint es keinen Bereich zu geben, in dem die Quantenphysik in der Esoterik-Szene keinen Einzug gehalten hätte. Der Physiker Florian Aigner betont die Absurdität dieser Form von Pseudowissenschaft: »Es ist paradox:

Esoteriker, deren Geschäftsmodell darauf fußt, die Erkenntnisse der Naturwissenschaft zu ignorieren, berufen sich auf eine naturwissenschaftliche Theorie. Es ist, als würden Atheisten in der Bibel nach Bestätigung ihrer weltanschaulichen Thesen suchen. Oder als würde just ein Vegetarierverein mit Gratisschnitzelsemmeln Mitglieder anwerben wollen.«[47] Die Quantenphysik scheint dabei die geradezu ideale Projektionsfläche zu sein, um die eigenen Produkte und Thesen aufzuwerten: Eine wissenschaftliche Theorie, die für Laien so unglaublich klingt und nur schwer nachvollziehbar erscheint, wird komplett umgedeutet und genutzt, um behaupten zu können: »Die moderne Physik belegt die Esoterik!« Dass sie das ganz und gar nicht tut, wird dabei zur Nebensache. Pseudowissenschaft eben.

Im Zuge der Recherche für dieses Buch haben wir eine Menge Esoterik-Zeitschriften lesen müssen. Schaut man sich nun diese bunten Hochglanzmagazine an, stößt man dort auf eine Menge Sätze, die aus Sicht der Wissenschaft in die Kategorie »grober Unsinn« fallen würden. Da heißt es beispielsweise: »Was gepriesen wird, ist eines und alles preisen ist eins«, oder »Diese Kleider und diese Raum-Zeit-Persönlichkeiten haben wir von dem einen Licht ausgeborgt, und indem wir preisen, gießen wir sie zurück«. Falls Sie sich an dieser Stelle fragen, was das bedeuten soll – wir wissen es auch nicht.

Im Jahr 2015 veröffentlichte der Wissenschaftler Gordon Pennycook gemeinsam mit seinem Team eine Studie, die sowohl medial als auch innerhalb der Wissenschaftscommunity viel Aufmerksamkeit erregte. Ihr Titel: »On the reception and detection of pseudo-profound bullshit«, zu deutsch: »Über die Rezeption und Aufdeckung von pseudo-profundem Bullshit«.[48] »Wir konzentrieren uns hier auf pseudo-begründeten Bullshit, der aus scheinbar beeindruckenden Behauptungen besteht, die als wahr und bedeutungsvoll dargestellt werden, in Wirklichkeit aber nichtssagend sind«, schreiben die Autoren darin. Als »Bullshit« gelten dementsprechend Aussagen, die beeindruckend klingen sollen, aber bei näherer Betrachtung keinerlei Sinn ergeben. Für die Studie kopierten die Forscher zunächst zehn solcher sinnfreien Aussagen von zwei Webseiten, um daraus eine Skala für die Empfänglichkeit für Bullshit zu erstellen. Eine der Webseiten war der »New Age Bullshit Generator«, der aus typischen Phrasen und Wörtern der Esoterik-Szene auf Knopfdruck bedeutungsschwangere Nullaussagen zusammenstellt.[49] Dinge, die tiefsinnig klingen, aber keinerlei Bedeutung haben. Darunter waren Sätze wie: »Die Vorstellungskraft befindet sich innerhalb exponentieller Raum-Zeit-Ereignisse«, oder »Das Bewusstsein besteht aus Frequenzen von Quantenenergie. ›Quantum‹ bedeutet eine Enthüllung des Unbeschränkten.« Also durchaus eine Art von Sprache, die man aus der Esoterik kennt, etwa in Form vermeintlich revolutionärer Weisheiten eines Gurus, Heilers oder Mediums.

Die Teilnehmenden bewerteten die Bullshit-Aussagen auf einer Fünf-Punkte-Skala in Bezug darauf, für wie tiefgründig sie die Aussagen hielten. »Der Wert für die Bullshit-Empfänglichkeit [jeder Einzelperson] war der Mittelwert der Tiefgründigkeits-Bewertungen für alle Bullshit-Items«, so die Wissenschaftler. In vier Studien mit insgesamt über 800 Teilnehmenden kamen sie zu dem Ergebnis, dass die Empfänglichkeit für Bullshit mit verschiedenen Faktoren im Zusammenhang stand: Je eher Bullshit-Statements als tiefgründig bewertet wurden, desto stärker waren der Glaube an Intuition und Übersinnliches sowie die Nutzung von alternativen Heilansätzen ausgeprägt. Auch sogenannte Ontologische Verwirrungen hingen mit einer hohen Tiefgründigkeits-Bewertung zusammen. Der Begriff der Ontologischen Verwirrung bezeichnet dabei eine Reihe von Verzerrungen im Wissen über psychologische, biologische und physikalische Phänomene. Ontologisch verwirrte Menschen verstehen Aussagen wie »Alte Gegenstände wissen Dinge über die Vergangenheit« eher wortwörtlich als im übertragenen Sinne.[50] Im Gesundheitsbereich wären das Aussagen, wie: »Farben verändern die Energieschwingung des Organismus in eine Richtung, die der Gesundheit zuträglich ist«, oder »Wenn wir unseren Körper nicht irgendwie spirituell reinigen, bleiben ungesunde Giftstoffe in ihm«.[51]

Wie lassen sich nun all diese Erkenntnisse auf den eingangs geschilderten Fall des Sozialpsychologen Daryl Bem und seine Studien zur Telepathie übertragen? Zunächst einmal lehrt uns sein Beispiel, dass der Glaube an Esoterik sich durch alle Gesellschaftsschichten zieht. Derartige Überzeugungen sind nicht allein erklärbar durch kognitive Defizite oder fehlende Bildung. Bem hatte zudem beste Absichten, investierte viel Zeit und Geld in seine Forschung. Trotzdem hat er sich in etwas verrannt und dabei die Kritik seiner Kollegen ausgeblendet. Wissenschaft bedeutet jedoch, dass die eigenen Theorien nie als absolut gesehen werden, sondern, konfrontiert mit mangelnder Evidenz, immer wieder angepasst oder gar vollständig revidiert werden müssen. Hinter einer gescheiterten wissenschaftlichen These müssen also keine betrügerischen Absichten stecken. Oft ist es auch einfach so, dass man heute schlichtweg mehr weiß als gestern. Ohne eine kritische Auseinandersetzung und die Bereitschaft, aus Fehlern zu lernen, ist kein wissenschaftlicher Fortschritt möglich.

Im Fall Daryl Bem schien guter Rat zunächst teuer. Er hatte schließlich wissenschaftliche Methoden und statistische Verfahren genutzt, sicherlich in bester Absicht, und in renommierten Fachzeitschriften publiziert. Trotzdem konnte man sich sicher sein: Das, was dabei herauskam, geht so dermaßen gegen diverse Naturgesetze, dass es einfach nicht stimmen konnte. Als anschließend verschiedenste Wissenschaftler die Daten von Bem analysierten und neue Untersuchungen durchführten, kam man wieder einmal zu dem Schluss: Bems Ergebnisse waren so nicht haltbar, sondern ein Resultat schlechter Forschungspraxis.[52]

Die Sozialpsychologie ging daraufhin kritisch mit sich selbst ins Gericht: Wenn ein Wissenschaftler mit den gängigen Methoden unserer Disziplin so einen Quatsch behaupten konnte, gehören die eigenen Methoden auf den Prüfstand. Die Psychologen Eric-Jan Wagenmakers, Ruud Wetzels, Denny Borsboom und Han van der Maas schrieben in einer Replik auf Bems »Psi«-Studien: »Anstatt unsere Überzeugungen in Bezug auf Psi zu revidieren, sollte Bems Forschung uns vielmehr dazu veranlassen, unsere Überzeugungen in Bezug auf die Methodik zu berichtigen: Die Psychologie verwendet derzeit methodische und statistische Strategien, die zu schwach und zu formbar sind und den Forschern viel zu viele Möglichkeiten bieten, sich selbst und ihre Kollegen zu verwirren.«[53] Es ging in dieser Debatte also längst nicht mehr nur um Ben und seine Telepathie-Studien, sondern um die generelle Frage: Werden mit der gängigen wissenschaftlichen Praxis valide Ergebnisse produziert?

Das alles trat die sogenannte Replikationskrise der Sozialpsychologie los. Weltweit begannen Forschende, ihre Methoden kritisch zu diskutieren und zu überlegen, wie man zukünftig verhindern könne, dass falsche Schlüsse aus Daten gezogen werden.[54] Es zeigte sich dabei, dass eine bestimmte, aus heutiger Sicht fragwürdige Forschungspraxis, die bis dato kaum kritisch evaluiert wurde, die Fehlerrate bei Datenauswertungen stark ansteigen lassen kann.[55] Genau das war im Fall von Daryl Bem passiert. Die Replikationskrise wird auch als Krise der Reproduzierbarkeit bezeichnet, denn die Debatte zeigte auf, dass einige Experimente bei einer Wiederholung zu anderen Ergebnissen kamen.

Als weitere Reaktion auf diese Krise wurde 2013 das Center for Open Science ins Leben gerufen, um die Transparenz psychologischer Forschung zu erhöhen.[56] Praktiken, die zu Zeiten von Bems Psi-Studien noch zum Standardrepertoire gehörten, galten nun als hochproblematisch. Das führte auch dazu, dass zahlreiche bekannte Studien aus der Sozialpsychologie einer kritischen Neubewertung unterzogen wurden. Im Jahr 2014 veröffentlichten die Psychologen Brian Nosek und Daniël Lakens als Herausgeber eine Sonderausgabe der Fachzeitschrift *Social Psychology*. Darin wurde aufgezeigt, dass sich nur bei 7 von 45 untersuchten Studien, also bei lediglich 16 Prozent, die Ergebnisse replizieren ließen. Ein noch beeindruckenderes Projekt war das »The Many Lab«: Hunderte Forschungsgruppen weltweit überprüften mithilfe Tausender Teilnehmer die Ergebnisse vorheriger Studien aus der Sozialpsychologie.[57] Einiges blieb bestehen, anderes musste korrigiert oder gar gänzlich verworfen werden. Die Wissenschaft hatte also dazugelernt.

Der Fall des Sozialpsychologen Bem und seiner Hinwendung zum Übersinnlichen führt vor Augen, wie wichtig es ist, dass der mediale Diskurs nicht nur einzelne Studien mit provokanten Ergebnissen abbildet, sondern diese stets in den wissenschaftlichen Gesamtdiskurs einbettet. Eine der wichtigsten Daumenregeln aus der Wissenschaft lautet nicht umsonst: »Einzelstudien machen noch keine Evidenz.« Sie sind maximal ein Puzzleteil auf dem Weg zu mehr Erkenntnis. Und wie gut dieses Puzzleteil ins Gesamtbild passt, lässt sich ohne das geballte Wissen der Forschungslandschaft oft nur schwer von außen bewerten. Rosinenpickerei gibt es nicht nur bei denen, die Wissenschaft aktiv angreifen wollen. Sie passiert auch manchmal, wenn uns eine bestimmte Studie gut in den Kram passt. Weil sie unser Weltbild bekräftigt oder weil sie uns in einer medizinisch ausweglos erscheinenden Situation vielleicht neue Hoffnung gibt.

Aber wie kann ein oft von Widersprüchen und Komplexität gekennzeichneter wissenschaftlicher Diskurs in einer Gesellschaft abgebildet werden, wenn man als Laie Fachargumente kaum bewerten kann? Dafür braucht es aus unserer Sicht nicht nur guten Wissenschaftsjournalismus, sondern auch Grundkenntnisse zu wissenschaftlichem Arbeiten. Basiswissen über Statistik und die Arbeitsweise von Forschenden in der Praxis muss einen deutlich höheren Stellenwert innerhalb der Gesellschaft erhalten. Auch damit Esoteriker und selbst ernannte Heiler kein so einfaches Spiel mehr mit uns haben.

Was diese Geschichte aber ganz sicher *nicht* zeigt, ist, dass der Satz »Traue keiner Statistik, die du nicht selbst gefälscht hast« wahr wäre. Wissenschaft zeichnet sich dadurch aus, dass man nachprüfen kann, wie jemand Daten erhoben hat, welche statistischen Methoden bei der Auswertung zum Einsatz kamen und ob diese valide sind. Fälschungen kommen zwar auch in der Wissenschaft vereinzelt vor, spielen insgesamt aber eher eine untergeordnete Rolle – auch wenn derartige Fälle natürlich oft schwerwiegend in ihren Konsequenzen sind. Viel häufiger passiert es, dass Methoden eingesetzt werden, die aus heutiger Sicht einfach nicht mehr dem aktuellen Stand der Wissenschaft entsprechen. Hier ist dann die Forschungsgemeinschaft gefragt, die Problematiken aufzuzeigen und gemeinsam daran zu arbeiten, dass Wissenschaft einer guten Forschungspraxis folgt. Genau das ist im Fall von Daryl Bem passiert.

Die Replikationskrise markierte auch für manch einen Wissenschaftler eine Vertrauenskrise. Der Psychologe Tobias Wingen von der Universität Bonn forscht zum Thema »Vertrauen in die Wissenschaft«. Als während seiner Studienzeit die Replikationskrise losgetreten wurde, verunsicherte ihn das zutiefst, gesteht er uns: »Ich fragte mich, wie viel mein vermeintliches Wissen aus dem Studium überhaupt wert ist, wenn sich so viele Studienergebnisse nicht replizieren lassen.« Doch die Reaktion der Wissenschafts-Community bestärkte ihn letztendlich darin, weiterzumachen. Eine seiner späteren Studien legt nahe, dass Personen, die von der Replikationskrise erfahren, oft negativ reagieren und die Forschungsgemeinschaft infolgedessen insgesamt für weniger vertrauenswürdig halten. »Das finde ich schade«, teilt uns der Psychologe mit. »Weil die Replikationskrise ja eigentlich zeigt, dass wissenschaftliche Selbstkontrolle und Selbstkorrektur funktionieren. Das Problem wird schließlich angegangen, statt es unter den Teppich zu kehren.« Und genau das unterscheidet Wissenschaft von Esoterik.

Kapitel 6

Ein magischer Filter für die Welt: Esoterik im digitalen Zeitalter

»Das Internet ist unbestritten ein Meilenstein in der Geschichte der Menschheit. Doch während die Wissenschaftler [...] versuchen, die letzten Geheimnisse des Universums zu entschlüsseln, wenden sich große Teile der Bevölkerung einem ganz anderen Themenkreis zu. Das Ergebnis ist ein wild wucherndes Konglomerat von [...] esoterischen Websites, rund um den Globus verteilt – jeder nur denkbare Weg der Erleuchtung steht mittels Web-Browser und Internetzugang offen.«[1]

Was nach einer aktuellen und äußerst treffenden Einschätzung klingt, ist inzwischen 25 Jahre alt. In seinem 1997 veröffentlichten Buch *Esoterik im Internet – Das komplette Info-Highway-Angebot* skizziert der Autor Ulrich Kaiser, wie Esoteriker bereits früh digitale Kommunikationswege genutzt haben, um ihre Themen zu platzieren und die eigene Reichweite zu steigern. Egal ob Bachblüten, Heilzauber oder Hexentum – das Early Web der 1990er-Jahre war auch ein Tummelplatz der modernen Esoterik-Szene. Wenn Kaiser beschreibt, wie er bei seinen Recherchen auf über 100.000 esoterische Dokumente in »den weltweiten Datenbanken des Internets« gestoßen ist, wirkt das aus heutiger Perspektive fast harmlos. Mittlerweile existieren kaum noch reine Offline-Welten, alles ist engmaschig miteinander verwoben. Die Datenmengen, die täglich digital ausgetauscht werden, sind aus der Perspektive der 1990er-Jahre unvorstellbar. Allein auf Twitter werden jeden Tag rund 500 Millionen Tweets gepostet,[2] Nutzer vergeben jede Minute 4 Millionen Likes auf Facebook und laden täglich 350 Millionen Fotos hoch.[3] Und Social Media macht dabei nur einen kleinen Teil des Internets aus.

Auch die Esoterik-Szene hat sich dieser Entwicklung angepasst. Wo früher über Zeitungsannoncen, Aushänge oder Flugblätter um die Gunst esoterischer Sinnsuchender gebuhlt wurde, setzt man heutzutage verstärkt auf digitale Angebote. Die Regeln, nach denen viele Social-Media-Plattformen funktionieren, spielen manch einem selbst ernannten Guru oder Medium dabei sogar in die Hände. TikTok-Nutzer, die beim Scrollen zufällig am Live-Stream einer Kartenlegerin hängen bleiben, bekommen dank des auf Erkennung von Interessen spezialisierten Algorithmus wenig später immer mehr Videos mit esoterischen Inhalten vorgesetzt. Da wird dann beispielsweise behauptet, ein im Video vorkommender sphärischer Sound könnte aufgrund seiner magischen Tonfrequenz bewirken, dass der Traummann oder die Traumfrau einem textet. Wer mit solchen Inhalten interagiert, bekommt alsbald eine ganze Schar von Esoterik-Influencern präsentiert, die meinen, mithilfe von Musik oder Sounds wahlweise Geld, gute Noten oder Liebe »manifestieren« zu können. Oft wird dabei betont, man müsse sich die Videos nur möglichst oft anschauen, damit das auch zuverlässig gelingt. Wer hingegen bei Facebook der stolze 330.000 Mitglieder umfassenden Gruppe »Spirituelle Heilung« beitritt, in der sich alles um »Erwachen, Gesetz der Anziehung und Manifestation« dreht, bekommt von Facebook direkt weitere Gruppen ähnlichen Stils vorgeschlagen, die so illustre Namen wie »Heile deine Seele mit dieser Gruppe« tragen, oder es heißt gar: »Das Gesetz der Anziehung und die geheime Lehre – Ich akzeptiere reich zu sein«.

Facebook galt lange als eine der wichtigsten Social-Media-Plattformen. Mittlerweile hat das soziale Netzwerk den Ruf einer »Boomer-Plattform« und wird von einigen als »Boomerbook« bezeichnet. Mit dem Ausdruck »Boomer« sind Menschen gemeint, die zur Zeit des

»Babybooms« der 1950er- und 1960er-Jahre geboren wurden. Facebook-User sind nämlich im Schnitt deutlich älter als beispielsweise Instagram-Nutzer.[4] Dennoch ist das 2004 gegründete soziale Netzwerk auch 2022 noch – und das trotz vieler Skandale – nach wie vor die meistgenutzte Social-Media-Plattform weltweit.[5] Diverse Gruppen offerieren dort spirituelle »Antworten auf Lebensfragen« – sogar esoterische Unternehmensberatung ist nur einen Mausklick entfernt. Statt den Arzt zu konsultieren, wird kurzerhand in der esoterischen Facebook-Gruppe zum Thema »Heilung« um Rat gefragt. Das gilt auch für Gesundheitsprobleme der vierbeinigen Begleiter. Es gibt zahlreiche Gruppen, in denen sich alles darum dreht, wie man Haustiere mittels esoterischer Ansätze behandeln kann.

Für viele Akteure aus dem Esoterik-Spektrum bietet Facebook vor allem eine Möglichkeit zum Geldverdienen. Das Angebot reicht von »Voice Alchemy Intense – 12 Wochen« für 1.111 Euro über eine »Schamanische Schwitzhütte zu Vollmond und Frühlingsbeginn« für 240 Euro bis hin zum »Einstiegs-Seminar ›Spiegeldimension‹ im Allgäu« für 390 Euro. Der Preis wird dabei aber oft nicht als Honorar oder Seminargebühr verstanden – so materialistisch möchte man nicht sein. »Als ›Energieausgleich‹ versteht man in der Esoterik einen Vorgang, bei dem ein Mensch dem anderen ›Energie‹ überträgt und dieser die Energie in anderer Form wieder zurückgibt. [...] Erstaunlicherweise hat es sich eingebürgert, dass sich die zurückgegebene Energie stets in Form von Bargeld manifestiert«, beschreibt der Journalist Manfred Rebhandl das in der Szene gängige Prinzip.[6]

Während der Pandemie entstanden auf Facebook auch Gruppen, die Impfungen und Coronaschutzmaßnahmen umgehen wollten, indem sie kurzerhand alle Brücken hinter sich abbrachen und frei nach dem Motto »Auswandern statt Impfung« das eigene Glück in Paraguay oder Bulgarien suchten.[7] Einschlägige Gruppen wurden von Impfgegnern und Esoterikern regelrecht geflutet. Diese hatten allerdings teilweise vollkommen naive Vorstellungen davon, was Auswandern eigentlich bedeutet. Das wurde wiederum von Personen ausgenutzt, die mit Impfgegnern und »Erleuchteten« das schnelle Geld machen wollten. So mancher Auswanderwillige war felsenfest überzeugt, ohne jegliche Sprachkenntnisse seinen Lebensunterhalt problemlos mittels Handauflegen oder spiritueller Beratung bestreiten zu können. Eine Frau aus der Paraguay-Gruppe fragte beispielsweise für ihre anscheinend auswanderungswilligen Eltern um Rat. Der Vater hatte Parkinson und benötigte konstant Medikamente. Während in der Gruppe so getan wurde, als sei das alles kein Problem, warnt das Auswärtige Amt vor der häufig unzureichenden medizinischen Versorgung im Land.[8]

Auch Warnungen von Menschen, die wirklich wussten, was es bedeutet, nach Paraguay zu ziehen, wurden kleingeredet, die Betreffenden als »Miesmacher« diffamiert. Für viele Alteingesessene war das ganze Phänomen ein Ärgernis. Thomas Vinke, gebürtiger Rheinländer und seit 17 Jahren in Paraguay, sagte der *Deutschen Welle*: »Nach der Flüchtlingskrise 2015 kamen die Reichsbürger, extrem laute, aggressive Menschen. Und jetzt landen hier sehr viele Heilpraktiker, Wunderheiler und rechte Impfgegner. Und wir sind für diese Menschen die Hassfiguren, allein schon durch unsere Arbeit für den Umweltschutz.«[9]

Auf Facebook und Telegram wurden Häuser oder Grundstücke angeboten. Gratis dazu gab es die romantisierte Vorstellung, einfach Selbstversorgung betreiben zu können: Paraguay – das »Land der unbegrenzten Möglichkeiten«. Wer einen Garten hat oder zumindest einen Topf mit Basilikum auf der Fensterbank, hat wahrscheinlich ungefähr eine Ahnung, wie schnell das mit der Selbstversorgung bereits im kleinen Rahmen schiefgehen kann. Das Basilikum fault weg, Schneckenbefall zerstört die Salaternte, oder der Boden taugt einfach nicht dazu, Kartoffeln anzubauen. Wenn man jetzt überlegt, das Ganze direkt groß aufzuziehen, damit man davon leben kann, und zwar in einem Klima, mit dem man überhaupt nicht vertraut ist …

So ein Plan kann eigentlich nur in die Hose gehen. Abgesehen davon warnte das Auswärtige Amt schon seit Jahren, dass bei Immobiliengeschäften in Paraguay besondere Vorsicht geboten sei. »Immer wieder werden Fälle bekannt, bei denen Land mehrfach verkauft wurde, oder es wird Land von Personen angeboten, die nicht Eigentümer sind. [...] Keinesfalls sollten Anteile an landwirtschaftlichen Kolonien erworben werden, die nicht durch konkrete Landtitel belegt sind«, heißt es auf der Behörden-Webseite.[10] Zu oft schon waren Menschen um ihr Geld betrogen worden und saßen anschließend mittellos auf einem fremden Kontinent fest.

Aber nicht nur Paraguay stand in von Esoterik und Verschwörungsglaube durchtränkten Facebook-Gruppen hoch im Kurs. Eine junge Frau berichtete, wie sie aus Angst vor einem »Great Reset«, der von Verschwörungsideologen befürchteten großen Neuordnung der Welt, mit ihren zwei kleinen Kindern als »Zwischenlösung« in die Türkei geflohen sei. Sie schrieb, dass sie in einem Land leben wolle, das ihr »etwas Luft zum Atmen lässt«. Einige deutsche Impfgegner entzogen sich so auch dem Schulsystem und schickten ihre Kinder zu »Freilerngruppen« am Strand. Auch in Bulgarien spielten sich ähnliche Geschichten ab. Der Journalist Walter Mayr schrieb über deutsche Impfflüchtlinge im *Spiegel*: »Unter den tatsächlichen und angehenden Bulgarien-Flüchtlingen finden sich viele Frauen. Da ist die Betreiberin eines ›tierleidfreien‹ Lebenshofs im Rheinischen, die sich sorgt wegen der bulgarischen Einreisebedingungen für Kühe, Schafe und Schweine. Vor allem aber sind da Menschen mit exotischen Berufen: von der ›Online-Geburtshüterin‹ bis zur ›Expertin für Tiefenentspannung‹, vom ›Life-Crash-Coach‹ bis zur Fachfrau für ›Trauer-, Geburts- und Schwangerschaftsbegleitung‹ ist viel deutsches Wissen im Angebot, das in Bulgarien noch keiner braucht.«[2]

Nicht nur Facebook scheint ein Ort zu sein, an dem esoterische Inhalte einen Turbo-Boost bekommen. Die pastellfarbene Welt der Esoterik präsentiert sich auf Instagram jung und modern – mit spirituellen Zitat-Grafiken zu Alltagsproblemen, Live-Healing-Sessions und professionellen Wellness-Influencer-Accounts. »In den letzten zwei Jahren haben wir wirklich eine Neuausrichtung der New-Age-Praktiken erlebt«, sagte Lucie Greene, die Leiterin einer Agentur, die sich mit Zukunftstrends beschäftigt, 2018 in einem Interview mit *The Atlantic*.[11] Esoterik ist wieder »in« – und Influencer haben ihren Anteil daran. »[Es] entsteht gerade eine neue Form der Verwurzelung: die neue Spiritualität. Die Grenzen zur Esoterik sind bei ihr fließend. Doch während allein der Begriff Esoterik noch immer an Homeshopping-TV-Shows erinnert, offenbart sich die neue Spiritualität in einem trendigeren Gewand, dem sogenannten Holistic Lifestyle. Die neue Zielgruppe ist jung und hip – und esoterisch anmutende Themen wie Neumondwünschen oder Rauhnächte werden für sie neu aufbereitet«, liest man in einem Beauty-Magazin.[12]

Da sind etwa die vielen Instagram-Accounts junger Frauen, die sich als moderne Hexen präsentieren. Sie dekorieren ihre Wohnung mit Heilsteinen, zelebrieren magische Rituale und verbinden das Ganze mit einem angeblich ganzheitlichen Lifestyle. Was früher vielleicht eher verstaubt wirkte, hat heute großes Reichweitenpotenzial. Unter dem Hashtag #witchesofinstagram finden sich allein über acht Millionen Beiträge. Achtsamkeit in Kombination mit Magie verkauft sich gut, Esoterik-Accessoires und spirituell aufbereitete Ernährung lassen die Kassen klingeln. Der Pressesprecher des Bundesverband Digitale Wirtschaft e. V., Tim Sausen, führt hierzu aus: »Authentizität ist das Stichwort beim Thema Influencer-Marketing. […] Die Witches of Instagram bedienen die Nische der Spiritualität, und dadurch kann ich mir gut vorstellen, dass durch Themen-Schnittmengen wie zum Beispiel Wellness, Natur und Feminismus noch mehr wirtschaftliche Synergien und Geschäftsmodelle geschaffen werden.«[13]

Mit bunten Haaren und modernen Designs verpassen Influencer der Esoterik einen neuen Anstrich. Die Content-Creatorin *Bonnytrash* hat beispielsweise auf ihrem YouTube-Kanal knapp 1,5

Millionen Abonnenten, ihre Videos richten sich vorrangig an junge Mädchen und Frauen. Ihr Instagram-Account *Sunnylove* hat mittlerweile über 680.000 Follower, auf TikTok sind es über 620.000 und fast 14 Millionen Likes. In ihren Videos bewirbt sie dann auch gern Produkte aus ihrem eigenen »Space Hippie Shop«. Neben diversen Kristallarmbändern kann man dort auch einen Amethyst-Gesichtsroller für 18 Euro (»Der Energiestein überträgt bei Hautkontakt positive Schwingungen«) oder den Rosenquarz-Kristall Gua Sha für 2,99 Euro (»aktiviert Selbstheilungskraft«) bestellen. Sowohl Kristalle als auch Gesichtsroller aus besonderen Steinen sind seit geraumer Zeit absolute Trendprodukte in esoterischen Kreisen auf Instagram und TikTok – auch international. Angeblich sollen die Gesichtsroller das Lymphsystem ankurbeln, dadurch helfen, Schadstoffe abzutransportieren, und so für den perfekten Glow sorgen. Der Edelstein soll darüber hinaus noch einmal eine entspannende Wirkung haben. Evidenz für die Wirksamkeit gibt es jedoch nicht. Längst haben es die Produkte aus dem Netz sogar in die Regale von Drogerieketten geschafft. Was bei Influencern im Trend liegt, wird eben auch offline zum Verkaufsschlager. »Wenn Sie aber eine tiefgreifende Veränderung anstreben, wird das mit dem Jaderoller nicht passieren. Auch auf entzündliche Erkrankungen wie Ekzeme oder Schuppenflechte hat er keinen Einfluss«, erklärte Suzanne Friedler, Dermatologin aus Manhattan, gegenüber der *Washington Post*.[14] Zu starke Reibung durch einen derartigen Gesichtsroller kann sogar potenziell Akne verschlimmern, Bakterien verbreiten und zu Reizungen führen.[15]

Dass es bei vermeintlich »ganzheitlichen« Online-Angeboten oft auch ums Geschäft geht, zeigt Brybe, eine US-amerikanische Plattform, die es Unternehmen ermöglicht, die passenden Influencer für das eigene Produkt zu buchen. Im Portfolio finden sich nicht nur unbekannte Namen, sondern auch Schauspielerinnen wie Penelope Cruz oder der Fußballstar Lionel Messi. Damit die Unternehmen direkt den »Wert« des jeweiligen Influencers einschätzen können, ist auf der Webseite die Anzahl der Follower auch immer direkt mit angegeben. Auf Brybe werden in der Kategorie »Spiritual And Esoteric Influencers« fast 300 Namen gelistet. »Spirituelle und esoterische Influencer«, heißt es dort, »sind diejenigen, die den spirituellen Lebensstil auf ihren Accounts in den sozialen Medien fördern«. Es handele sich hierbei um Menschen, »die über die Vorteile des spirituellen Erwachens sprechen, relevante und lehrreiche Inhalte teilen, um ihre Follower über die Vorteile zu informieren, und verschiedene Produkte oder Dienstleistungen bewerben, die den Zustand ihrer Follower verbessern können«.[16] Ab einem Preis von 1.000 US-Dollar ließe sich beispielsweise der US-Amerikaner Colin Browen buchen. Browen hat auf Instagram »nur« 53.000 Follower, bei TikTok sind es allerdings 1,6 Millionen. Sein YouTube-Kanal »The Paranormal Files« hat zudem 660.000 Abonnenten. Browen geht seit 2015 auf der ganzen Welt paranormalen Phänomenen nach und hat laut Beschreibung bei Brybe bereits mit »prominenten Geisterjägern« zusammengearbeitet. Unternehmen wissen, dass sie durch Influencer-Marketing mit einem vergleichsweise niedrigen Budget eine Zielgruppe erreichen können, die den Produkten durch den Vertrauensvorschuss gegenüber ihren Idolen offener gegenübersteht. Die britische Content-Creatorin Kim Menz ist ebenfalls auf Brybe vertreten. Ab 400 Euro aufwärts kann man sie buchen. Auf Instagram folgen der »White Witch« rund 350.000 Menschen. In einem ihrer Posts heißt es: »Wir bauen eine Welt der Magie auf, weil das wirkliche Leben tragisch ist« – auf dem Foto sind gleich drei Online-Shops verlinkt. Die pastellfarbene Welt der Digitalhexen wirkt auf den ersten Blick harmlos und sanft.

Es ist faszinierend zu beobachten, dass einige Esoterik-Influencer, die mit großer Ausdauer gegen die moderne Medizin wettern, gleichzeitig ohne Probleme am laufenden Band Bilder von Nahrungsergänzungsmitteln als Zwischenmahlzeit posten. »Natürlich« scheint hier vor allem zu heißen, sich gegen Wissenschaft und Medizin zu stellen. Dass man für ein gesundes Leben bis zu 16 Vitaminpillen zum

Frühstück verspeist – und das oft ohne medizinische Indikation –, scheint in der Welt so mancher Esoterik-Fans kein Widerspruch zu sein. Einige spirituelle Influencer werden so zu fragwürdigen Ernährungsberatern, die suggerieren, dass Nahrungsergänzungsmittel wie Bonbons konsumiert werden sollten, um ein gesundes Leben führen zu können. So einfach ist das aber nicht. In der EU werden Nahrungsergänzungsmittel wie Lebensmittel reguliert. Trotzdem gibt es Einschränkungen. »Auf der Verpackung und in der Werbung (einschließlich Internet) sind alle Aussagen verboten, die sich auf die Beseitigung, Linderung oder Verhütung von Krankheiten beziehen«, schreibt die Verbraucherzentrale auf ihrer Webseite. Man darf also nicht einfach ohne Beleg behaupten, dass ein bestimmtes Nahrungsergänzungsmittel gesund machen oder gewisse Krankheiten lindern würde.[17] Genau das passiert aber leider täglich im Esoterik-Milieu auf Facebook, YouTube, Instagram, Twitter und TikTok.

Beim genaueren Hinschauen entpuppen sich einige esoterische Social-Media-Accounts als hochgefährlich. Inmitten einer globalen Pandemie war bei einigen Größen der Esoterik- und Heilerszene der Schritt zu Coronaverharmlosung und Impfablehnung schnell gemacht. Augenscheinlich harmlose Accounts, bei denen sich zuvor alles um den eigenen Flow, spirituelle Selbstfindung und den Verkauf von Vitaminpräparaten drehte, entwickelten sich zu Superspreadern von Falschinformationen.

Instagram wurde als Ort für die Verbreitung von Falschinformationen bisher insgesamt viel seltener in den Blick genommen als andere Plattformen – dabei ist das Problem jedoch auch dort gewaltig. Selbst gefälschte Impfpässe wurden hier zwischenzeitlich verkauft. Zwischen Wohlfühlvideos und Yoga-Übungen werden immer wieder Verschwörungserzählungen verbreitet – gerade auch durch junge Influencerinnen. Die Bedeutung dieser Welt der Desinformation wird nach wie vor unterschätzt. Wenn Frauen Trägerinnen von menschenverachtenden Ideologien sind und Falschinformationen verbreiten, passiert es häufiger, dass dies heruntergespielt wird. Nach dem Motto: Was äußerlich harmlos daherkommt, kann nicht gefährlich sein.

Wer spirituell orientiert ist und jenseits des »Mainstreams« daten möchte, muss seine Zeit nicht mit den Normalsterblichen auf Tinder oder OkCupid verschwenden. Die Datingplattform »Impffrei:Love« verspricht, eine »Verbindungsplattform für bewusste Menschen« zu sein – für alle, »die lieber Händchen halten – statt Abstand halten«. Auf der Seite schwärmt eine Nutzerin in den Testimonials: »Super, dass man sich bei Impffrei:Love jetzt auch mit natürlichen und impffreien Menschen und naturbelassenen Partnern verbinden kann.« Das Angebot ist in sieben Sprachen verfügbar. Wer sehen will, wie das Team hinter der Plattform aussieht, landet auf einer Seite ohne Mitarbeiternamen – dafür mit Fotos verschiedener Tiere. »Anstatt aufpolierte und oberflächliche CVs und schicke Fotos zu präsentieren, lassen wir lieber unsere individuellen Krafttiere für uns sprechen. Die Energie unserer Krafttiere bringen wir auch jeden Tag in die Plattform mit ein«, heißt es hierzu auf einem Beitrag auf Telegram. Nun gut.

Auf der Datingseite selbst fand sich laut Recherchen der *Neuen Osnabrücker Zeitung* 2021 noch die Information, dass Impffrei:Love eine Initiative des Vereins »Generation Freiheit« sei.[18] »Über Generation Freiheit als Non-Profit-Organisation nutzen wir die Mitgliedsbeiträge auch zur Förderung von Zukunftsprojekten für eine bewusstere und menschlichere Welt«, hieß es auf der Seite der Datingplattform. Der Verein mit dem so harmlos klingenden Namen und Sitz in Zürich hat sich eine »gesamtheitliche Entwicklung von Mensch, Natur und Mitwelt« zum Ziel gesetzt. Zu den Kooperationspartnern gehört allerdings die Plattform »Gemeinsam Schweiz«. Dahinter verbirgt sich eine Vernetzungsplattform von verschwörungsideologischen Akteuren aus dem Umfeld der sogenannten Coronaproteste. »Gemeinsam Schweiz« führt als Vernetzungspartner in Deutschland beispielsweise die »Ärzte für Aufklärung« oder den »Corona-Ausschuss« an.

Online ist ein ganzes Paralleluniversum zum Thema Esoterik und spiritueller Sinnsuche entstanden. Es gibt quasi für jedes »weltliche« Bedürfnis, jedes Produkt, jede Plattform ein esoterisches Pendant. Der eigene Streaming-Dienst enthält zu wenig spirituelle Inhalte? Kein Problem! »GAIA, das spirituelle Netflix«, bietet für 11,99 Euro monatlich eine Alternative: Egal ob »exklusive Serien zu Themen, die in den Mainstream-Medien nicht behandelt werden«, Yoga- und Meditationskurse oder Dokumentationen zu angeblichen »Geheimnissen und Vertuschungen« – für jeden Wahrheitssucher ist hier etwas dabei. Auf Instagram folgen der Plattform 1,4 Millionen Accounts. In einem solchen Umfeld steht man allerdings, ehe man sichs versieht, schon mit beiden Beinen in den Untiefen der Welt der Verschwörungserzählungen. Die Doku-Reihe »Mikrodosis« berichtet unter anderem vom Chemtrails-Mythos, »Kosmische Enthüllungen« über »Die Geheimnisse der Apollo-Missionen« oder die »Area 51«. Sogar Dokumentationen über Reptiloiden, eine Art außerirdische Echsenwesen, finden sich im Programm.

Nicht nur auf Facebook, Instagram und TikTok kursieren esoterische Inhalte. Auch Telegram, eine Mischung aus privatem Messengerdienst, sozialem Netzwerk und Videoplattform, ist ein wahrer Hort esoterischen Gedankengutes. Während bei WhatsApp maximal 256 Menschen Mitglied einer Gruppe sein können, sind es bei Telegram bis zu 200.000 Personen, die sich untereinander austauschen. Sogenannte Kanäle (auch »Channel« genannt), bei denen Nutzer nur passiv mitlesen, können sogar eine unbegrenzte Zahl von Abonnenten haben.[19] Im Vergleich zu konkurrierenden Diensten sind dadurch allein auf technischer Ebene bessere Voraussetzung gegeben, um dort eigene schlagkräftige Netzwerke aufbauen zu können. »Alle Telegram- und Gruppenchats sind die Privatsache der jeweiligen Nutzer«, heißt es in den FAQs von Telegram. Anders als auf anderen Plattformen gab es bei Telegram lange Zeit so gut wie keine Moderation der Inhalte.

Telegram wurde während der Covid-19-Pandemie in einigen Ländern zur wichtigsten Vernetzungsplattform für verschwörungsideologische und rechtsextreme Gruppierungen. Aber auch das esoterische Milieu nutzt Telegram längst, um sich darüber zu vernetzen. Welche Rolle spielt Telegram dort? Wir begeben uns auf eine Spurensuche.

Wenig überraschend werden wir auch hier schnell fündig. Von glitzernden Animationen und scheinbar tiefgründigen Sprüchen bis hin zu gefährlichen »Alternativ-Heilverfahren« ist alles mit dabei. Gerade mit dem Thema Impfungen lässt sich in an »Geheimwissen« interessierten Kreisen auf Telegram eine große Reichweite aufbauen. In esoterisch geprägten Telegram-Gruppen zu angeblichen Impfschäden kursieren Tausende Erlebnisberichte über Menschen, die mutmaßlich durch die Covid-19-Impfung erkrankt oder sogar verstorben sein sollen. Bei einigen Accounts scheint es allerdings so, als würde jegliche Erkrankung nach dem Impftermin kurzerhand der Impfung in die Schuhe geschoben werden. Diese Fälle sind natürlich nicht nachprüfbar, verstärkten aber in der Pandemie das subjektive Gefühl einiger Impfgegner, dass die Covid-19-Impfung gefährlich, wenn nicht gar todbringend sei. Begleitet wurden derartige Warnungen nicht selten von Verschwörungserzählungen sowie drastischen Aufrufen, die vermeintlichen »Schuldigen« zur Rechenschaft zu ziehen.

Telegram wurde auch genutzt, um darüber gefälschte Impfausweise zu verkaufen. Die einschlägigen Gruppen und Kanäle waren über die Stichwortsuche einfach zu finden. Bezahlt wurde meist mittels Bitcoin oder iTunes-Geschenkkarten.[20] Das Center für Monitoring, Analyse und Strategie (CeMAS) untersuchte im Dezember 2021 einschlägige Gruppen in Deutschland und stellte fest: »Insgesamt konnten wir für den gesamten Zeitraum der Pandemie allein in den Gruppen, in denen gefälschte Impfpässe angeboten werden, 26.696 Nutzer:innenprofile zuordnen, welche in diesen Gruppen aktiv waren oder sind.«[21]

In zahlreichen Esoterik-Gruppen wurde während des Anlaufens der globalen Impfkampagne zudem über sogenanntes Shedding diskutiert.[22] Was das ist? Unter »Shedding« versteht man die Vorstellung, dass Menschen, welche gegen Covid-19 geimpft wurden, Ungeimpfte mit ihrer Impfung infizieren würden. Impfgegner behaupteten, dass »Geimpfte das Spike-Protein des Coronavirus aus[stoßen] und es an Ungeimpfte weiter[geben würden]. Die Übertragung erfolge durch Husten, Hautkontakt oder Geschlechtsverkehr«, klären die *Stuttgarter Nachrichten* über den zwischenzeitlich recht verbreiteten Mythos auf.[23] Zahlreiche internationale Faktencheck-Organisationen sind dieser Behauptung nachgegangen und zu dem Ergebnis gekommen, dass dies in Bezug auf die zugelassenen Impfstoffe nicht belegt werden kann.[24, 25] Trotzdem führte dieser Mythos zu skurrilen Reaktionen. Auf Telegram wurde dann beispielsweise behauptet, dass die Mandelentzündung davon käme, dass man zuvor mit Geimpften im Bus gesessen hätte. Oder dass der Kater aufgrund des Kontakts mit einer frisch geimpften Person drei Wochen nichts gefressen hätte und daran beinahe gestorben wäre. Einige Menschen, die medizinische Masken bis dato als »Maulkorb« verunglimpft und abgelehnt hatten, riefen nun dazu auf, Mund-Nase-Schutz zu tragen. Was vielleicht erst einmal lustig bis absurd klingen mag, kann privat ziemlich unschöne Konsequenzen haben. Etwa wenn in Partnerschaften und Familien Uneinigkeit bezüglich der Impfentscheidung herrscht.

In esoterischen Zirkeln wurde dann auch gleich ein ganzes Arsenal an »Heilmitteln« gegen vermeintliches »Impf-Shedding« aufgefahren. Immer wieder wurde beispielsweise CDL empfohlen, um eine Impfung aus dem Körper »auszuleiten«. Und zwar auch bei Kindern. Bei dem angeblichen Wundermittel CDL handelt es sich allerdings um eine Chlordioxidlösung, die kein zugelassenes Medikament ist, sondern vielmehr gängigen Industriebleichmitteln ähnelt. »Wenn man Durchfall bekommt, sollte man die Dosis reduzieren. CDL entgiftet«, heißt es zwar in einschlägigen Gruppen, das hat aber mit der Realität wenig zu tun. Bei den »von Anhängern beschriebenen ›Entgiftungssymptomen‹ wie Übelkeit oder Durchfall« handelt es sich laut dem Toxikologen Florian Eyer vom Giftnotruf München um

»ernst zu nehmende Schäden, da CDL eine starke Reizwirkung auf die Schleimhäute« hat.[26] Im Klartext bedeutet das: Anwender riskieren schwerste Verätzungen, die sogar tödlich enden können.

Unter dem Namen MMS (»Miracle Mineral Supplement«) wird in esoterischen Kreisen auch eine Mischung aus Chlordioxid und Natriumchlorit vermarktet.[27] Die Irin Fiona O'Leary ist Mutter zweier Kinder im Autismus-Spektrum und dokumentiert seit vielen Jahren online Fälle von Eltern, die ihre Kinder mithilfe von »MMS« vermeintlich »heilen« wollen. »Es hat etwas von einem Stephen-King-Horrorfilm«, erklärte O'Leary 2015 gegenüber *Vice*. »Sie sind Versuchskaninchen. Sie haben kein Leben. Von der Minute an, in der sie morgens aufwachen, wird ihnen [Chlordioxid] verabreicht, und sie werden den ganzen Tag über behandelt. Die Eltern nehmen sie aus der Schule, weil sie dort keine Medikamente verabreicht bekommen dürfen, und sie verstecken sich vor den Kinderschutzbehörden, weil sie wissen, dass ihr Handeln falsch ist.«[28]

Dass online über eigens dafür gegründete Gruppen und Kanäle hochgefährliche Pseudomedizin vertrieben wird, ist in Esoterik-Kreisen ein wiederkehrendes Phänomen. Auch die sogenannte Schwarze Salbe findet in Teilen des esoterischen Milieus Anklang und wird etwa zur Behandlung von Pickeln bis hin zu Krebs eingesetzt – obwohl das Mittel (genauso wie MMS) in vielen Ländern verboten ist. Die US-Behörde FDA, zuständig für die Regulierung von Lebens- und Arzneimitteln, schreibt dazu: »Einige Salbenprodukte enthalten ätzende Inhaltsstoffe, hochreaktive Substanzen, die lebendes Gewebe verletzen.« Derartige Produkte können sowohl das Gewebe chemisch zerstören als auch eine Entzündung hervorrufen. In jedem Fall ist das Ergebnis schädlich, schmerzhaft und kann zu einer dauerhaften Entstellung führen. »Viele Salbenprodukte«, schreibt die FDA, »die ätzende Inhaltsstoffe enthalten, sollen angeblich nur den Krebs angreifen und die gesunde Haut unberührt lassen. Das ist falsch. Die Inhaltsstoffe dieser Produkte zerstören krebsartige und gesunde Haut gleichermaßen. [...] Darüber hinaus können diese Salben die oberste Hautschicht zerstören, während der Krebs in den tieferen Schichten zurückbleibt, wo er weiterwachsen kann.«[29]

Äußerst drastische Bilder, die als Beweis für angebliche Erfolge auf Facebook und Telegram geteilt werden, bestätigen das: Dort, wo vorher ein Pickel war, klafft, nachdem die Salbe aufgetragen wurde, nun ein Loch – die Haut ist großflächig weggeätzt. Behörden auf der ganzen Welt registrierten in den vergangenen Jahren mehrere Fälle von schweren Schäden infolge derartiger »Behandlungen«. Eine 50-jährige australische Krankenschwester verstarb im April 2018, nachdem laut Familienangehörigen ein selbst ernannter Heiler und Hypnotherapeut ihr die angebliche Wundersalbe als Alternative zu einer medizinischen Krebstherapie empfohlen hatte.[30] Schwarze Salbe wird immer wieder auch für Kinder empfohlen. Recherchen zu Themen wie »Schwarze Salbe« oder »MMS« sind für uns kein Leichtes. Es ist schon schlimm genug, sehen zu müssen, wenn erwachsene Menschen sich selbst Schaden zufügen. Wenn aber Minderjährige aufgrund der unverantwortlichen Entscheidungen ihrer Erziehungsberechtigten unnötig leiden oder gar langfristige Gesundheitsschäden davontragen, ist dies schier unerträglich.

Social Media und das Internet im Allgemeinen sind aber natürlich nicht nur Orte, an denen gefährliche »Wundermittel« und Falschinformationen verbreitet werden. Das Netz bietet auch neue Plattformen für Aufklärung und Gegenrede. Ein Beispiel hierfür sind die »Shantifa – Yogi:nis gegen Rechts« auf Facebook. Diese von Menschen aus der Yoga-Szene getragene Initiative ruft dazu auf, sich gegen menschenverachtende Ideologien innerhalb der eigenen Community zur Wehr zu setzen. Auf der Facebook-Seite heißt es: »Seit der Corona-Krise rückt nun auch offensichtlich ein Teil der Yoga-Szene nach Rechts: Immer mehr rechte Kanäle und krude Verschwörungstheorien werden durch Yoga-People verbreitet, manche Yogi*nis gehen sogar auf Demonstrationen, die von Rechtsradikalen organisiert werden.« Yoga ist aus Sicht der Aktivisten nicht vereinbar mit hasserfüllten und wissenschaftsfeindlichen Positionen, man will daher »der lichtvollen Seite des Yoga eine Stimme geben«.[31]

Giulia Silberberger gründete 2014 die gemeinnützige Organisation »Der goldene Aluhut«, um über Verschwörungsideologien und Esoterik aufzuklären. Im Gespräch schildert sie uns, warum sie sich mit diesen Themen beschäftigt: »Mir tat sich da eine ganze Welt auf, die Verbindung war plötzlich eindeutig. Esoterik und Verschwörungsglauben sind sehr eng miteinander verwoben, man kann das eigentlich gar nicht trennen.« Jedes Jahr wird medienwirksam ein Negativ-Preis, »Der goldene Aluhut« – auch für die Kategorie »Esoterik« verliehen.[32] Die Organisation hat allein auf Facebook fast 170.000 Follower. »Ich erlebe dort sehr viele unterschiedliche Menschen, die wir erreichen«, so Silberberger. »Es gibt dort auch einen Austausch zwischen den Generationen, den ich super finde.« Als wir sie aber fragen, ob man dort auch überzeugte Esoteriker erreichen konnte, entgegnet sie: »Wenn, war das vielleicht eine Handvoll. Ich habe auch keinen Anspruch, Leute zu überzeugen. Was ich möchte, ist, Menschen aufzuklären mit meinen Inhalten.«

Dr. Christian Lübbers ist Facharzt für Hals-Nasen-Ohren-Heilkunde und betreibt eine eigene Praxis in Oberbayern. Er engagiert sich seit 2017 ehrenamtlich im Informationsnetzwerk Homöopathie, um über die Risiken der vermeintlich »sanften« Alternative aufzuklären. Auslöser dafür war der Fall eines vierjährigen Mädchens, dem zur Behandlung einer eitrigen Mittelohrentzündung Globuli in den Gehörgang auf das entzündete Trommelfell verabreicht wurden. »Ich muss zugeben, dass mir in dieser Situation fast der Kragen geplatzt wäre«, so Lübbers.[33] Unter dem Twitter-Hashtag #globukalypse versucht er gemeinsam mit anderen Aktivisten, Aufklärung zu betreiben.[34] »Ziel der Globukalypse ist es, den esoterischen Schleier der Homöopathie zu lüften und damit den Weg für eine objektive und rationale Beurteilung der Methode jenseits von Mythen zu eröffnen und Patient:innen so vor Fehlinformation und Schaden zu schützen«, teilte uns der Mediziner mit.

Die Veganerin Ana ist auf Instagram als *Facepalm Beach* unterwegs und versucht Mythen und esoterische Halb- und Unwahrheiten, die innerhalb der veganen Szene (und natürlich auch außerhalb davon) kursieren, mit Aufklärung zu begegnen. Ihre Posts drehen sich beispielsweise darum, warum der Verkauf von angeblichen Heilsteinen vor allem dem Geldbeutel der Verkäufer nutzt. Oder es wird der Frage nachgegangen, ob Bio wirklich immer gesünder ist. Die Posts werden mit Quellenangaben versehen, damit nachvollziehbar ist, woher die Informationen stammen. Als wir Ana nach ihrer Motivation fragen, teilt sie uns mit: »Ich glaube, dass der kompetente Umgang mit Informationen erlernt und trainiert werden kann.« Ihrer Meinung nach wird die Bedeutung wissenschaftlich orientierten Denkens durch das Bildungssystem aktuell nicht ausreichend vermittelt. Daher möchte sie online zusätzliche Angebote schaffen. »Ich erhoffe mir, so langfristig zu einer Gesellschaft beitragen zu können, die weniger anfällig für Irrationales ist und auf Basis dessen bessere Entscheidungen ermöglicht.«

Auch auf Telegram finden sich positive Beispiele für Aufklärung. Der Buchhändler und Autor des Buchs *Professor Schwurbelstein und die Aluhüte des Grauens* betreibt unter seinem Pseudonym Professor Schwurbelstein einen Telegram-Kanal, auf dem er über Verschwörungserzählungen und Esoterik aufklärt. »Ich nutze die Plattform aus sehr pragmatischen Gründen«, berichtet er uns. »Denn das, wofür Telegram sehr kritisiert wird, dass dort nämlich so gut wie nichts gelöscht wird, ist auf der anderen Seite auch ein Vorteil. So kann ich nämlich das, wovor ich warne, auch zeigen. Das war und ist bei Instagram und Facebook kaum möglich.« Viele Plattformen löschen zumindest teilweise Falschinformationen, manchmal trifft es aber auch Aufklärungs-Postings. Allerdings muss er sich dafür auf Telegram auch deutlich mehr Hass als auf anderen Plattformen gefallen lassen.

Ihm ist es trotzdem wichtig, über Szenegrößen der Esoterik aufzuklären: »Wenn man dann gewisse Namen und Formulierungen liest, schrillen hoffentlich alle Alarmglocken, damit vermeintlich harmlosen Aussagen gar kein Gehör geschenkt wird.«

Auf Esoterik und gefährliche Glücksversprechen trifft man online überall dort, wo viele Menschen zusammenkommen. Wie groß und radikalisiert diese Netzwerke werden können, ist vor allem davon abhängig, ob die jeweiligen Plattformen gegen gefährliche Inhalte vorgehen.[35] Das gilt auch für das Internet abseits von Social Media. Amazon stand bereits häufiger in der Kritik, problematische Produkte zu verkaufen. Immer wieder konnten dort beispielsweise Nazi-Devotionalien oder eindeutig antisemitische Produkte erstanden werden – und das, obwohl die Amazon-Richtlinien derartiges eigentlich untersagen.[36] Aber nicht nur Artikel passend zur rechtsextremen Gesinnung werden bei Amazon angeboten, sondern auch zahlreiche Produkte aus dem esoterischen Milieu. Eine einfache Suche zeigt: Allein für die eingangs vorgestellte Chlordioxidlösung CDL gibt es mehr als 2.000 Treffer. Auch die Substanz selbst gibt es dort zu kaufen. In der Produktbeschreibung wird in der Regel kein Wort über eine Anwendung bei Gesundheitsbeschwerden verloren – damit würde man sich natürlich strafbar machen. In den Kundenrezensionen steht dann aber zum Beispiel »Meine chronische Nebenhöhlenentzündung hat sich leider auch nicht verabschiedet« oder »Kam zum Einsatz bei blauem Zeh, der unter Beobachtung stand. Amputation wurde angeraten«. Für derartige »Behandlungen« findet sich bei Amazon auch gleich die passende Literatur mit Büchern wie beispielsweise *MMS für Tiere: Ein Ratgeber für die ganzheitliche und eigenverantwortliche Behandlung von Tieren mit MMS*.

Wir haben uns gefragt, wie viele der bei Amazon angebotenen Bücher zum Thema »Impfung« Falschinformationen enthalten oder klar einem esoterischen oder verschwörungsideologischen Milieu zuzuordnen sind. Deswegen haben wir uns die uns präsentierten Suchergebnisse für Bücher zum Thema »Impfungen« einmal genauer angeschaut. Unsere Anfrage ergab mehr als 3.000 Artikel. Anschließend haben wir die ersten 50 Suchergebnisse – Werbeanzeigen ausgenommen – danach sortiert, ob es sich hierbei um Publikationen in den Kategorien Impfgegner, Esoterik, evidenzbasierte Medizin oder themenfremde Artikel handelte.

Zwar ist es wahrlich kein Geheimnis, dass Amazon in der Vergangenheit immer wieder dafür kritisiert wurde, wissenschaftsfeindlichen Inhalten eine Plattform zu bieten. Aber das Ergebnis erschreckt uns dann doch: Von den 50 Produkten haben wir mehr als die Hälfte der Kategorie Impfgegner zugeordnet, weitere acht fielen in die Kategorie Esoterik, fünf waren themenfremd, eins war ein leeres Impfbuch. Nur neun der 50 Bücher würden wir als wirklich evidenzbasiert einordnen. Wenn Menschen auf Amazon nach evidenzbasierter Ratgeberliteratur suchen, um sich über Impfungen zu informieren, müssen sie sich also erst einmal durch ein Dickicht aus Esoterik und Falschinformationen wühlen. Einige Tage nach unserer Recherche erhalten wir zudem eine automatisierte Amazon-Werbemail, in der ein CDL-Produkt beworben wird.

Das Beispiel Amazon führt eindrücklich vor Augen, warum es falsch wäre zu behaupten, Bücher seien automatisch vertrauenswürdiger als Informationen aus dem Netz. Auch bei großen Verlagen erscheinen immer wieder Bücher, die wissenschaftsfeindliche Positionen befeuern. Die Qualität von Publikationen sollte eben nicht am Medium, sondern vor allen an den Inhalten selbst gemessen werden. Die Gleichung »Bücher = Fakten« und »Internet = Fake« ist noch nie aufgegangen. Auf Twitter und bei anderen sozialen Netzwerken können Nutzer in Echtzeit verfolgen, wie bekannte Wissenschaftler neueste Studien bewerten. Auch das verdanken wir der Digitalisierung.

Esoterische oder okkulte Praktiken und die dazu passenden Produkte spielen auf diversen digitalen Verkaufsplattformen eine Rolle. Auch hier gilt: Es gibt nichts, was es nicht gibt. Auf der Versteigerungsplattform eBay kann man sogar verhexte Porzellanpuppen erstehen. Unter dem Stichwort »Haunted Doll« (»verhexte Puppe«) finden sich mehr als 2.500 Einträge. Es gibt Accounts, die eigentlich nichts anderes tun, als angeblich verhexte Figürchen oder Teddybären an den Mann oder die Frau zu bringen. Das Ganze wird oft noch mit einer persönlichen Geschichte aufgehübscht – und schon hat man einen neuen Markt erschlossen: Esoterik sells!

Das verhexte Porzellanpüppchen Audrey stammt von einem privaten Sammler. Mit ihren geschlossenen Augen, überdimensionierten Lippen, blonden Haarsträhnen, gekleidet in einen rosa Strampler mit feiner weißer Spitzenbordüre, wirkt sie eigentlich wie ein ganz normales Kinderspielzeug. Aber angeblich macht sie nicht nur Klopfgeräusche. Der Käufer sollte sich außerdem darauf gefasst machen, manchmal eine Stimme und leisen Gesang zu hören. Auch Hunde sollen auf Audrey reagieren. Angeblich lässt sich der Spuk sogar »wissenschaftlich« belegen. »Als wir unsere Geräte einschalteten, fingen unsere EMF-, Mel-Meter-, Rem-Pod- und Trifield-Meter an, Spitzenwerte zu zeigen, wenn wir Audrey baten, uns ihre Anwesenheit zu zeigen«, schreiben die Verkäufer auf eBay. Aber eine Garantie für das Auftreten paranormaler Phänomene gibt es – wie so oft innerhalb der Esoterik-Szene – auch hier nicht. Stattdessen heißt es in der Produktbeschreibung lediglich: »Geister haben ihre eigenen Persönlichkeiten, manchmal braucht es einen Tag oder zwei oder sogar länger, damit sie sich an ihre neue Umgebung gewöhnen. Sie machen keine Salontricks, und wenn sie sich entscheiden, nicht zu interagieren, ist das ihr gutes Recht.« Wenn also Audrey nach dem Kauf doch nicht so magisch ist wie erhofft, liegt es daran, dass sie einfach keine Lust hat. Um Betrug handelt es sich dabei aber dennoch keineswegs, die Verkäufer haben schließlich eine fundierte Expertise vorzuweisen: »Unsere Familie führt seit 13 Jahren paranormale Untersuchungen durch. In den letzten 9 Jahren haben wir viele Spukgegenstände gesammelt, und obwohl ich mich persönlich mit ihnen verbunden fühle, müssen wir jetzt Platz für einige unserer neueren Anschaffungen schaffen. Ich hoffe, sie finden ein gutes neues Zuhause bei jemandem, der sie mit dem Respekt behandelt, den sie verdienen.«

Einige der Produkte, auf die wir bei unserer Recherche auf eBay stießen, knüpfen an bekannte pseudopsychologische Konzepte zum Thema Geld an. Wer seine finanzielle Situation verbessern will, kann für 140 US-Dollar per Direktkauf ein Produkt mit dem vielversprechenden Namen »~Money drawing haunted GOLD NUGGET pendant~prosperity, luck~REAL GOLD! 14k $$$~« bestellen. Denn wie der Verkäufer weiß: »Echtes Gold, echte Ergebnisse. In der Welt der Magie zieht Gleiches Gleiches an, und das ist genau das, was dieser Anhänger bei unserem Vollmondritual macht. Dies ist echtes 14k GOLD, und es wird echten finanziellen Wohlstand zu dir ziehen.« Was man hier letztendlich erhält, ist uns vollkommen schleierhaft. Die Produktbilder zeigen Dollarnoten und verschiedene magische Rituale. Ein verschwommenes Foto könnte eine Kette samt Anhänger zeigen – wirklich sicher sind wir uns aber nicht. Aussagekräftige Abbildungen vom Goldstück oder Gramm-Angaben werden nicht geliefert. Es wirkt so, als beträfe die magische Geldvermehrung eher den Verkäufer als den Käufer.

Digitale Esoterik-Angebote verbreiten sich aber nicht nur in den Weiten des World Wide Web, sondern dringen auch in privatere Bereiche vor. Bei Messengerdiensten wie WhatsApp trifft man immer wieder auf spirituell angehauchte Geldmacherei. Insbesondere während der Covid-19-Pandemie haben dort sogenannte Schenkkreise enormen Aufwind bekommen. Schenkkreise klingen nett, sind aber nichts anderes als Abzocke, die nach dem Schneeballsystem funktioniert und sich speziell an Menschen mit einer Affinität für Esoterik richtet. Im Kern geht es darum, dass man an Gruppenmitglieder Geld verschenken soll und einem im Gegenzug versprochen wird, man werde anschließend ein Vielfaches zurückbekommen – hierfür ist es allerdings notwendig, zuerst neue Mitglieder für die Gruppe zu rekrutieren. Dabei wird vollmundig von »Gruppenenergie« gesprochen, von einem »Energiefeld der Fülle«, um gezielt Menschen anzusprechen, die für esoterische Botschaften empfänglich sind.

Oft sind Frauen die Zielgruppe, es gibt aber auch spezielle Angebote für Männer – wie die sogenannten Tafelrunden oder die Sonnenmänner.[37] Ein Schenkkreis, der nicht nur in den USA eine große Anhängerschaft gewinnen konnte, nennt sich »Fractal Mandala«. Innerhalb der »Fraktal-Struktur« starten Mitglieder in der »Feuer«-Position und können sich über die anderen Elemente – so die Theorie – bis zum Ältesten-Level vorarbeiten, wo sie dann auf beinahe magische Weise fast 20.000 Euro erhalten sollen. Es wird damit geworben, dass man so Teil eines neuen Paradigmas »in der heiligen Ökonomie« werde, die es »Individuen erlaubt, sich zu Gruppen zusammenzuschließen, um gemeinsam Wunder für alle zu erschaffen«. Eine Anleitung samt vorgefertigter WhatsApp-Texte voller bunter Emojis und Harmonie-Botschaften zum Anwerben potenzieller neuer Opfer des Schneeballsystems steht zum Download bereit. Ein ähnliches System mit dem Namen »Blessing Loom« hat zahlreiche Menschen in den USA während der Pandemie um ihr Geld gebracht. Der Mindesteinsatz: 1.400 US-Dollar pro Person. »Die Covid-19-Pandemie hat die Gesundheit und den Geldbeutel der Amerikaner angegriffen«, urteilte Daniel Kaufman, Direktor der US-Verbraucherschutzbehörde FTC, über das Schneeballsystem. »Diese Betrüger, die es speziell auf schwarze Communities abgesehen hatten, nutzten falsche Wohlstandsversprechen, um die Verbraucher um ihr Geld zu betrügen, zu einem Zeitpunkt, als es sich Amerikaner am wenigsten leisten konnten, es zu verlieren.«[38] Auch in Europa waren ähnliche Dynamiken zu beobachten. Die finanzielle Not der Betroffenen wurde ausgenutzt, um sie zu allem Überfluss auch noch ihrer letzten Rücklagen zu berauben.

Schauen wir uns einmal an, wie dieses Schneeballsystem in seiner simpelsten Form funktioniert: Sagen wir einmal, Petra wird von ihrer

Freundin Sara mit dem Versprechen geworben, Geld geschenkt zu bekommen. Das klingt insbesondere in Zeiten, in denen viele Menschen um ihren Job bangen, sicherlich verführerisch. Und nicht nur das – der Schenkkreis verspricht auch ein Ort zu sein, an dem sich Mitglieder über Probleme austauschen können und einander unterstützen.

Der Aufbau eines Schenkkreises

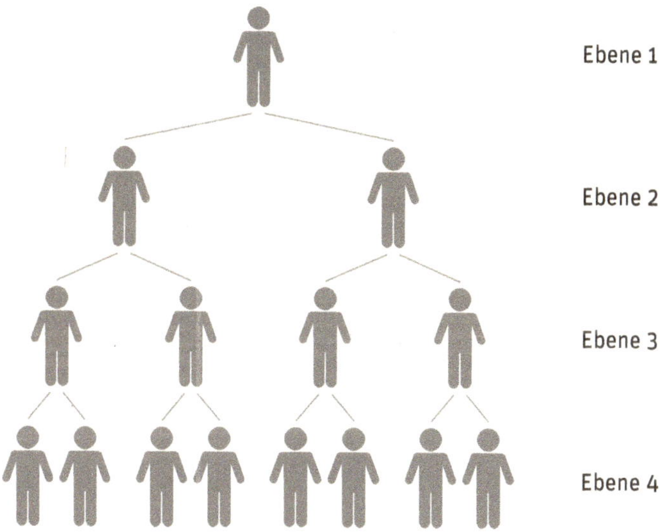

Bevor sich das große Geldgeschenk manifestiert, soll Petra erst einmal in Vorleistung gehen. Sie startet als Neueinsteigerin im Schenkkreis auf der niedrigsten Ebene (4), muss also erst einmal Geld an die Person zahlen, die sie geworben hat. Ihre Freundin Sara ist bereits auf Ebene 1. Sara hat sich ganz schön ins Zeug gelegt und ihre komplette Yoga-Gruppe für den Schenkkreis geworben. Daher bekommt sie von Petra und sieben weiteren Neumitgliedern auf Ebene 4 ebenfalls jeweils 500 Euro, also insgesamt 4.000 Euro. Sara scheidet nun mit deutlich mehr Geld, als sie eingezahlt hat, aus dem Schenkkreis aus. Alle Neuen steigen danach eine Ebene auf, der Kreis teilt sich. Es gibt nun zwei Schenkkreise.

Jetzt wären die nächsten zwei Anwärterinnen an der Reihe, zu Ebene 1 aufzusteigen und Geld zu bekommen – eine pro Schenkkreis. Damit das funktioniert, müssen aber nun insgesamt acht weitere Menschen pro Schenkkreis dabei sein. Es gilt also, neue Personen zu rekrutieren. Petra muss nun schleunigst Leute finden, die sie für den Schenkkreis begeistern kann, sonst hat sie ihr Geld verloren. Sie leitet daher einen der vielen vorgefertigten WhatsApp-Texte an Bekannte aus ihrer Meditationsgruppe weiter. Für sie klingt das wie eine gute Sache.

Nächste Runde: Haben sich wieder genug Menschen gefunden, erhalten die zwei Empfängerinnen aus der obersten Stufe ihr Geld, scheiden aus, die zwei Kreise teilen sich wieder. Nun sind wir schon bei vier Kreisen und insgesamt 32 neuen Leuten, die geworben werden müssen. Und so geht das Ganze immer weiter: Bei der dritten Schenkungsrunde braucht es schon 64 Menschen, bei der vierten 128, bei der fünften 256.[39] Bereits in der elften Runde würde man mehr Menschen benötigen, als auf der Erde leben.[40] Es ist ein Schneeballsystem wie aus dem Bilderbuch. Sobald nicht mehr genug Menschen nachrekrutiert werden können, bricht das System in sich zusammen. Die Ersten machen Kasse, den Letzten fressen die Hunde.

Laut Berechnungen der Beratungsstelle Sekten-Info NRW gehen 87,5 Prozent der Teilnehmenden immer leer aus. Wenn man bedenkt, dass einige Menschen Tausende von Euros in derartige Schneeballsysteme investieren, zeigt das, wie mit der Naivität und teilweise auch der Notlage von Menschen knallhart Kasse gemacht wird. Gerade durch das Vorgaukeln von gemeinschaftlicher Unterstützung bei Problemen werden oft insbesondere diejenigen angesprochen, die echte Unterstützung in Geldfragen dringend nötig hätten. Die Mitglieder der Schenkkreise stehen oft unter enormem psychischen Druck. Es gilt, unablässig Neueinsteiger zu rekrutieren, in der Hoffnung, selbst einmal das große Geld zu machen. Auch wenn ihnen langsam klar wird, dass es sich bei dem vermeintlichen »spirituellen Erfolgsrezept« um Betrug handelt, machen sie oft weiter – weil ihr Einsatz sonst verloren wäre. Es braucht nicht viel Fantasie, um sich vorzustellen, was das für die sozialen Beziehungen der Betroffenen bedeutet.

Kapitel 7

»Ich zeige dir den Weg!« – Endstation »Sekte«?

Auch wenn viele beim Begriff »Sekte« direkt ein gewisses Bild im Kopf haben mögen, ist eine Definition gar nicht so einfach. Die Schweizer Beratungsstelle infosekta hat die Herausforderungen einer Definition gut zusammengefasst: »Unter bestimmten Bedingungen können sich Gruppen – vom kleinen Therapiezirkel bis zum weltumspannenden Unternehmen – zu sektenartigen Milieus entwickeln, die sich gegen außen abgrenzen. [...] Gruppen lassen sich nicht einfach den beiden Kategorien ›Sekte‹ oder ›Nicht-Sekte‹ zuordnen. Sektenartige Gruppen weisen Sektenmerkmale in unterschiedlicher Anzahl und Ausprägungen auf. Die Einschätzung einer Gruppe muss sich deshalb auf kritische Analysen, die Erfahrungen von Betroffenen und das Selbstverständnis der Gruppe stützen und immer wieder auf ihre Aktualität hin überprüft werden. Diese Betrachtung hinsichtlich problematischer Aspekte und Konfliktfelder nähert sich dem Phänomen besser an als die Label ›Sekte‹ und ›Nicht-Sekte‹.«[1]
Dazu kommt: Viele Experten und Beratungsstellen nutzen den Begriff »Sekten« heutzutage nicht mehr, da er als unpräzise und missverständlich gilt. Stattdessen wird häufig von »neuen religiösen und ideologischen Gemeinschaften und Psychogruppen« gesprochen.

Außergewöhnliche Himmelserscheinungen haben seit jeher eine große Faszination auf Menschen ausgeübt. Im Mittelalter galten Kometen als Vorboten für Dürren, Erdbeben oder Machtwechsel an der Spitze von Königshäusern. Selbst der Ausgang von Schlachten wurde in Kriegszeiten damit in Verbindung gebracht.[2] Die Herkunft des Wortes »Desaster« lässt sich aus dem Lateinischen und Griechischen ableiten, das italienische »disastro« bedeutet so viel wie »Unstern«.

Die moderne Astronomie hat dazu beigetragen, dass Kometen im Laufe der Jahrhunderte außerhalb der Astrologieszene kaum noch als übernatürliche Botschafter gesehen wurden. Anlässlich des Vorbeiziehens des Halleyschen Kometen im Mai 1910 fanden auf den Dächern New Yorks und Konstantinopels sogar rauschende »Kometenpartys« statt. Doch nicht alle blickten diesem Ereignis mit Freude entgegen. In Chicago dichteten Menschen panisch die Fenster ihrer Wohnungen ab, und in Neapel strömten verängstigte Gläubige in die Kirchen. Für diese Massenpanik waren allerdings keineswegs esoterische Endzeit-Prophezeiungen verantwortlich. Große Medien hatten mit Berufung auf einzelne Wissenschaftler verbreitet, dass beim Kontakt des Kometenschweifs mit der Erdatmosphäre giftige Gase entstehen könnten.[3] Dubiose Geschäftemacher wussten die Angst der Menschen geschickt zu barer Münze zu machen. Es wurden »Kometenpillen«[4] angeboten, und Papst Pius XII. sah sich schließlich sogar genötigt, das Hamstern von Sauerstoffflaschen öffentlich zu verurteilen.[5]

Als sich 1997 dann der Komet Hale-Bopp ankündigte, war die Vorfreude unter Astronomie-Fans groß. Unter dem Motto »Bebop with Hale-Bopp« organisierte die Albuquerque Observers Society eine Party für 5.000 Leute, und sogar Kreuzfahrtschiffe warben mit dem unvergesslichen Anblick am nächtlichen Sternenhimmel. Kaum jemand wollte sich dieses Spektakel entgehen lassen, schließlich gingen Astronomen davon aus, dass Hale-Bopp auf seinem Kurs um die Sonne erst in 4.000 Jahren erneut an der Erde vorbeirauschen würde.[6]

In Rancho Santa Fe, einem noblen Vorort von San Diego im US-

Bundesstaat Kalifornien, fieberte eine eingeschworene Gemeinschaft ebenfalls diesem Ereignis entgegen – wenn auch aus vollkommen anderen Gründen. In der UFO-Szene hatte sich bereits kurz nach der Entdeckung von Hale-Bopp die Nachricht verbreitet, im Schweif des Kometen sei ein unbekanntes Flugobjekt versteckt. Als vermeintlicher Beweis galt eine verwackelte Aufnahme des Kometen. Für den 65-jährigen Anführer der Gruppe, Marshall Herff Applewhite, war die Sache damit klar: Der lang gehegte Traum vom Kontakt mit höheren Wesen würde endlich in Erfüllung gehen.

Als die Polizei am 26. März 1997 das von der Gruppe um Applewhite angemietete, 850 Quadratmeter große Luxusanwesen betrat, schlug ihnen ein beißender Geruch entgegen. Die Beamten stießen vor Ort auf Dutzende Körper, verteilt auf die vielen Zimmer der Villa – in Etagenbetten und auf Matratzen, die Arme neben dem Körper ausgestreckt, als würden sie schlafen. Doch sie atmeten nicht mehr. Zwei Leichen hatten eine Plastiktüte über dem Kopf, die restlichen waren mit lila Tüchern bedeckt. Neben den Betten standen sorgsam gepackte Reisetaschen. Brillen lagen akkurat zurechtgelegt neben einigen der Körper, außerdem Ausweise und Lippencreme mit starkem Sonnenschutzfaktor.[7] In den Hosentaschen der Opfer fanden die Ermittler später jeweils eine Fünfdollarnote und Kleingeld. Alle waren einheitlich gekleidet, trugen nagelneue Nike-Sneakers und am Arm ein Abzeichen mit der Aufschrift »Heaven's Gate Away Team« – eine Anspielung auf »Star Trek«. Es wirkte fast so, als hätte die Gruppe erwartet, abgeholt zu werden, und wollte sichergehen, alles Notwendige für ihre Reise zur Hand zu haben. Im größten Schlafzimmer stießen die Beamten schließlich auf die Leiche des hageren Mannes, der rückblickend wohl verantwortlich für diese schreckliche Tragödie war: Marshall Herff Applewhite. Der Fall ging in die Geschichte ein als bisher größter Massenselbstmord auf dem Boden der USA. Der Name der Gruppe wurde in den darauffolgenden Tagen in Dauerschleife in Nachrichtensendungen rund um den Globus wiederholt: Heaven's Gate.

Insgesamt stießen die Beamten in der Villa auf 39 Leichen. Die Altersspanne der Toten lag zwischen 26 und 72 Jahren. In den Mägen der Toten fand sich ein Gemisch aus Pudding, Apfelkompott, Wodka und dem Betäubungsmittel Phenobarbital. In einigen Hosentaschen steckten Zettel, auf denen das Rezept für den Todescocktail notiert war. Die Behörden gingen davon aus, dass der Massensuizid über mehrere Tage hinweg in drei Etappen stattgefunden haben musste. Die Gruppenmitglieder hatten anscheinend Plastiktüten benutzt, um sicherzugehen, dass ihre Mitstreiter die Einnahme des Giftes nicht überlebten. Danach waren diese wieder entfernt worden. Die beiden Toten, die mit einer Plastiktüte über dem Kopf vorgefunden wurden, hatten sich demzufolge als Letzte das Leben genommen.

Die verstörenden Bilder aus der Villa in Rancho Santa Fe sorgten landesweit für Fassungslosigkeit. Zwar war es kein Geheimnis, dass in den USA unzählige Gurus, Kulte und Gruppen eine teils fanatisch ergebene Anhängerschaft um sich geschart hatten. Aufgrund des geschichtlich begründeten hohen Stellenwerts der Religionsfreiheit in den USA hatten selbst ernannte Propheten mit weniger institutionellen Widerständen zu rechnen als in vielen anderen Ländern der Welt. Scientology ist in den USA etwa von der Steuer befreit und wird teilweise als Religion bezeichnet[8] – in vielen europäischen Ländern wäre so etwas undenkbar.[9] In Deutschland wird die Organisation seit Jahren vom Verfassungsschutz beobachtet.[10] Trotz derartiger Unterschiede gab es in den USA der 1990er-Jahre in weiten Teilen der Gesellschaft ein Bewusstsein für die Gefahren, die von esoterisch oder religiös geprägten Gruppierungen mit stark radikalisierter Gefolgschaft ausgehen. An Anlässen für Berichterstattung mangelte es keineswegs. Große Medien schrieben regelmäßig über Skandale und veröffentlichten Erlebnisberichte ehemaliger Anhänger. Oft kamen dabei verzweifelte Eltern zu Wort, die beklagten, ihr Kind an einen Kult verloren zu haben.

Spätestens seit dem schrecklichen Massenselbstmord des vom

US-amerikanischen Prediger Jim Jones geleiteten Peoples Temple in Jonestown im Nordwesten Guyanas in Südamerika, bei dem 1978 über 900 Anhänger durch eigene oder fremde Hand starben (darunter fast 300 Kinder[11]),[12] warnten Experten regelmäßig vor einer neuen Tragödie ähnlichen Ausmaßes. Im Jahr 1993 versuchten Spezialeinheiten das Domizil der Branch Davidians unter Leitung des selbst ernannten Propheten David Koresh in Waco, Texas zu stürmen. Behörden befürchteten einen Massenselbstmord, ähnlich wie im Fall Jonestown. Der Einsatz wurde zum Fiasko, denn die Gruppierung erwies sich als schwer bewaffnet und dachte nicht im Geringsten daran, die Waffen niederzulegen. Durch die Brille ihrer Überzeugungen wähnten sich Koresh-Anhänger vielmehr inmitten des von ihrem Anführer vorhergesagten Armageddons, in welchem ihnen die Rolle der Märtyrer zukam.[13] US-Sender machten die 51 Tage andauernde Belagerung zum nationalen Medienevent. Insgesamt waren 700 Beamte im Einsatz, 82 Menschen kamen ums Leben.

Dass radikale Ideen einer drohenden Endzeit dazu geeignet sind, in Gewalt gegen sich und andere zu münden, war also keine neue Erkenntnis. Auf den Massenselbstmord von Heaven's Gate 1997 konnten sich viele Menschen trotzdem keinen Reim machen. Denn so einiges schien auf den ersten Blick nicht recht zu den gängigen Vorurteilen über »Kulte« zu passen. Unter den Toten waren beispielsweise die Tochter eines Bundesrichters und der Sohn eines bekannten Geschäftsmanns.[14] Viele der Opfer galten als hochgebildet und waren über ihre Familien finanziell gut abgesichert, was dem weit verbreiteten Bild widersprach, nur »gescheiterte Existenzen« wären empfänglich für destruktive Gruppierungen. Auch die Gemeinschaft selbst schien in stabilen Verhältnissen zu leben, immerhin residierten sie unbehelligt in einer malerischen Villa unter Palmen – Massensuizid als letzter Ausweg eines aufgrund von Strafverfolgung oder finanziellen Problemen in die Ecke gedrängten Gurus schied also ebenfalls aus. Kaum jemand hatte es zudem für möglich gehalten, dass ausgerechnet aus der bis dato als schrullig, aber harmlos geltenden UFO-Begeisterung ein radikaler Todeskult entstehen könnte. Was hatte diese Menschen dazu gebracht, sich kollektiv das Leben zu nehmen?

Schnell war von einem »Internet-Kult« die Rede, denn wie sich herausstellte, hatte sich die Gruppierung über eine eigens gegründete Firma unter dem Namen Higher Source durch Webdesign-Aufträge finanziert und war auch selbst im World Wide Web präsent – was für die damalige Zeit durchaus ungewöhnlich war.[15] In dem anfänglichen Medien-Hype um die vermeintlich erste »High-Tech-Sekte der Welt« ging allerdings unter, dass Heaven's Gate keineswegs ein Produkt des Internets war und vermutlich nur ein einziges Mitglied über das Netz auf die Gruppe aufmerksam wurde.[16] Die Mehrheit der späteren Todesopfer war bereits zwanzig Jahre zuvor zu Applewhite gestoßen.[17]

Die Ursprünge von Heaven's Gate lassen sich bis in die frühen 1970er-Jahre zurückverfolgen. Die 1960er- und 1970er Jahre markierten in vielen Ländern eine Zeit des Umbruchs. Die Schrecken des Krieges in Vietnam sorgten weltweit für Entsetzen, die Frauenbewegung kämpfte für Gleichberechtigung, und soziale Proteste brachten vor allem junge Menschen auf die Straße. In diese turbulente Zeit fiel auch die Geburtsstunde der New-Age-Bewegung. Einer Bewegung, die sich nicht weniger als das spirituelle Einläuten eines neuen Zeitalters auf die Fahnen schrieb. Die Esoterik bekam in diesen Jahren neuen Aufwind – und auch einen neuen Anstrich verpasst. Mystische Elemente wurden mit Wellness-Themen verbunden und so einer breiteren Öffentlichkeit zugänglich gemacht. Übernatürliche Sinnsuche fand inmitten der durch die 68er ausgelösten Aufbruchstimmung Eingang in den gesellschaftlichen Mainstream. Musikstars konsultierten öffentlichkeitswirksam Gurus oder widmeten ihre Songs der Suche nach spiritueller Erleuchtung. Selbst in der tiefsten Provinz wurden plötzlich Workshops zur privaten spirituellen Weiterentwicklung angeboten. Damals wurden unzählige Gruppen gegründet, die Menschen mit dem Versprechen eines exklusiven Weges zur Erleuchtung zu ködern wussten. Zugleich – und das wird in der Rückschau gern vergessen – war es aber auch die Zeit der großen UFO-Euphorie, als Autoren wie Erich von Däniken mit Thesen zur außerirdischen Abstammung der Weltreligionen international die Bestsellerlisten eroberten.

Marshall Herff Applewhite, der Anführer von Heaven's Gate, hatte zuvor Musik unterrichtet und Chöre geleitet und führte ein mehr oder weniger durchschnittliches Leben. Dies sollte sich allerdings radikal ändern, als er in einem texanischen Krankenhaus zufällig auf die Krankenschwester Bonnie Lu Nettles traf. Applewhite war geschieden, steckte in einer persönlichen und beruflichen Lebenskrise. Um Nettles Ehe war es nicht zum Besten bestellt. Beide hatten Kinder. Sie interessierte sich für Esoterik, zwischenzeitlich schrieb Nettles sogar eine Astrologie-Kolumne für eine Lokalzeitung. Eine ihrer Töchter berichtete, bereits als Kind gemeinsam mit ihrer Mutter Ausschau nach UFOs gehalten zu haben.[18] Zwischen Nettles und Applewhite machte es irgendwie »Klick«, und schnell verbrachten die beiden viel Zeit miteinander. Gemeinsam eröffneten sie zunächst einen Esoterik-Buchladen, den sie aber mangels Kundschaft recht schnell wieder schließen mussten. Ihrer immer enger werdenden platonischen Beziehung tat dies allerdings keinen Abbruch.

Es ist wohl nicht übertrieben zu sagen, dass die beiden von Beginn an in ihrer eigenen Welt lebten. Bald schon waren Nettles und Applewhite nämlich überzeugt, sie hätten eine göttliche Mission zu erfüllen. Dies leiteten sie jedoch keineswegs aus den Sternen, sondern vielmehr aus einem wilden Remix biblischer Texte, Science-Fiction und dem Glauben an Wiedergeburt ab. Nicht nur Jesus war nämlich ihrer Meinung nach ein außerirdisches Überwesen, auch sie selbst hielten sich für Propheten mit göttlicher extraterrestrischer Abstammung. Der später eingeführte Name Heaven's Gate (zu deutsch »Himmelstor«) rührt daher, dass sie ihren Anhängern nicht weniger als den Eintritt ins Himmelreich versprachen. Ein Himmelreich, in dem allerdings wohlgemerkt UFOs und Aliens residierten. Nur alle 2.000 Jahre, so hieß es, hätten Menschen die Chance, Einlass in diese schillernde Welt zu erhalten. Nettles und Applewhite waren überzeugt davon, als Einzige den Weg dorthin zu kennen.

Gemeinsam ließen sie ihr altes Leben und auch ihre Familien hinter sich, reisten durchs Land, schlugen ihr Camp mal hier, mal dort auf, verteilten Flyer und hielten Vorträge. Anfänglich fiel es den beiden schwer, Menschen für ihre exzentrischen Ideen zu begeistern, doch das sollte sich bald ändern. In den damaligen Epizentren der Hippie- und New-Age-Bewegung, wie beispielsweise San Francisco, strömten zahlreiche Neugierige zu ihren Events.[19] Zwischenzeitlich soll ihre Anhängerschaft mehrere Hundert Personen umfasst haben.

In stundenlangen Predigten malte das ungewöhnliche Duo ihrer Anhängerschaft eine an Science-Fiction-Epen erinnernde Erzählung aus, bestehend aus engelsgleichen Aliens mit telepathischen Fähigkeiten, Raumschiffen und Jesus. Als erklärtes Ziel galt es, gemeinsam eine »höhere Evolutionsstufe« zu erklimmen und diese Welt hinter sich zu lassen. Es ist jedoch wichtig, an dieser Stelle anzumerken, dass ein Massensuizid keineswegs von Beginn an auf der Agenda von Heaven's Gate stand. Ganz im Gegenteil, in den ersten Jahren erwarteten die beiden Gründer vielmehr ihren eigenen Märtyrertod durch einen Auftragsmord der Regierung. Zu Beginn hieß es noch, dass Anhänger selbstverständlich einen menschlichen Körper brauchten, um an Bord eines Raumschiffs aufgenommen zu werden. Sowohl das Glaubensmodell als auch die Regeln der Gruppierung veränderten sich im Laufe der Jahre allerdings dramatisch und wurden radikaler.

Die Gruppierung wechselte in ihren frühen Jahren mehrfach den Namen. Zunächst war das Ganze eher lose aufgebaut – Anhänger reisten in Gruppen durch das Land und kamen nur in unregelmäßigen Abständen an festgelegten Orten zusammen. Nach dem Ausbleiben einer von Nettles prophezeiten UFO-Landung im Jahr 1975 wandten sich zahlreiche enttäuschte Anhänger ab, und die Gruppierung drohte auseinanderzubrechen. Zu dieser Zeit häuften sich kritische Medienberichte über das plötzliche Verschwinden von Menschen, die sich offenbar dem »UFO-Kult« angeschlossen hatten. Mancherorts hatten besorgte Angehörige in ihrer Ratlosigkeit die Polizei kontaktiert.[20] In dieser Zeit änderte sich der Führungsstil dramatisch. Mit der Zeit schotteten sich Applewhite und Nettles samt Anhängerschaft zunehmend von der Außenwelt ab. Phasen der Anwerbung neuer Mitglieder wechselten sich nun mit längeren Perioden ab, in denen man vollkommen zurückgezogen an einem festen Ort lebte.[21]

Applewhite begann sich irgendwann »Do« zu nennen, und Nettles firmierte fortan als »Ti« – in Anlehnung an Bezeichnungen der Tonleiter.[22] »Ti« und »Do« verkündeten, nach Hause in ihr göttliches Reich zurückkehren zu wollen – und ihrer Anhängerschaft die Chance zu eröffnen, sie dorthin zu begleiten. Die neue Parole lautete: Die Raumschiffe werden womöglich erst dann kommen, wenn die Anhänger sich als würdig erweisen. Bevor das »Himmelstor« durchschritten werden konnte, brauchte es laut ihrem Glaubensmodell ein für die nächsthöhere »Stufe« angemessenes Bewusstsein. Um diese Metamorphose vollziehen zu können, sollte man daran arbeiten, seine »menschlichen« Eigenheiten abzulegen. Das bedeutete: Unerwünschte Emotionen sollten systematisch unterdrückt werden – wobei aber Vorfreude auf das Himmelreich und Begeisterung über die gemeinsame Vision zulässig blieben. Familie und Freunde galten als Ballast, der abgeschüttelt werden musste. Jegliche Form der Sexualität wurde abgelehnt. Laut Nettles und Applewhite existierten in der nächsthöheren Evolutionsstufe nämlich grundsätzlich keine Geschlechter. Zärtliche Berührungen zwischen Gruppenmitgliedern galten als unerwünscht, Alkohol und Drogen waren tabu, Privatbesitz wurde als hinderlich für den Aufstieg angesehen. Um die komplexen Anweisungen möglichst vollständig in die Praxis umzusetzen, bekam jedes Gruppenmitglied einen »Check-Partner« zugeteilt, beide sollten sich bei Fehlverhalten gegenseitig kontrollieren.

Als Bonnie Nettles 1985 an Krebs starb, stürzte ihr Tod die Gemeinschaft zunächst in eine Krise, und Applewhite litt sichtlich unter dem Verlust seiner Gefährtin. Und auch die Vorstellung davon, wie der gemeinschaftliche Aufstieg vollzogen werden würde, wandelte sich dramatisch.[23]

Auf Außenstehende wirkten die Anhänger sicherlich befremdlich mit ihren identischen androgynen Frisuren, abgestimmter Kleidung und ihrem ungewöhnlichen Verhalten. Über die Jahre wuchs ein Regelwerk, das auch extreme Vorschriften zur Sprache und Ernährung umfasste. Ein ehemaliger Anhänger berichtete beispielsweise von einem radikalen Reinigungsritual, bei dem man drei Monate lang nichts als eine Mischung aus Limonade, Cayennepfeffer und Ahornsirup zu sich nehmen sollte. Alles war genau reglementiert – egal ob es um die Zubereitung von Pancakes oder die Bartrasur ging.[24] Zudem wurden regelmäßig Trainingseinheiten abgehalten, die auf das Leben im Weltall vorbereiten sollten.

Wer bei Heaven's Gate ernsthaft mitmachen wollte, nahm außerdem früher oder später einen neuen Namen mit der Endung -ody an, etwa »Yrsody« oder »Srvody«. Aus dem anfänglich chaotischen Haufen wurde so nach und nach eine sogenannte High-Control Group, in der die kollektive Glaubensüberzeugung bis ins kleinste Detail über das Leben der Anhänger bestimmte. Bei der Obduktion der Leichen im Jahr 1997 stellten Rechtsmediziner fest, dass einige der männlichen Anhänger (darunter auch Applewhite selbst) sich offenbar hatten kastrieren lassen – wahrscheinlich, um ihrem Ideal eines Menschen frei von sexuellen Begierden zu entsprechen.

Niemand weiß, was den Anhängern von Heaven's Gate kurz vor dem Stichtag durch den Kopf ging. Ob der eine oder andere insgeheim von Zweifeln geplagt war? Ob einige nur deshalb eingewilligt hatten, weil sie sich nach Jahren des abgeschotteten Lebens eine Existenz ohne die Gruppierung nicht mehr vorstellen konnten? Ob Applewhite tatsächlich an eine außerirdische Abstammung glaubte oder vielleicht insgeheim nur seines eigenen Lebens überdrüssig war? Die Antwort auf all diese Fragen werden wir wohl nie erfahren. Klar ist allerdings, welches Bild Applewhite der Nachwelt überliefern wollte. Heaven's Gate hinterließ eine Reihe von Videoaufnahmen, die eigens kurz vorher erstellt worden waren und sich explizit an die Öffentlichkeit richteten.

In einem der Videos hält der hagere Applewhite einen langen Monolog.[25] Der Fokus liegt auf seinem Gesicht, was seine stechenden, weit aufgerissenen Augen stark zur Geltung bringt. Es ist ein gespenstischer Anblick. Die Erde stehe kurz davor, »recycelt« zu werden, heißt es darin. Die einzige Chance auf Rettung vor dem Ende der Zivilisation bestehe darin, den Planeten gemeinsam mit der Gruppierung zu verlassen. Sein Vater, so Applewhite, entstamme einer höheren Evolutionsstufe aus dem »Königreich des Himmels«. Bereits Jesus sei einst geschickt worden, der Welt den Übergang in die nächste Evolutionsstufe zu weisen, die Menschheit habe seine Botschaft aber nicht verstanden. 2.000 Jahre später wurde Applewhite zufolge nicht nur der himmlische Sohn wiedergeboren (damit meinte er sich selbst), sondern ebenso sein himmlischer Vater – in Gestalt seiner verstorbenen Gefährtin Bonnie Nettles. Er sei sich sicher, predigt er weiter, dass man ihn und seine Anhänger als Crewmitglieder eines Raumschiffs aufnehmen werde. Mit starrem Blick appelliert er an die Zuschauer, sich der »Gehirnwäsche« Luzifers in Gestalt von irdischen Religionen, Regierungen und Moral zu entziehen.

Das Statement dauert insgesamt mehr als eine Stunde. Es fällt schwer, Applewhites Worten zu folgen, wenn er immer wieder von der letzten Chance auf Überleben spricht – und dabei doch eigentlich einen Massensuizid meint. Unter einem der später auf YouTube veröffentlichten Videos kommentiert ein Nutzer treffend: »Bei allem, was ›Do‹ an seiner ›Menschlichkeit‹ verabscheute und versuchte, mit seinem Verstand zu unterdrücken [...], konnte er sich nicht von der menschlichsten aller Eigenschaften befreien: einem riesigen Ego.«[26]

In einer weiteren Aufnahme interviewt Applewhite seine Anhängerschaft.[27] Sie sitzen im Garten, im Hintergrund scheint die Sonne. Aus dem Off ist die Stimme Applewhites zu hören. Viele wirken geradezu euphorisch und legen auf Nachfrage ihres Anführers ausführlich dar, warum sie sich zu diesem Schritt entschlossen haben. Aus ihrer Sicht erwartete sie nicht der sichere Tod, sondern vielmehr ein neues Leben auf einer »höheren Evolutionsstufe«.

Es ist kaum vorstellbar, wie schmerzhaft es für die Hinterbliebenen gewesen sein muss, diese Videos anzuschauen. Zu sehen, dass die schreckliche Tat von langer Hand geplant und akribisch vorbereitet worden war. In einigen Fällen hatten Angehörige über Jahre hinweg verzweifelt versucht, ihre Liebsten zum Ausstieg zu bewegen. »Ich möchte nur, dass jeder weiß, wie glücklich ich bin, hier zu sein«, verkündet eine junge Frau, die als »Yrsody« vorgestellt wird. »Wir alle entscheiden uns aus freiem Willen, mit ›Ti‹ und ›Do‹ zur nächsten Ebene zu gehen.«

»Yrsody« hieß zuvor Gail Maeder und war zu diesem Zeitpunkt 27 Jahre alt. In ihrem früheren Leben galt Gail als normaler Teenager, ihre Eltern beschreiben sie als umweltbewusst. Sie liebte Tiere, ganz besonders Katzen.[28] Fünf Jahre zuvor war sie mit ihrem Freund nach Kalifornien gezogen. Als die Beziehung in die Brüche ging und ihre Selbstständigkeit scheiterte, stieß sie vermutlich um das Jahr 1994 auf Heaven's Gate.[29] Irgendwann bekamen ihre Eltern per Post einen merkwürdigen Flyer über UFOs zugeschickt, auf dessen Rückseite eine kurze Botschaft von Gail notiert war. Bei den Maeders schrillten sofort alle Alarmglocken auf – und sie suchten sich professionelle Hilfe. Das Ehepaar verschlang Ratgeberliteratur und nahm Kontakt zu Organisationen auf, die Erfahrung mit solchen Fällen hatten. Dabei erhielten sie einen verblüffenden Ratschlag. Der erste Impuls von Angehörigen ist meist, der Person auf den Kopf zuzusagen, dass sie in einer »Sekte« gelandet sei. Genau das aber, so hieß es, bringe meist rein gar nichts. Die Maeders begannen alsbald damit, sich akribisch auf den Tag vorzubereiten, an dem ihre Tochter sich das nächste Mal melden würde. Sie hatten einen Plan.

Als schließlich das Telefon klingelte und Gail am anderen Ende war, reagierten die Maeders nicht wütend oder geigten ihrer Tochter die Meinung. Sie bedankten sich vielmehr überschwänglich für den Anruf und versuchten dabei möglichst normal zu klingen. Die Mutter berichtete von einem niedlichen grauschwarzen Katzenbaby namens Sadie, das Gail unbedingt kennenlernen müsse. Gemeinsam schwelgten sie in Erinnerungen an einen Besuch in Disneyland, der ihrer Tochter damals sehr gefallen hatte. Es hieß, die Großmutter würde sich wahnsinnig freuen, ihre Enkelin möglichst bald wiederzusehen. Und dass es doch schön wäre, wieder einmal gemeinsam Weihnachten zu feiern. Sie fragten, ob Gail ein Ticket brauche, um nach Hause zu fahren. Zwischendurch wiederholten die beiden immer wieder, wie sehr sie ihre Tochter liebten und dass sie daheim schrecklich vermisst würde. Das Telefonat dauerte nur 15 Minuten. Damals ahnten die beiden noch nicht, dass es das letzte Mal sein sollte, dass sie von ihrer Tochter hören würden. Leider war Gail Fragen zu ihrem konkreten Aufenthaltsort beständig ausgewichen und hatte ihren Eltern keinen Anhaltspunkt gegeben, wie man sie im Notfall erreichen könne.[30]

Was unter anderen Umständen vielleicht wie banaler Small Talk wirkt, hatte insgeheim nur ein Ziel: behutsam eine emotionale Verbindung aufzubauen. Und Gail daran zu erinnern, dass ihr altes Leben in Sag Harbor, New York nach wie vor auf sie wartete. Dass ihre Familie auf sie wartete. Auch wenn Gails Eltern ihre Tochter nicht dazu bewegen konnten, nach Hause zu kommen, ist dieser Ansatz oft der beste Weg, um Angehörige zu erreichen. »Ein solches Vorgehen würde ich auch in einer Beratung befürworten«, teilt uns Sabine Riede, Leiterin des Vereins Sekten-Info NRW, in einem Gespräch mit. »Wenn man das Gefühl hat, jemand befindet sich in einer Abhängigkeit, kann es helfen, an das frühere Leben und schöne Momente zu erinnern. Daran, dass es immer noch Gemeinsamkeiten gibt. Selbst über weltanschauliche Unterschiede hinaus bleibt man ja irgendwo Familie.« Riede betreut seit mittlerweile rund 36 Jahren Aussteiger und Menschen, die sich um Angehörige oder Freunde sorgen, die Anschluss an sogenannte neue religiöse und ideologische Gemeinschaften oder Psychogruppen gefunden haben. Ihrer Erfahrung nach ist es vor allem wichtig, den Kontakt möglichst lange aufrechtzuhalten, präsent zu sein und dem anderen das Gefühl zu geben: »Die Welt da draußen hat dich nicht vergessen!« Daher ist ihrer Meinung nach die Strategie der Maeders, ihre Tochter zu einem Besuch zu überreden, genau richtig gewesen. »Nach außen hin wird zwar oft so getan, als sei jetzt in dieser neuen religiösen Gruppe alles bestens, aber alle Aussteiger berichten uns, dass sie schon sehr früh Zweifel hatten und nicht immer zufrieden waren«, so Riede. »Das Gefühl, dass da noch Menschen außerhalb der Gruppe sind, die an einen denken, kann den Ausstieg erleichtern.«

Die meisten Menschen haben ein recht klares Bild vor Augen, wenn sie das Wort »Sektenmitglied« hören. Und dieses Bild hat meist auffällig wenig mit der Art von Person zu tun, für die man sich selbst hält. Oft heißt es, Betroffene wären eben selbst schuld, im Leben gescheitert, charakterlich schwach oder gar »verrückt«. Die Berichterstattung von Boulevardmedien über Fälle wie Heaven's Gate trägt mit Sicherheit einiges zu diesem Bild bei. Statt der Frage nachzugehen, wie es dazu kommen konnte, dass 38 Menschen einem selbst ernannten UFO-Propheten in den Tod folgten, lag der Fokus allzu oft darauf, zu zeigen, wie »abgedreht« das Ganze eben sei. Mag sein, dass es auf emotionaler Ebene einfacher ist zu denken, weder man selbst noch das eigene Umfeld seien gefährdet, jemals in den Bann eines Gurus zu geraten. Das Problem an solchen Annahmen ist nur: Wir lügen uns damit systematisch in die eigene Tasche.

»Niemand tritt einer Sekte bei. Man schließt sich einer guten Sache an«, heißt es im Intro des Podcasts *A little bit Culty*, dessen Hosts Aussteiger einer US-amerikanischen Gruppe namens NXIVM sind.

Sie selbst waren jahrelang davon überzeugt, die Seminare der Gruppierung würden Menschen helfen, und ihr Anführer sei eine Art modernes Genie. Es brauchte lange, bis sie erkannten, dass sie an eine im Kern toxische Gemeinschaft geraten waren. Angefangen hatte alles mit harmlosen Coachings zur besseren Nutzung der eigenen Potenziale. Anhänger wurden angeworben, selbst als Trainer tätig zu werden und neue Kundschaft anzuwerben, wofür sie jedoch erst kostspielige Seminare absolvieren mussten. Ein solches Konzept wird oft als »Multi-Level-Marketing« bezeichnet und ist auch immer wieder in der Esoterik-Szene anzutreffen. Mittlerweile wurde der NXIVM-Gründer Keith Raniere wegen sexuell geprägten Menschenhandels und Betrugs[31] verurteilt und büßt eine lange Haftstrafe in einem US-Gefängnis ab.

Das typische »Sektenmitglied« gibt es laut der Leiterin der Sekten-Info NRW Sabine Riede nicht: »Es hat oft etwas mit Gefühlen und Sehnsüchten, aber manchmal auch mit Idealismus, mit dem Wunsch, die Welt zu verändern, zu tun – gerade bei religiös geprägten Gruppierungen. Bei der Esoterik ist es hingegen oft konsumorientierter, es geht um die individuelle Wunscherfüllung und Selbstoptimierung.« Der Expertin zufolge können persönliche Krisen, etwa infolge von Trennung, Trauer oder Einsamkeit, Menschen empfänglicher machen – man sucht nach Halt und Orientierung. Wenn Menschen mit ihrem Leben unzufrieden sind und aktiv nach einer radikalen Veränderung suchen, haben es selbst ernannte Gurus und problematische Lebensberater natürlich noch einmal einfacher. »Ich kann gut ausgebildet sein und trotzdem irgendwann an meine Grenze kommen«, so Riede. »Wir Menschen sind soziale Wesen. Wir fühlen uns in einer Gruppe aufgehoben. So ganz allein leben, das ist für keinen was. Und andererseits gibt Religion mit transzendenten oder übersinnlichen Zielen auch einigen Menschen Sinn, Hoffnung, Zukunft. Schlimm ist es eben nur, wenn das missbraucht wird.« Ein stabiles finanzielles Umfeld, eine gute Ausbildung oder auch eine hohe Intelligenz bedeuten nicht, dass ein Mensch nicht anfällig ist. Einige gefährliche Gruppierungen versuchen sogar gezielt, besonders hochqualifizierte Menschen anzuwerben, weil diese im Anschluss viel effektiver eingesetzt werden können – sei es als Spendensammler, in der Mitgliederwerbung oder als Führungsnachwuchs.[32]

Die Wege in gefährliche Gruppierungen sind vielfältig. Scientology offeriert kostenlose Persönlichkeitstests. Die koreanische Gruppierung Shinchonji lockt Interessenten mit Bibelseminaren.[33] Zahlreiche Gurus bezeichnen sich lieber als »Trainer« für unkonventionelle Lebensberatung oder behaupten gar, eine revolutionäre neue Therapie erfunden zu haben. Einige Gruppierungen sind stark esoterisch geprägt. Dort geht es vor allem um »spirituelles Erwachen«, die »Überwindung des Egos« oder Kontakt zu »höheren Wesen« – wobei meist bestehende Konzepte aus der reichhaltigen Schublade des New Age miteinander kombiniert werden. Andere berufen sich hingegen auf die Bibel, den Koran oder Buddha und ergänzen dies mit eigenen Ideen. Wieder andere sehen sich nicht als Religion, sondern vermarkten ihre Lehren als explizit nicht-esoterisch – ein Beispiel dafür wäre NXIVM. Oft stößt man auch auf einen Remix aus vielen dieser Elemente, wobei innere Widersprüche großzügig ausgeblendet werden.

Einige Organisationen erinnern von außen betrachtet an einen hochprofessionellen Multilevel-Marketing-Konzern, und auch die Umsätze sind dementsprechend. Anhänger werden professionell darauf gedrillt, immerzu neue Mitglieder zu werben oder finanzielle Mittel ranzuschaffen. Andere wiederum ähneln eher einem privaten Meditationskreis und haben noch nicht einmal einen formellen Namen, geschweige denn eine Webseite. Es gibt Gruppierungen, die ihre Mitglieder physisch und psychisch komplett von der Außenwelt abschotten, bei anderen führen Anhänger nach außen hin ein weitgehend normales Leben. Und dann gibt es natürlich auch noch Gruppierungen, die sich erst im Laufe der Jahre dramatisch verändern. Bei all diesen Unterschieden finden sich aber auch Gemeinsamkeiten.

Rückblickend sagen viele Aussteiger, dass sich ihnen die jeweilige Gruppe zu Beginn ganz anders dargestellt habe: harmlos, unverbindlich, zwanglos.

Aber wie findet man nun heraus, ob man an eine problematische Gruppierung geraten ist? Laut Beratungsstellen lassen sich zwar oft Indizien ausmachen, es gibt hierbei aber keine Einheitlichkeit, da die Gemeinschaften sehr verschieden sind. Auch auf der Webseite der Sekten-Info NRW gibt es eine Checkliste, die Betroffenen und Angehörigen dabei helfen soll, kritische Hinweise zu erkennen.[34] Hierbei ist allerdings wichtig anzumerken, dass keineswegs alle Aspekte zutreffen müssen. Je mehr Punkte zutreffen, desto eher sollte man allerdings Vorsicht walten lassen.

Checkliste: Wie erkenne ich eine »Sekte«?

- ☐ Bei der Gruppe finde ich zu 100 % das, was ich bisher vergeblich gesucht habe. Sie weiß erstaunlich genau, was mir fehlt.
- ☐ Schon der erste Kontakt eröffnet mir eine völlig neue Sicht der Dinge.
- ☐ Das Weltbild der Gruppe ist verblüffend einfach und erklärt jedes Problem.
- ☐ Es ist schwer, sich ein genaues Bild von der Gruppe zu machen. Ich soll nicht nachdenken und prüfen. Meine neuen Freunde sagen: »Das kann man nicht erklären. Das musst du erleben – komme doch gleich in unser Zentrum!«
- ☐ Die Gruppe hat einen Meister, ein Medium, einen Führer oder Guru, der allein im Besitz der ganzen Wahrheit ist.
- ☐ Die Lehre der Gruppe gilt als einzig echtes, ewig wahres Wissen. Die etablierte Wissenschaft, das rationale Denken, der Verstand werden dagegen als Verkopfung, als negativ, satanisch oder unerleuchtet abgelehnt.
- ☐ Kritik durch Außenstehende wird als Beweis betrachtet, dass die Gruppe recht hat.
- ☐ Die Menschheit treibt auf eine Katastrophe zu, und nur die Gruppe weiß, wie man die Welt rettet.
- ☐ Die Gruppe ist die Elite, und die übrige Menschheit ist krank und verloren – solange sie nicht mitmacht bzw. sich retten lässt.
- ☐ Ich soll sofort Mitglied werden.
- ☐ Die Gruppe grenzt sich von der übrigen Welt ab und nimmt eine strenge Reglementierung zwischenmenschlicher Beziehungen vor.
- ☐ Die Gruppe will, dass ich alle »alten« Beziehungen abbreche, weil sie meine Entwicklung behindern.

- ☐ Mein Sexualverhalten wird mir exakt vorgeschrieben, etwa Partnerwahl durch die Leitung, Gruppensex oder auch totale Enthaltsamkeit.
- ☐ Die Gruppe füllt meine gesamte Zeit mit Aufgaben: Verkauf von Büchern oder Zeitungen, Werben neuer Mitglieder, Besuch von Kursen, Meditation ...
- ☐ Es ist schwer, allein zu sein – jemand aus der Gruppe ist immer bei mir.
- ☐ Wenn ich zweifle, wenn sich der versprochene Erfolg nicht einstellt, bin ich »selbst schuld«, weil ich mich nicht genug einsetze oder weil ich nicht stark genug glaube.
- ☐ Die Gruppe verlangt strikte Befolgung ihrer Regeln und Disziplin – als einzigen Weg zur Rettung.

Wichtig ist hierbei allerdings, sich klarzumachen, dass vieles für Neulinge nicht sofort ersichtlich ist. Eine gängige Strategie ist beispielsweise das sogenannte Love-Bombing, bei dem potenzielle Mitglieder zu Beginn mit Liebe und Aufmerksamkeit geradezu überschüttet werden. »Love-Bombing« ist eine klassische Manipulationsstrategie bei toxischen Beziehungen – ob im privaten Umfeld oder bei problematischen Gruppierungen. In der ersten Kontaktphase wird die Person durch überzogene Komplimente und ständige Lobpreisungen in Superlative quasi abhängig gemacht. Derart umschmeichelte Menschen neigen anschließend eher dazu, negative Beobachtungen zu verdrängen oder als belanglos abzutun. Man möchte schließlich das positive Gefühl nicht wieder verlieren. Bei einigen Organisationen gehört es außerdem zur Strategie, Neuzugänge systematisch über die wahren Beweggründe und Methoden zu täuschen, weil diese »noch nicht so weit« seien.

Auf Heaven's Gate treffen fast alle Punkte zu. Aber auch Gruppierungen mit weniger »Treffern« können sich als hochgefährlich entpuppen. Immer wieder kommt es vor, dass Anhänger dazu gedrängt werden, ihre finanzielle Unabhängigkeit zugunsten der Gemeinschaft aufzugeben – etwa in Form von Spenden, Kündigung des bisherigen Arbeitsverhältnisses oder Abbruch von Ausbildung oder Studium, um mehr Zeit für die »gemeinsame Aufgabe« zu haben. Wer sich darauf einlässt, hat es im Anschluss deutlich schwerer, sich wieder von der Gruppierung zu lösen. Je mehr man emotional und finanziell investiert hat, desto schwerer fällt es, damit zu brechen. Gerade im Umfeld von als »Therapie« oder »Lebenshilfe« vermarkteten Gruppierungen werden Anhänger oft dazu animiert, kostenpflichtige Seminare und Fortbildungen zu absolvieren – entweder um einer vermeintlichen Erleuchtung näherzukommen oder aber um anschließend selbst als »Coach« oder »spirituelle Heilerin« tätig zu werden.

Es ist wichtig, bei Veranstaltungen von scheinbar heilbringenden Gemeinschaften ganz genau hinzuschauen: Wird Gruppendruck aufgebaut, um Teilnehmende in eine gewisse Richtung zu lenken? Werden gar Leute vor versammelter Mannschaft im Stil eines »heißen Stuhls« runtergemacht? Wird erwartet, dass Anhänger ihre intimsten Geheimnisse öffentlich teilen? Sind sich Teilnehmende dessen bewusst, dass derartige Informationen für manipulative Zwecke eingesetzt werden können – oder schlimmstenfalls beim Ausstieg als Druckmittel dienen? Gibt es Vorschriften darüber, wo Anhänger sich informieren dürfen? Wird vielleicht sogar gewarnt, Neuzugänge sollten »nicht alles glauben, was man über uns liest«, oder heißt es, die komplette Medienlandschaft werde von Feinden gesteuert?

Man sollte außerdem darauf achten, ob bei Veranstaltungen auch Methoden zum Einsatz kommen, die dazu geeignet sind, Menschen in einen Zustand der Euphorie oder Trance zu versetzen. Teilnehmende interpretieren nämlich nicht selten dadurch ausgelöste körperliche Reaktionen als spirituelle Erfahrung oder Erweckungserlebnis und binden sich infolgedessen stärker an einen Guru. In einigen esoterischen Gruppierungen werden beispielsweise exzessive Atemübungen praktiziert, die im Körper zu einer massiven Endorphinausschüttung führen. Manchmal werden bei »Therapiesitzungen« auch halluzinogene Drogen oder Amphetamine eingesetzt.[35] Auch extreme Formen von Reizüberflutung oder Isolation können körperliche Effekte hervorrufen. Vorsicht gilt ebenso bei Schlafentzug und extremen Ernährungsvorschriften.

Viele Betroffene fallen aus allen Wolken, wenn sie realisieren, an was für eine Art Gemeinschaft sie da geraten sind. Wenn man sich nicht sicher ist in Bezug auf eine Gruppierung, kann es helfen, eine der vielen Beratungsstellen zu kontaktieren. Diese veröffentlichen regelmäßig Berichte über Gurus und Gruppierungen, zu denen viele Anfragen auflaufen. In gewisser Weise fungieren Vereine wie die Sekten-Info NRW daher als eine Art Frühwarnsystem. Lange bevor große Medien berichten oder Behörden die Ermittlungen aufnehmen, haben sie oft schon Insider-Informationen von Opfern oder besorgten

Angehörigen zusammengetragen. Bei Beratungsstellen wird nicht nur juristische Beratung, sondern auch Unterstützung beim Zurückfinden ins »Leben danach« und zur Aufarbeitung problematischer Erlebnisse angefragt. Der Verein hat auf seiner Webseite daher umfassendes Informationsmaterial und Fachliteratur zusammengestellt.

Steven Hassan gilt als einer der bekanntesten Experten für destruktive Gruppen, die in den USA meist unter der Bezeichnung »cult« zusammengefasst werden. In seinen Büchern setzt er sich mit den psychologischen Mechanismen in derartigen Gruppierungen auseinander und geht der Frage nach, wie es eigentlich dazu kommen kann, dass Menschen in die Fänge von Gurus, selbst ernannten Propheten und religiösen Endzeitpredigern geraten. Dahinter steckt auch eine sehr persönliche Motivation. Hassan selbst war nämlich in jungen Jahren nicht nur Anhänger einer ebensolchen Gruppierung, sondern hatte darin sogar zeitweise eine leitende Funktion inne.

Alles begann in den frühen 1970er-Jahren während seiner Zeit am Queens College in New York. Der damals 19-jährige Hassan verspürte große Unsicherheit, was seine berufliche Zukunft anging.[36] Wie so viele Menschen in diesem Alter beschäftigten ihn die großen Fragen: Gibt es einen Gott? Warum existiert so viel Leid auf der Welt? Und wie kann ich etwas Positives bewirken? Damals interessierte er sich sehr für Philosophie und Psychologie. Sein Nachbar brachte ihn in Kontakt mit den Schriften der russischen Esoteriker Ouspensky und Gurdjieff. Beide Autoren propagierten ein spirituelles Erwachen, das durch das von ihnen vertretene Konzept des »Vierten Weges« mittels fokussierter Arbeit und speziellen Übungen ermöglicht werden solle. Hassan wäre trotzdem niemals auf die Idee gekommen, einem Kult beizutreten. Er wurde, wie so viele andere, rekrutiert.[37]

Auf dem Campus wurde Hassan eines Tages von vier jungen Leuten angesprochen. Es entwickelte sich ein Gespräch, und sie luden ihn zu einem Diskussionsabend ein. Bei der Veranstaltung fiel Hassan auf, wie glücklich alle um ihn herum zu sein schienen, das machte ihn neugierig. Von Religion war wohlgemerkt zu diesem Zeitpunkt keine Rede, vielmehr wurde ihm mitgeteilt, man beschäftige sich mit kultureller Verständigung und der Überwindung sozialer Probleme. Alle waren extrem freundlich zu ihm, und er wurde zu einem gemeinsamen Wochenende außerhalb der Stadt eingeladen. Hassan sagte zu. Auf der Fahrt hieß es dann plötzlich, dass es einen gemeinsamen Workshop mit der »Vereinigungskirche« geben werde, was Hassan zwar irritierte, aber als er gefragt wurde: »Hast du etwa Angst, wir verpassen dir eine Gehirnwäsche?«, ließ er sich darauf ein – schließlich wollte er nicht als schwach oder unsicher erscheinen.

In den darauffolgenden drei Tagen äußerte Hassan mehrfach den Wunsch, wieder nach Hause zurückzukehren, doch immer wieder hieß es, es gebe gerade niemanden, der in die Richtung fahre. Der Tagesablauf war streng durchgetaktet, er verbrachte die meiste Zeit in Kleingruppen, und es gab keinen Raum, um Zeit für sich selbst zu haben. Auf jeden Neuen kamen drei Anhänger der Vereinigungskirche, ein unbeobachteter Austausch mit den anderen Neuzugängen war nicht möglich.[38] Hassan litt zunehmend unter Schlafmangel, ließ sich aber schließlich vom Enthusiasmus der Gruppe mitreißen und kam am zweiten Tag ins Grübeln: »Was ist los mit mir? Warum scheine ich die einzige Person zu sein, die dieses Zeug infrage stellt?« An Tag drei hieß es dann, dass alle vorangegangenen Überlegungen nur den einen Schluss zuließen, und zwar, dass Gott zwischen 1917 und 1930 einen zweiten Messias zur Erde geschickt habe – ohne aber zu enthüllen, wer diese Person sein könnte. Als er einen Anhänger später fragte, warum sie ihn über ihre wahre Motivation getäuscht hatten, hieß es lediglich: »Wenn du es vorher gewusst hättest, wärst du dann gekommen?« Später sollte Hassan erfahren, dass dieses Konzept der »himmlischen Täuschung« nicht nur bei der Mitgliederwerbung, sondern auch beim Fundraising regelmäßig zum Einsatz kam.[39]

Hassan war nach diesem gemeinsamen Wochenende keineswegs überzeugter Anhänger. Aber er war zumindest so weit, nicht mehr auszuschließen, dass seine neuen Freunde recht haben könnten. Er meldete sich für ein weiteres Seminar an. Dort hieß es dann, ein großer Weltkrieg stünde bevor, wobei Satan aufseiten der Kommunisten stehen werde. Die Gemeinschaft habe es aber in der Hand, einen echten Unterschied zu machen. Für den 19-jährigen, der gerade nach seinem Platz in der Welt suchte, wirkte es so, als habe er gefunden, was er immer gesucht hatte: eine Mission. Bald schon war er überzeugt, von Gott auserwählt worden zu sein, die Botschaft der Gruppierung zu verbreiten. Ein gutes Gefühl – zunächst jedenfalls.

Er zog in das Haus der Gemeinde, ein älteres Mitglied nahm ihn unter seine Fittiche. Hassan sah in dieser Person bald eine Art Vaterfigur. Schnell stieg er in der Hierarchie der Gruppierung auf, bekam Verantwortung übertragen und griff selbst zur »himmlischen Täuschung«, um neue Anhänger zu werben. Der junge Mann brannte darauf, gegenüber seiner neuen »wahren Familie« Gehorsam und Loyalität zu demonstrieren. Er brach das College ab, um sich voll und ganz der neuen Mission zu widmen.[40] Hassan war wie elektrisiert: »Es war, als wären wir Gottes Armee inmitten eines spirituellen Krieges – die Einzigen, die jeden Tag an die Front gehen und gegen Satan kämpfen konnten.«[41]

Aber an was für eine Art von Gruppierung war der 19-Jährige überhaupt geraten? Die Vereinigungskirche, auch »Moon- oder Mun-Sekte«[42] genannt, geht auf den selbst ernannten Messias Sun Myung Moon zurück. Moon galt als äußerst charismatischer und auch unterhaltsamer Redner. Dem studierten Elektrotechniker gelang es nach der Gründung der Gruppierung im Jahr 1954, eine schnell wachsende Anhängerschaft um sich zu scharen. Obwohl die Wurzeln der Vereinigungskirche in Südkorea liegen, wurde alsbald das Ziel ausgegeben, auch international zu expandieren.

Den von Moon verkündeten »göttlichen Prinzipien« zufolge war es Adam und Eva eigentlich vorbestimmt zu heiraten und eine *vollkommene* oder *wahre* Familie zu gründen, was aber durch den Sündenfall verhindert wurde. Da Jesus starb, bevor er Gottes Familienplanung erfüllen konnte, wurde ein neuer Messias zur Erde gesandt – niemand Geringeres als Sun Myung Moon. Familie und Ehe spielen in seinem Glaubensmodell eine übergeordnete Rolle. Die Organisation selbst wird als »wahre Familie« bezeichnet, der Gründer wird »wahrer Vater« und seine Ehefrau Hak Ja Han »wahre Mutter« genannt.[43]

Im Westen ist die Vereinigungskirche vor allem für ihre aufsehenerregenden Massenhochzeiten bekannt. Im Jahr 1995 gaben etwa in der südkoreanischen Hauptstadt Seoul Zehntausende Paare einander das Ja-Wort.[44] Die kitschigen Bilder derartiger Großevents wurden allerdings von Diskussionen über arrangierte Ehen innerhalb der Gruppierung überschattet, denn bei den pompösen Massenhochzeiten wurde einigen Teilnehmenden ihr zukünftiger Lebenspartner erst wenige Tage oder Wochen vor der Zeremonie vorgestellt. Manche waren sogar extra von anderen Kontinenten angereist, wodurch Verständigungsprobleme quasi vorprogrammiert waren. Dies wurde von der Anhängerschaft gemäß ihrer Vision der »Vereinigung des Weltchristentums« aber billigend in Kauf genommen. Derartige Matchings führte Moon bis zu seinem Tod im Jahr 2012 noch selbst durch. Erst nach seinem Ableben wurden die Regeln für Eheschließungen geändert und liberalisiert. Moon zufolge ist der Nachwuchs, der aus derart gesegneten Ehen hervorgeht, ohne Erbsünde. Wer aus einer solchen »wahren Blutlinie« stamme, galt als »gesegnetes Kind«.

Moon, der 1965 erstmals die USA besuchte, verlegte 1971 seinen Wohnsitz dorthin. Zu jener Zeit, als auch Steven Hassan zur Vereinigungskirche stieß, wurde an zahlreichen Colleges und Universitäten missioniert. In diesem studentischen Umfeld, in dem viele neu in der Stadt und folglich offen für Kontakte waren, stieß die Gruppierung schnell auf offene Ohren. Dass die freundlich auftretenden Organisatoren der angebotenen Bibelkreise und Diskussionsgruppen insgeheim begeisterte Anhänger eines selbst ernannten koreanischen Propheten waren, wurde zu Beginn freilich meist verschwiegen. Über

Aktivitäten und Wochenendseminare wurden Neuzugänge nach und nach an die Gruppe gebunden, später folgte dann oft das Angebot, in ein gemeinsames Wohnprojekt zu ziehen. Die Erfahrungen Hassans waren somit in vielerlei Hinsicht typisch für den Einstieg in die Vereinigungskirche.

In Anlehnung an die biblische Geschichte von Kain und Abel wurde den Neuzugängen schnell klargemacht, dass sie Gott einiges schuldig wären. »Zweiflern wird gesagt, dass Satan in ihren Verstand eingedrungen ist und dass sie ihre Seele verlieren werden, wenn sie die Kirche verlassen«, berichtete die *New York Times* 1976.[45] »Sobald sie eingezogen sind, geben neue Mitglieder oft alles, was sie haben, an die Kirche ab. Sie brauchen sowieso kein Geld mehr«, heißt es im Artikel weiter. Wer sich entschied, fortan sein Leben Moon zu widmen, musste sich strengen Regeln unterwerfen und wurde oft für die Rekrutierung neuer Mitglieder und für das Sammeln von Spenden eingesetzt – teils über Jahre hinweg.

Während ihres Studiums Anfang der 1980er-Jahre erlebte die heutige Leiterin der Beratungsstelle Sekten-Info NRW Sabine Riede, wie die Vereinigungskirche versuchte, an ihrer deutschen Hochschule Kommilitonen zu bekehren, und kam mit enttäuschten Mitgliedern in Kontakt. Beim Besuch des damaligen Zentrums in Essen erfuhr sie, dass der Gründer Sun Myung Moon einen dritten Weltkrieg als eine Möglichkeit in Betracht ziehen würde, um den »bösen« Kommunismus zu besiegen. Für sie gab diese Erfahrung den Anstoß dafür, in der Ausstiegsberatung des kommunal-ökumenischen Arbeitskreises der Stadt Essen tätig zu werden. 1984 gründete sie mit der damaligen Vorsitzenden und engagierten Bürgern aus diesem Arbeitskreis schließlich einen Verein.

»Wir sollten alles, was wir besaßen und verdienten und vor allem uns selbst als lebendiges Opfer einbringen«, heißt es in einem anonym veröffentlichten Aussteiger-Bericht eines ehemaligen Mitgliedes der Vereinigungskirche auf der Webseite der Sekten-Info NRW.[46] »Das war auch die Begründung dafür, warum alle Mitglieder der VK [Vereinigungskirche, Anm. d. A.] einem sogenannten Mobile Fundraising Team (MFT) für 3,5 Jahre angehören sollten. 1981 war es für mich so weit. Ich arbeitete Tag für Tag, Woche für Woche, Monat für Monat fortan im MFT, um Geld zu sammeln! Wir konnten uns nur sonntags ausruhen. Vom frühen Morgen bis spät in die Nacht verkauften wir alle möglichen Produkte von Haus zu Haus, Geschäft zu Geschäft und in Gaststätten. Ich erlebte harte Zeiten und wurde sogar einmal nachts ausgeraubt. Aber ich war stolz darauf, das alles für Gottes Vorsehung, den Messias und für alle Menschen auf mich zu nehmen. Niemals behielt ich auch nur eine Mark von dem verdienten Geld. Wir wurden gelehrt, dass dies unseren Geist vergiften würde und nur sehr schwer rückgängig zu machen wäre.«

Die innerhalb der Vereinigungskirche aufgewachsene US-amerikanische Filmemacherin Cara Jones schildert in ihrem Dokumentarfilm *Blessed Child*[47], wie sie als Kleinkind zeitweise in einer speziellen Einrichtung mit anderen Kindern von Anhängern betreut wurde, weil die Eltern zur Arbeit im Dienst der Vereinigungskirche eingeteilt worden waren. Erst das Scheitern ihrer von Moon höchstpersönlich »gematchten« Ehe gab für sie den Ausschlag, mit ihrem Glauben zu brechen. Einer ihrer Brüder verließ ebenfalls die Gruppierung. Bei einem Besuch eines Instituts im südkoreanischen Chyung Pyung war versucht worden, ihm »böse Geister« auszutreiben. Mit den bösen Geistern war unter anderem seine Homosexualität gemeint. Sun Myung Moon vertrat die Ansicht, »Homosexuelle und Unzüchtige« seien »wie schmutzige Dung fressende Hunde«.

Steven Hassan beschreibt in seinem Buch *Combating Mind Control*, wie die Vereinigungskirche nach und nach sein komplettes Leben bestimmte – von seiner Arbeit bis hin zur politischen Orientierung. Im Juli 1974 nahm er mit Hunderten weiteren Mitgliedern an einer Demonstration am US-Kapitol zur Unterstützung des vom Watergate-Skandal angeschlagenen republikanischen Präsidenten

Richard Nixon teil.[48] In seinem vorherigen Leben hatte er noch mit seinem Vater über dessen konservative Haltung gestritten. Nun fand er sich überraschenderweise selbst auf der konservativen Seite des politischen Spektrums wieder. Die Unterstützung konservativer und rechter Positionen wird innerhalb der Vereinigungskirche religiös begründet: Moon interpretierte den Kalten Krieg durch die Brille seiner apokalyptischen und dualistischen Weltsicht, in der himmlische (»Abel«) und satanische Kräfte (»Kain«) beständig miteinander ringen würden, wodurch ein dritter Weltkrieg drohe. Er war überzeugter Antikommunist. In Nordkorea geboren und aufgewachsen, verbrachte Moon zunächst mehrere Jahre in einem kommunistischen Straflager, bevor er in den Süden fliehen konnte. In einem Nachruf der *taz* heißt es: »Moon hat mit Hunderten Millionen Dollar die Propagandaarbeit seiner Verbände und seiner Tageszeitung *Washington Times* für Ronald Reagan und George Bush senior geschmiert. Auch andere konservative Republikaner und die rechtschristliche Bewegung in den USA profitierten.«[49]

Als Steven Hassan am frühen Morgen des 23.4.1976 komplett übermüdet in sein Auto stieg, ahnte er nicht, dass vor ihm wohl einer der wichtigsten Wendepunkte seines Lebens liegen sollte. Angestachelt von dem unerschütterlichen Glauben an ein drohendes Unheil, war es für ihn längst nicht mehr ungewöhnlich, 21 Stunden oder sogar noch länger am Stück zu arbeiten. Aufgrund des extremen Schlafentzugs fielen Steven Hassan, der sich gerade auf dem Weg befand, einen weiteren Spendensammler der Vereinigungskirche abzuholen, am Steuer die Augen zu, wodurch das nun führerlos gewordene Gefährt mit hoher Geschwindigkeit in einen LKW krachte. Rettungskräfte mussten anschließend die Tür aufsägen, um ihn aus dem vollkommen zerstörten Wagen zu befreien.

Als er nach zwei Wochen aus dem Krankenhaus entlassen wurde, war sein Bein immer noch eingegipst, wodurch er für das Spendensammeln nicht infrage kam. Und so tat Hassan etwas, das er sehr lange nicht mehr getan hatte: Er besuchte seine Schwester. Da er als vorbildlicher Führungsnachwuchs galt, hatte seine Kontaktperson bei der Vereinigungskirche nichts gegen den Besuch einzuwenden. Vor Ort erwartete Hassan allerdings eine Überraschung. Seine Schwester hatte heimlich die Eltern kontaktiert, und diese hatten professionelle Hilfe hinzugezogen. Da saß er nun, im Wohnzimmer mit seinem Vater und sieben ihm unbekannten Menschen. Nach einigem Hin und Her willigte er schließlich ein, sich einige Tage lang anzuhören, was sie zu sagen hatten. Den Ausschlag für diesen Entschluss gab ein Gespräch mit seinem Vater. Steven Hassan hatte ihn bis zu diesem Tag nur ein einziges Mal in seinem Leben weinen sehen.[50]

Rückblickend waren wohl mehrere Faktoren dafür verantwortlich, dass die Intervention der Familie glückte. Aufgrund des Unfalls war Hassan zuvor bereits seit mehreren Tagen dem Einfluss der Gruppierung entzogen gewesen. Herausgerissen aus den engmaschigen Strukturen, hatte er endlich wieder genug Zeit, um zu schlafen, zu essen und zur Ruhe zu kommen. Mit etwas Abstand über alles nachzudenken, war wenige Wochen zuvor noch undenkbar gewesen – schließlich galt es permanent eine globale Katastrophe abzuwenden.

Sein Leben war zuvor komplett von der Vereinigungskirche bestimmt – kritische Stimmen hatten dort keinen Platz. Stets hieß es, Aussteigern ergehe es in vielerlei Hinsicht fürchterlich, und solche Menschen gelte es zu meiden. Erst die Intervention seiner Familie brachte ihn in Kontakt mit ehemaligen Anhängern der Vereinigungskirche und deren individuellen Erfahrungen. Als einer der Aussteiger Hassan mit einem Psychologie-Buch über »Gehirnwäsche« konfrontierte und ihn bat, die dort geschilderten Techniken mit den Methoden der Vereinigungskirche abzugleichen, kamen ihm erstmalig ernste Zweifel.[51] Während der fünf Tage andauernden Intervention wurde er so lange mit Argumenten und widersprüchlichen Aussagen der Vereinigungskirche und ihrer Anführer konfrontiert, bis er das erste Mal seit mehr als zwei Jahren negative Gedanken über Moon zulassen konnte. Am letzten Tag brachen schließlich die Tränen aus ihm heraus, und er weinte eine sehr lange Zeit. Im Anschluss konnte er sich endlich dazu durchringen, die Gruppe zu verlassen.

In den darauffolgenden Jahren ließ Steven Hassan die Frage nicht los, wie es dazu kommen konnte, dass er sein Leben den Ideen Sun Myung Moon untergeordnet hatte. Er kam aus gutem Elternhaus, lebte in stabilen Verhältnissen, war gebildet, intelligent und eigentlich nie stark religiös gewesen. Er schrieb sich für ein Psychologiestudium ein, beschloss seine berufliche Karriere ebendieser Frage zu widmen und beriet fortan Familien, die sich in einer ähnlichen Situation befinden wie er selbst damals.

Die Herausforderungen im Umgang sind vielfältig. Einige Organisationen bereiten ihre Mitglieder intensiv darauf vor, von Außenstehenden für ihre neuen Überzeugungen kritisiert zu werden. Diese antrainierten Verteidigungsmechanismen gilt es geschickt zu umgehen. Mitgliedern werden zudem oft Strategien eingeimpft, wie sie mit »schlechten Gedanken« umgehen sollen. Die Palette reicht von lautem Singen und dem Rezitieren spezieller Mantras über stilles Gebet bis hin zur Empfehlung, bei einem kritischen Gespräch mit Angehörigen möglichst schnell das Weite zu suchen. Flankiert wird dies oft von erlernten Strategien zum Umgang mit der eigenen inneren Zerrissenheit.

Die Autorin Amanda Montell beschreibt in ihrem Buch *Cultish: The Language of Fanaticism* zahlreiche sogenannte »thought-terminating clichés«, also also sozusagen Gedankenstopp-Strategien, mit deren Hilfe kritisches Denken kontinuierlich unterdrückt wird.[52] »Wahrheit ist ein Konstrukt«, »Nichts davon bedeutet etwas auf der kosmischen Ebene!«, »Lass dich nicht von deinem Ego beherrschen!«, heißt es da beispielsweise. Derartige Phrasen kommen vor allem dann zum Einsatz, wenn Anhänger kognitive Dissonanz erleben – also wenn die jeweilige innere Überzeugung nicht mit der Realität in Einklang gebracht werden kann. Gefühle von Unsicherheit, Zweifel oder Angst werden in vielen Gruppierungen außerdem als »einschränkende Glaubenssätze« markiert, die für das spirituelle Wachstum nur hinderlich seien. Manchmal heißt es gar, derartige Gefühle seien eine normale Begleiterscheinung der »spirituellen Reise«, und wahre Stärke zeige sich darin, sich nicht von seiner inneren Stimme beirren zu lassen. Derartige Immunisierungsstrategien gegen Kritik können eine massiv toxische Wirkung auf Betroffene entfalten. Nach dem Ausstieg muss manchmal erst wieder mühsam erlernt werden, bestimmte Gefühle überhaupt zuzulassen und auf das eigene Bauchgefühl zu hören.

Sprache kann ein mächtiges Werkzeug sein, um die Wahrnehmung in Bezug auf die Außenwelt und Gruppenideologien zu formen. Durch eine Art gemeinsame Sprache wird ein Gefühl von Gemeinschaft kreiert und der Eindruck vermittelt, zu einem auserwählten Kreis von »Eingeweihten« zu gehören. Die Anhänger Applewhites unterwarfen sich detaillierten Sprachregeln, nach denen beispielsweise Orte wie die Küche im Stil von Science-Fiction-Filmen »nutralab« (angelehnt an »nutrition«, englisch für Ernährung, und »lab« für Labor) benannt wurden. So war der Traum vom Weltraum im Alltag stets präsent.[53] Hassan beschreibt, dass Konflikte mit Angehörigen außerhalb der Vereinigungskirche meist als »Kain-Abel-Problem« diskutiert wurden, wodurch automatisch eine Wertung mitschwang. Bei Scientology existiert sogar ein eigenes Wörterbuch, in dem sowohl eigens erfundene Begriffe stehen als auch Wörter umgedeutet werden.[54] »Für Scientology bedeutet Ethik das blinde Befolgen aller Anweisungen und Befehle der Organisation und somit totalen Gehorsam und manipulatorische Umerziehung«, schreibt hierzu das Bayerische Landesamt für Verfassungsschutz. Nicht nur bei Heaven's Gate, sondern auch bei zahlreichen anderen Gruppierungen ist es zudem üblich, dass die Mitglieder im Rahmen einer Initiation neue Namen annehmen, um so auch symbolisch mit dem alten Ich zu brechen.

Das Leben außerhalb der Gemeinschaft wird vom Anführer meist in düsteren Farben ausgemalt. Um dem etwas entgegenzusetzen, kann es als Außenstehender helfen, die Person nach ihren Wünschen, Interessen und Träumen abseits des Lebens in der Gruppierung zu fragen. Ein Beispiel hierfür wäre die Frage, was sie als Kind oder Teenager gern gemacht habe. Durch beständiges Nachhaken sollte dieses Bild möglichst konkretisiert werden, sodass es für den anderen greifbarer wird.

Eine weitere Möglichkeit ist auch die genauere Betrachtung der Motivation, welche zu dem Beitritt in diese Gruppierungen geführt hat. Könnte hinter der Hinwendung zu einem Guru nicht ein ganz anderes Problem stecken, vor dem der Betroffene sozusagen weggerannt ist? Oder aber man fragt, was eigentlich damals der erste persönliche Eindruck von dem jeweiligen selbst ernannten Propheten oder der Gruppierung war. Denn oft verdrängen Mitglieder, dass sie zu Beginn durchaus Zweifel hatten und ihnen einiges bereits auf den ersten Blick äußerst merkwürdig erschien.

Generell gilt, dass eine längere Periode ohne Kontakt zur Gruppe – etwa in Form eines Besuchs bei Freunden oder Verwandten oder aber durch einen gemeinsamen Urlaub – dem Anhänger helfen kann, mit mehr Abstand auf das Ganze zu schauen und andere Perspektiven zuzulassen. Bei der Vorbereitung einer Intervention können mitunter Rollenspiele und das Durchgehen möglicher Gesprächsverläufe in Form eines inneren Monologs helfen. In jedem Fall ist zu empfehlen, möglichst zeitnah professionelle Hilfe etwa in Form einer Beratungsstelle hinzuzuziehen.

In der Gedankenwelt von Anhängern sogenannter »High-Control Gruppen«, so Hassan, tobt ein beständiger Kampf zwischen ihrem alten Selbst und der von der Gruppierung bestimmten neuen Identität.[55] Der Schlüssel, um zu Betroffenen durchdringen zu können, liegt auf der Ebene ihres alten Selbst verborgen. Es gilt, die durch die neuen Überzeugungen systematisch unterdrückten Gefühle und Erinnerungen wachzurütteln, um Anhänger so dazu zu bewegen, wieder auf alte soziale Kontakte wie Freunde und Familie zuzugehen.

Der Fall von Heaven's Gate und Gail Maeder macht leider deutlich, dass es keine Erfolgsgarantie für eine Intervention vonseiten der Familie gibt. »Den Weg nach draußen müssen die Menschen selbst finden«, sagt auch die Ausstiegsberaterin Sabine Riede. »Es gibt nicht das eine Zauberwort, das man sagen kann. Das versuchen wir Angehörigen auch immer zu vermitteln.« Gails Eltern entschlossen sich nach dem Tod ihrer Tochter, an die Öffentlichkeit zu gehen, um aufzuklären und zu warnen. Denn die auch heute noch verbreitete Annahme, »ganz normalen Leuten« könne es niemals passieren, an einen Guru zu geraten, ist nicht nur falsch, sondern auch gefährlich.

Kapitel 8

Zwischen Klangschalen und Reichskriegsflagge: Esoterik als Einstieg in rechtsextreme Gruppierungen

Wir befinden uns in Berlin. Es ist Samstag, der 29. August 2020, und die Coronapandemie hat Deutschland noch fest im Griff. Auf den Straßen Deutschlands wird zu diesem Zeitpunkt bereits seit Monaten zumindest vorgeblich gegen die staatlichen Schutzmaßnahmen protestiert. An diesem Tag demonstrierten rund 30.000 Menschen in Berlin – darunter bekannte Rechtsextreme, Reichsbürger und Verschwörungsideologen.[1] Unter ihnen war auch die Heilpraktikerin Tamara K. aus Roetgen in Nordrhein-Westfalen. »Ich setze andere Prioritäten in meinen Behandlungen als herkömmliche Schulmediziner«, schrieb die Eiflerin 2019 auf ihrer inzwischen nicht mehr erreichbaren Homepage. »Für mich ist es wichtig, nicht nur die Symptome, sondern auch die Ursachen zu behandeln. Ich möchte der Krankheit ›auf den Grund‹ gehen, nur so kann auch eine wirkliche Heilung stattfinden.« Darüber prangte ein Zitat des Esoterikers Rudolf Steiner.

Die Frau mit blonden Dreadlocks und bunten Armbändern sieht auf den ersten Blick nicht wie das aus, was man sich unter einer Person vorstellt, die laut Recherchen des *Tagesspiegel* den Reichsbürgern nahe stehen soll.[2] Tamara K. war allerdings diejenige, die am 29. August 2020 dazu aufrief, die Treppen des Reichstagsgebäudes zu stürmen. Mit heiserer Stimme schrie sie kurz zuvor ins Mikro: »Wir brauchen Masse. Wir müssen jetzt beweisen, dass wir alle hier sind. Und wir gehen da drauf und holen uns heute, hier und jetzt, unser Hausrecht zurück.«[3] Am Vorabend der versuchten »Erstürmung« protestierte sie mit anderen vor der russischen Botschaft in Berlin. »Wir werden morgen vereint dafür sorgen, dass diese BRD-Fake-Regierung abgewickelt wird! Wir wollen den Friedensvertrag«, rief sie dort und bat die russische Botschaft, »auf uns aufzupassen, wir werden morgen für unsere Freiheit kämpfen«.[4] Unter den Applaudierenden waren zahlreiche Reichsbürger und Anhänger der verschwörungsideologischen QAnon-Gruppierung.

Laut den Recherchen des Journalisten Lars Wienand für *t-online* begann der rechte Aktivismus von Tamara K. nicht erst während der Coronapandemie. So soll die Heilpraktikerin bereits seit 2019 bei den Aachener »Gelbwesten« aktiv gewesen sein und Proteste vor Ort angemeldet haben.[5] Die Gelbwesten-Bewegung stammt ursprünglich aus Frankreich und organisierte ab November 2018 Demonstrationen gegen die Regierung des französischen Präsidenten Emmanuel Macron. Es tummelten sich gerade bei den internationalen Ablegern auch immer wieder Rechtsextreme unter den Wortführern.[6] Auch zu QAnon gab es bei Tamara K. vorherige Bezüge, wie verschiedene Recherchen zeigten.[7] Nach außen hin gleicht die Heilpraktikerin den vielen Teilnehmenden der »Coronaproteste« im August 2020, die Beobachter zu dem Urteil veranlassten, wie »bunt« denn diese Bewegung sei, wie heterogen. Ihr Fall verdeutlicht: Vom Äußeren allein lässt sich nicht auf die politische Haltung einer Person schließen.

Im Nachgang der versuchten »Stürmung« des Reichstagsgebäudes entbrannte eine öffentliche Debatte darüber, wie es sein kann, dass Rechtsextremismus und Esoterik immer wieder Hand in Hand gehen. Viele meinen, dass Esoteriker – womöglich wegen ihres »alternativ« wirkenden Auftretens – alle eigentlich politisch links einzuordnen wären. Für Beobachter der Szene waren diese Überschneidungen allerdings weder neu noch überraschend.[8] Experten sprechen diesbezüglich auch von »brauner Esoterik«, also rechtsextrem geprägter Esoterik.

Um die Verquickung zwischen Rechtsextremismus und Esoterik besser verstehen zu können, muss man historisch zurückgehen in die Zeit, die vielen als Beginn der westlichen Esoterik gilt – zur Begründung der Theosophie durch Helena Blavatsky. Helena Petrovna Blavatsky wurde 1831 im damals zum Russischen Reich gehörenden Dnipropetrowsk geboren. Blavatsky verließ Russland 1849 und bereiste in den darauffolgenden Jahren Europa, Afrika, Amerika und Asien. Im Jahr 1875 gründete die Esoterikerin und Okkultistin in New York die Theosophische Gesellschaft. Das Wort Theosophie stammt aus dem Griechischen und meint »göttliche Weisheit«. 1888 erschien Blavatskys bekanntestes Werk, das Buch *Geheimlehre*, welches das Gedankengut vieler nachfolgender Generationen von Esoterikern prägen sollte.[9]

Blavatskys Lehren lassen sich wohl am treffendsten als Konglomerat verschiedenster religiöser und mystischer Elemente beschreiben. In ihrer »Geheimlehre« entwarf Blavatsky nicht weniger als eine eigenständige Erzählung der Menschheitsgeschichte. Der Okkultistin zufolge hat sich die Menschheit im Laufe ihrer Existenz zunehmend weiterentwickelt und schließlich in fünf verschiedenen »Wurzelrassen« ausdifferenziert. Die menschliche Evolution der »Wurzelrassen« begann demzufolge vor Millionen von Jahren mit der »astralen Wurzelrasse« und soll mit der »Rasse der Buddhas« enden.[10] In der ersten »Wurzelrasse« seien Menschen noch körperlos gewesen, heißt es. Die zweite soll einen »äthero-physischen Körper« und einen »psycho-spirituellen« Geist besessen und in der Nähe des Nordpols gelebt haben, die dritte »Wurzelrasse« soll hingegen an antike Gottheiten erinnern. Die vierte »Wurzelrasse« wird schließlich auf dem sagenumwobenen versunkenen Kontinent Atlantis verortet.

Blavatsky ging davon aus, dass die »germanisch-angelsächsische Wurzelrasse« bzw. die »arische Wurzelrasse« die spirituell höchste Stufe darstellt, die der Mensch derzeit erreichen kann. Für die Zukunft sagte Blavatsky die Entstehung zweier weiterer »Wurzelrassen« vorher: Die sechste »Wurzelrasse« soll sich herausbilden, wenn ein neuer Kontinent auftaucht, der Schutz vor anstehenden Katastrophen bietet. Aus der siebten und höchsten »Wurzelrasse« soll der »letzte Messias«, auch »Maitreya Buddha« genannt, hervorgehen.

In Blavatskys »Wurzelrassen«-Einteilung erhalten Jüdinnen und Juden eine Sonderrolle, wie das Jüdische Forum für Demokratie und gegen Antisemitismus anmerkt. Sie schreibe ihnen zu, »ein abnormes Bindeglied« zwischen den Wurzelrassen zu sein«. Weiter analysiert das Forum: »Durch die spirituelle Wertigkeit legitimiert Blavatsky unter anderem auch die Vorherrschaft der Weißen gegenüber anderen Völkern. Zudem würde eine ›große weiße Bruderschaft‹ den ›Weltenplan‹ bestimmen.«[11]

Aus der Theosophie Blavatskys spalteten sich wiederum unterschiedliche Subgruppen ab, die jeweils verschiedene Schwerpunkte setzten. Zwei wichtige sind die Ariosophie und die heute wohl weitaus bekanntere Anthroposophie. Der Begründer der Anthroposophie, Rudolf Steiner, kritisierte die Lehre Blavatskys als nicht christlich genug und gründete seine eigene Denkschule, aus der sich Waldorfschulen, biodynamische Landwirtschaft, »anthroposophische Medizin« und andere Ansätze entwickelten. Peter Staudenmaier, Geschichtsprofessor an der Marquette University in Milwaukee, Wisconsin, beschreibt die ideologische Einbettung der Lehren Steiners wie folgt: »Ausgehend von Blavatskys entwicklungstheoretischem Ansatz baute Steiner eine Evolutionslehre der Völker- und Rassengruppen auf, wonach die menschliche Seele durch aufeinanderfolgende Verkörperungen in immer ›höheren‹ Rassen geistig wie leiblich fortschreitet. Diese Stufenleiter der Rassen steht im Mittelpunkt von Steiners esoterischem Verständnis der Gesamtentwicklung der Menschheit, vom Verhaftetsein in der Materie hin zur geistigen Vervollkommnung.«[12]

Als weitere Abspaltung der Theosophie bildete sich 1915 die unter anderem durch den Wiener Schriftsteller Guido von List geprägte Ariosophie heraus, die propagierte, dass »Arier« die am höchsten entwickelte menschliche »Wurzelrasse« seien. Blavatskys Thesen wurden zudem mit Elementen aus der germanischen und nordischen Mythologie angereichert. Innerhalb der Ariosophie wurde den Germanen eine besondere spirituelle Rolle zugeschrieben. Es wurde außerdem davon ausgegangen, eine Germanen-Priesterkaste namens »Armanen« habe okkulte Wahrheiten in Runenform überliefert.[13] Das Gesellschaftsmodell war rassistisch organisiert, »minderrassige« Menschen sollten sich den als spirituell überlegen angesehenen »Ariern« unterordnen. Esoterische Zirkel, die im Umfeld der Ariosophie entstanden, vertraten zutiefst antidemokratische Haltungen. Der antisemitische Mythos der jüdischen Weltverschwörung, an den auch die NSDAP anknüpfte, war dort weit verbreitet. Laut der Autorin und Esoterik-Expertin Claudia Barth lässt sich Faschismus jedoch nicht allein aus esoterischen Gedanken heraus erklären, obgleich eine Kompatibilität zwischen esoterischem Gedankengut und faschistischer Ideologie existiere.[14]

Das Verhältnis zwischen Esoterik und Nationalsozialismus war vielschichtig. So gab es personelle Überschneidungen zwischen Vorläuferorganisationen der NSDAP und der ariosophisch geprägten Thule-Gesellschaft aus Bayern. Unter den rund 1.500 Mitgliedern fanden sich unter anderem der spätere Hitler-Stellvertreter Rudolf Heß, der Herausgeber des Propagandablatts *Der Stürmer,* Julius Streicher, und der Chefideologe der NSDAP, Alfred Rosenberg.[15] Zwar betonte Hitler 1938, ein »Einschleichen mythisch veranlagter okkulter Jenseitsforscher« dürfe »in der Partei nicht geduldet werden«[16], allerdings wurde innerhalb der NSDAP gleichzeitig immer wieder Bezug genommen auf esoterische und okkulte Versatzstücke.

SS-Chef Heinrich Himmler schuf eigene Weihestätten und spirituell-geistige Zentren wie die Wewelsburg und hielt sich selbst angeblich für die Reinkarnation von König Heinrich I.[17] »Der auf […] Blavatsky (1831–1891) zurückgehende völkische Okkultismus inspirierte Heinrich Himmler und seinen esoterisch ausgerichteten Rassismus, der verschiedene geistige Strömungen der 1920er-Jahre aufsog«, urteilen der Universitätsprofessor für Erziehungswissenschaft an der Universität Dresden, Carsten Heinze, und der Publizist Marcus Stiglegger.[18] Unter dem Dach des SS-Ahnenerbes wurden sogar esoterisch geprägte Forschungsreisen organisiert. Die Suche nach dem versunkenen Kontinent Atlantis war dort ebenso Thema wie Expeditionen nach Tibet zwecks Untersuchung eines angeblich unterirdischen mystischen Reiches.[19] Das wurde später auch von Hollywood beispielsweise in der *Indiana-Jones*-Reihe aufgegriffen. »Der geistige Überbau, der Himmel, aus dem der deutsche Faschismus sich seiner Ideologie bediente, war bevölkert von germanischen Göttern, heidnischen Hexen, tibetischen Geheimkammern und nordischen Lichtwesen«, so die Autorin Claudia Barth.[20]

Hitler-Stellvertreter Rudolf Heß glaubte an Astrologie und Hellsehen und zeigte Interesse an biodynamischer Landwirtschaft.[21] Zwar ging die NSDAP gegen viele der im Zuge der Lebensreform-Bewegung entstandenen Zusammenschlüsse vor, deren Weltbild mit den Vorstellungen der Nationalsozialisten kollidierte. Es gab aber auch durchaus Siedlungen, in denen die Machtergreifung ausdrücklich begrüßt wurde. Nationalistische und völkische Elemente spielten bei so mancher lokalen Gruppe bereits vor 1933 eine Rolle.

Demeter veröffentlichte 2020 eine Stellungnahme, in der es hieß, es habe in der biodynamischen Bewegung »Persönlichkeiten« gegeben, »die in engem Kontakt mit Nationalsozialisten bis in die obersten Hierarchieebenen standen, Gemüsegärten in Konzentrationslagern wurden biodynamisch bewirtschaftet, und auf der Titelseite der damaligen biodynamischen Fachzeitschrift *Demeter* wurde dem ›Führer‹ zum Geburtstag gratuliert.«[22] 1941 wurden allerdings zahlreiche von der NSDAP als okkult eingestufte Organisationen im Rahmen der »Aktion Heß« verboten. Darunter auch Vorgängerorganisationen des anthroposophisch geprägten Verbands Demeter. In seiner heutigen Satzung heißt es, man trete rassistischen und fremdenfeindlichen Bestrebungen entschieden entgegen.

Die Impfablehnung jener Zeit war immer wieder antisemitisch aufgeladen. Der NSDAP-Gauleiter von Mittelfranken und Herausgeber des antisemitischen Hetzblattes *Der Stürmer*, Julius Streicher, schrieb 1935, dass die Impfung eine »Rassenschande« sei. »Hinter einer gesetzlichen Impfpflicht aus dem Jahr 1874 verortete Streicher jüdische Abgeordnete«, schreibt der *Standard* dazu. Im von Streicher herausgegebenen Hetzblatt fanden sich zudem antisemitische Karikaturen, in denen Impfungen verteufelt wurden.[23]

Auch nach 1945 spielten rassistisch und antisemitisch geprägte Mythen und okkulte Einflüsse weiterhin eine Rolle. »Legenden von ehemaligen ›arischen Hochkulturen‹ sowie die Verklärung von Runen, Hakenkreuzen und Kultstätten zu erhabenen Zeichen einer nordischen ›Urreligion‹ füllen Dutzende von Büchern, Zeitschriften, Videos und Internet-Seiten«, schreibt der Autor Rüdiger Sünner in seinem Buch *Schwarze Sonne: Entfesselung und Mißbrauch der Mythen in Nationalsozialismus und rechter Esoterik*.[24]

Vielen Menschen gilt New Age auch heute noch als Synonym für eine an freiheitlichen Werten orientierte Hippie-Bewegung. Menschenverachtende Positionen, Ablehnung von Wissenschaft und autoritär aufgebaute Gruppierungen spielten jedoch von Beginn an auch in esoterischen Zirkeln der Hippie-Ära eine Rolle. Wie gut esoterisch-rassistische Weltbilder mit New-Age-Ideen harmonieren konnten, zeigt das Beispiel der in den 1960er-Jahren gegründeten neonazistischen US-amerikanischen Gruppe National Socialist Kindred. Die Anti-Establishment-Haltung der Hippies faszinierte den Gründer Joseph Turner – zumindest anfänglich. Der britische Historiker Nicholas Goodrick-Clarke schreibt, dass Turner mit den Ausstiegsfantasien ebenso sympathisierte wie mit dem Ansatz, das System durch Verweigerung zu zerstören.[25] Turner, ein Vietnamveteran, hatte den Plan, in Nordkalifornien eine weiße separatistische »Volksgemeinschaft« namens Volksberg zu gründen. Erklärtes Ziel war, eine faschistische esoterische Bewegung aufzubauen.[26]

Überlappungen zwischen menschenverachtenden Ideologien und Esoterik lassen sich auch heutzutage beobachten. Ein von uns untersuchter Telegram-Kanal zeigt recht eindrücklich, wie kurz der Weg von esoterischen Glücksversprechen hin zu rechtsextremem Gedankengut sein kann. Neben szeneüblichen knallbunten Grafiken mit spirituellen Sinnsprüchen werden hier Informationen über Magic Mushrooms sowie die vermeintlichen Weisheiten eines Schamanen verbreitet. Bereits nach wenigen Sekunden stoßen wir beim Scrollen auf ein Video. Unterlegt mit kitschig-patriotischer Musik wird ein Bild von Adolf Hitler eingeblendet mit der Untertitelung »Die größte Geschichte, die jemals erzählt wurde« und »Die Lügen werden nicht für immer die Wahrheit verbergen«. Weiter geht es mit antisemitischen Mythen und einer Werbung für ein Buch über Hitlers angebliches Versteck in Argentinien. Auch Erörterungen zu sogenannten Reichsflugscheiben, dem skurrilen Mythos angeblicher Nazi-UFOs, tauchen auf. Das Video endet mit einem Bild Hitlers zusammen mit weiteren NS-Schergen und folgendem Zitat: »Sie haben euch gesagt, dass wir Monster sind. Wir waren die letzten Krieger, die das satanische jüdische Bankenkartell bekämpften, das euch heute beherrscht.« Das Video kommt auf knapp 40.000 Views und stammt ursprünglich aus einem deutschen QAnon-Kanal auf Telegram. Weder der Messengerdienst noch Behörden scheinen etwas gegen diese Inhalte zu unternehmen – wie so häufig. Von Kanälen wie diesem ausgehend, werden Menschen immer tiefer in den Kaninchenbau rechtsesoterischer Gruppen und Kanäle gelotst.

Braune Esoterik wird jedoch nicht nur dort praktiziert, wo ein klares menschenverachtendes Weltbild erkennbar ist. Manchmal scheint es sogar, als wäre man nicht mal bei einer harmlos anmutenden Rückengymnastik sicher vor ihren Einflüssen – wie das Beispiel des sogenannten Runen-Yoga zeigt. Der von der Schule der rechtsextremen Ariosophie beeinflusste Friedrich Bernhard Marby schuf zu Beginn des 20. Jahrhunderts mit Mitstreitern eine eigene Form des Yogas –

das Runen-Yoga, das mitunter sogar nackt praktiziert wurde.[27] In den 1970er-Jahren erfuhr das Runen-Yoga ein Revival, wobei aber nicht alle heute Praktizierenden sich konkret auf Marby oder sein Buch *Rassische Gymnastik als Aufrassungsweg* beziehen.[28] Die Frage bleibt daher, ob das Verschweigen des problematischen Hintergrunds im jeweiligen Einzelfall Kalkül ist – eine Strategie, die einem häufig bei brauner Esoterik begegnet – oder tatsächlich als Akt der Distanzierung gemeint ist. Und viel konkreter stellt sich die Frage: Wie erkennt man denn nun, ob beispielsweise das eigene Yoga-Studio harmlos ist oder dazu beiträgt, dass rechtsextreme Positionen in der Gesellschaft normalisiert werden?

Es gibt einige ideologische Versatzstücke, auf die man achten sollte, um frühzeitig zu merken, wann etwas problematisch werden könnte. Die wichtigsten werden wir im Folgenden vorstellen:

Rechtsoffener Okkultismus und Neuheidentum. Okkultismus beschreibt eine ganze Bandbreite esoterischer und mystischer Praktiken. Unter den Begriff kann man Astrologie und Magie genauso zählen wie Hellsehen oder Pendeln. Unter Neuheidentum wiederum versteht man unter anderem Anhänger nordisch-germanischer Mythologie. Hierbei gibt es allerdings historisch bedingt Anknüpfungspunkte für rechtsextreme Gruppierungen. »Aus dieser Mythologie hatten die Nationalsozialisten für ihre Symbolik und Rassenideologie geschöpft. Sie sahen diese germanische Religion als Teil der deutschen Kultur und Überlegenheit«, schreibt die Landeszentrale für politische Bildung Brandenburg.[29]

Neuheidentum und Okkultismus können zum Türöffner für menschenfeindliche Haltungen und Gruppierungen werden. Gerade dann, wenn Okkultismus auf vermeintlich germanische Mythen und Überlegenheitsfantasien trifft, ist Vorsicht geboten. Symbole wie beispielsweise den sogenannten Thorshammer findet man als Schmuckstück sowohl bei Esoterikern, Metal-Fans als auch bei Rechtsextremen. Er ist an sich kein rechtsextremes Symbol, sondern steht für Stärke und Tatkraft in Anlehnung an den germanischen Donnergott Thor. In rechtsextremen und völkischen Kreisen wird er aber als Symbol für völkische Verbundenheit und Kampfgeist verstanden.

Runen sind alte Schriftzeichen der Germanen, die in unterschiedlichen Strömungen der Esoterik eine Rolle spielen. Sie wurden aber auch während des Nationalsozialismus für die NS-Propaganda eingesetzt und haben bis heute eine Strahlkraft in die Neonazi-Szene. Der Wiener Ariosoph Guido List veröffentlichte 1907 *Das Geheimnis der Runen*, ein Buch, das noch heute in Teilen der Esoterik-Szene aufgegriffen wird. Runen waren für List eine Art Urschrift der Welt. Diese Ansicht vertrat auch Herman Wirth, der gemeinsam mit dem SS-Chef Heinrich Himmler die »Forschungsgemeinschaft Deutsches Ahnenerbe« der SS gründete.[30] Rechtsextreme und Neonazi-Gruppierungen beziehen sich oft auf die nordische Mythologie, germanische Runen und keltische Symbole. »Sie knüpfen damit an völkisch-okkulte Vordenker an, die den esoterischen Flügel des Nationalsozialismus beeinflussten«, schreibt das Informations- und Dokumentationszentrum für Antirassismusarbeit in Nordrhein-Westfalen (IDA-NRW).

Die Verwendung von Runen hat manchmal aber auch strategische oder juristische Gründe. »Statt bekannter Symbole des Nationalsozialismus (NS) wie Hakenkreuz und doppelte S-Rune werden vor allem Zeichen benutzt, die nicht jeder Mensch eindeutig mit Hitler-Deutschland assoziiert. Insbesondere Runen scheinen ein probates Mittel der rechtsextremen Szene zu sein, da es keine gesicherte Überlieferung ihrer tatsächlichen Bedeutung gibt«, so das IDA-NRW.[31]

Auch die »Schwarze Sonne«, die als zwölfarmiges Hakenkreuz gedeutet werden kann, war in okkultistischen Kreisen im Nationalsozialismus sehr beliebt. Es handelt sich hierbei allerdings nicht um eine Rune historischen Ursprungs, sondern vielmehr um eine Schöpfung der Moderne.[32] Die Herkunft des Begriffs ist umstritten, es gibt aber Vermutungen, dass die »Schwarze Sonne« auf das Konzept des

»schöpferischen Lichts« der Okkultistin Helena Blavatsky zurückgeht.[33] Nach 1945 hat das Zeichen in Teilen der rechtsextremen Szene das Hakenkreuz abgelöst. Die »Schwarze Sonne« wurde zum Symbol für eine mystische Energie, die den »Ariern« zu neuer Stärke verhelfen sollte. Sie wird bis heute von Neonazis und Rechtsextremen genutzt.

Durch das scheinbar harmlose Zelebrieren germanischer Bräuche versuchen Rechtsextreme schon seit Längerem an andere gesellschaftliche Gruppen anzudocken. So kann es auch passieren, dass sich zur Sommersonnenwende naturverbundene Esoteriker und Rechtsextreme auf derselben Veranstaltung wiederfinden. Die Sonnenwende beschreibt den Moment, in dem die Sonne den höchsten oder tiefsten Abstand zum Himmelsäquator hat. Die Sommersonnenwende markiert den längsten Tag des Jahres und wird deshalb an vielen Orten der Welt gefeiert. Im Nationalsozialismus wurde diese »altgermanische Tradition« wiederbelebt und sogar zum offiziellen Feiertag erklärt. Auch heute versuchen Rechtsextreme und Neonazis entsprechende Veranstaltungen für sich zu nutzen. Besondere Relevanz hatten dabei die Externsteine im Teutoburger Wald. Die Felsformation ist Schauplatz von Sommersonnenwende-Feiern, bei denen sich seit den 1960er-Jahren Medienberichten zufolge immer wieder Hippies und Esoteriker neben eindeutigen Neonazis ans Lagerfeuer gesellten.[34]

Karma und Wiedergeburtsvorstellungen. Laut einer bevölkerungsrepräsentativen Umfrage in Österreich aus dem Jahr 2018 glaubten 72 Prozent der Befragten, dass eine gute Handlung positives Karma erzeugen würde. Rund 16 Prozent meinten sogar, dass man nach dem Tod als anderes Lebewesen wiedergeboren werde.[35] Das Karmakonzept entstammt ursprünglich verschiedenen Religionen, wie Hinduismus oder Buddhismus, und ist dort eng mit dem Glauben an Wiedergeburt verwoben. Sowohl die Theosophie als auch Teile der New-Age-Bewegung haben Versatzstücke aus diesen religiösen Konzepten entnommen und in ihre esoterischen Weltbilder eingewoben.

Karma meint vereinfacht gesagt: »Wenn du Gutes tust, wird dir auch Gutes widerfahren.« Das allein klingt erst einmal harmlos und erhöht vielleicht sogar die Motivation, in der Welt Gutes zu tun. In der Psychologie wird, wie wir bereits im ersten Kapitel beschrieben haben, eine solche Haltung als »Glaube an eine gerechte Welt« bezeichnet. Man denkt, es gebe eine höhere Macht in der Welt, die eine Art übergeordnete Gerechtigkeit erzeugt. Ein solcher Ansatz kann allerdings leider manchmal menschenverachtende Züge tragen. Das Karmakonzept kann nämlich auch wie folgt gedeutet werden: »Wer Schlechtes tut, dem widerfährt Schlechtes.« Krankheiten sind dann plötzlich selbst verschuldet. Schlechte Taten im vorherigen oder jetzigen Leben werden mit Krebs oder einer Pandemie bestraft.

Es gibt auch Ansätze, in denen es sogar heißt, die gesamte Weltgeschichte sei karmisch vorherbestimmt. Bereits die Begründerin der Theosophie, Helena Blavatsky, vertrat im 19. Jahrhundert die Ansicht, die Ermordung ganzer Bevölkerungsgruppen lasse sich durch vermeintliche »karmische Notwendigkeiten« rechtfertigen. Der dänische Buddhist Ole Nydahl, auch bekannt als Lama Ole, ging davon aus, dass Völker oder Nationen eine Art kollektives Karma haben. Seiner Auslegung nach lehrte Buddha, dass alles Ursache und Wirkung sei.[36] Auch wenn es laut Nydahl nicht leicht zu verstehen sei, in Anbetracht all des Leides auf der Welt, wie »die 50 Millionen tote[r] Russen, die der Stalin umgebracht hat, oder die sechs Millionen Juden im Zweiten, im Dritten Reich, oder die 1,5 Millionen Kambodschaner bei Pol Pot oder die vielen Getöteten unter Khomeini und die Gefolterten und so weiter. [...] Wenn man sich das alles anschaut, dann kann es schon schwierig sein, das kann ich schon verstehen, dass das Ursache und Wirkung sein soll. [...] So, es gibt wohl keine andere Erklärung, als dass wir die Sachen selbst verursachen«.[37] Lama Ole ist mit seiner Auslegung des Karmakonzepts kein Einzelfall.

Der Berliner Yoga-Lehrer Mathias Tietke beschrieb gegenüber der *Jüdischen Allgemeinen* eine problematische Begegnung in der Yoga-

Szene: »Ich habe da von [einer Yoga-Dozentin] zu hören bekommen, ich müsse nur lange genug meditieren, um anzuerkennen, dass es das Karma der Juden war, vernichtet zu werden.«[38] Matthias Pöhlmann berichtet in seinem Buch *Rechte Esoterik* von der Verurteilung des Berliner Reinkarnationstherapeuten und esoterischen Schriftstellers Tom Hockemeyer wegen Volksverhetzung, Beleidigung und Verunglimpfung des Andenkens Verstorbener. Hockemeyer ging davon aus, dass die Schoa aufgrund einer höheren karmischen Gerechtigkeit erfolgt sei.[39]

Mithilfe des Karmakonzepts kann also nicht nur eine Schuldumkehr betrieben werden, wodurch Krankheiten oder Behinderungen als Folgen eines persönlichen Versagens in einem früheren Leben gelten. Mithilfe solcher Konzepte lassen sich auch Verbrechen wie die des Nationalsozialismus auf Millionen von Opfern umwälzen.

Manichäisches Weltbild. Hinter dem sperrigen Begriff verbirgt sich die Vorstellung, die Welt werde grundsätzlich von guten und bösen Mächten beherrscht. »Das »Böse« existiert [...] nicht einfach für sich, sondern es stellt eine existenzielle Bedrohung für das Gute dar. [Die Anhänger] sehnen sich nach der Apokalypse, da sie nicht nur einen gewaltsamen Ausbruch aus der gefühlten Hilflosigkeit verspricht, sondern eine neue Weltordnung, in der nur noch das Gute und keine Widersprüche mehr existieren«, schreiben die beiden Experten für Verschwörungsideologien, Melanie Hermann und Jan Rathje, dazu.[40] Innerhalb der Esoterik findet sich der Gut-Böse-Dualismus des Manichäismus auf verschiedenen Ebenen wieder. Immer wieder ist etwa vom Kampf des »Lichts« gegen »Kräfte der Finsternis« die Rede. Wenn Esoterik-Anhänger infolge eines derartigen dualistischen Denkens sich selbst und die eigene Gruppe auf der Seite des Guten verorten und »nicht spirituell Auserwählte« pauschal aburteilen, kann das Probleme nach sich ziehen. Ein differenziertes Gespräch ist dann nämlich kaum noch möglich. Wer das Weltbild kritisiert, wird schnell als »Agent des Bösen« wahrgenommen, den es womöglich sogar zu bekämpfen gilt. Das betrifft nicht nur Außenstehende, sondern auch diejenigen, die eigentlich diesem Milieu angehören, aber Kritik üben oder als Konkurrenz wahrgenommen werden.

Derartige Vorstellungen sind wiederum anschlussfähig für populistische Denkmuster. Da wird dann beispielsweise das gute »Volk« einer stets korrupten Elite gegenübergestellt. Narrative eines Kampfes zwischen »Licht« und »Dunkelheit« tauchen zudem häufig in der braunen Esoterik auf. Die Autorin und Esoterik-Expertin Claudia Barth hat zahlreiche Texte von bekannten Ariosophen aus dem frühen 20. Jahrhundert studiert und schreibt, Juden galten innerhalb dieser Kreise als »die »natürlichen Feinde« der arischen »Lichtmenschen«; ein dunkles, heimtückisches, aus einer »unnatürlichen Mischung der vierten und fünften Wurzelrasse« hervorgegangenes »Mondvolk«.[41]

Völkischer Elitismus und Selbstüberhöhung. Elitismus ist eine Haltung, nach der Menschen glauben, Teil einer Elite zu sein. Man meint, über den Dingen und anderen Menschen zu stehen sowie über exklusives Geheimwissen zu verfügen. Wenn eine solche Überhöhung des eigenen Selbst nun zur Grundlage der Bewertung von gesellschaftlichen Phänomenen wird, lassen sich Brücken zu hochproblematischen Weltbildern schlagen – insbesondere wenn damit starke Feindbilder verbunden sind. Nationalismus ist eine Form von Elitismus, weil damit die Idee einhergeht, dass die eigene Nation über allen anderen stünde. Sich selbst als elitär und überlegen wahrzunehmen, steht dabei wohlgemerkt nicht im Widerspruch dazu, gegen andere Gruppen, die man als Elite wahrnimmt, zu hetzen. Umgekehrt wird eher ein Schuh daraus: Man sieht vermeintlich mächtige Akteure als Feinde an, weil man eine andere Machtordnung mit der eigenen Gruppe an der Spitze durchsetzen will.

Die Ariosophie des frühen 20. Jahrhunderts verdeutlicht, wie Elitedenken und Nationalismus eine toxische Mischung bilden können. Die eigene Nation wurde gegenüber anderen Ländern stark überhöht. Das ging oft damit einher, dass man die eigene Kultur als »rein«, als »spirituell überlegen« ansah, während andere gesellschaftliche Gruppen, insbesondere liberale, als »degeneriert« galten. Esoterisch geprägter Rassismus ist stark von Elitedenken geprägt. Esoterische Weltanschauungen werden in einer solchen Deutung schnell zum Gegenentwurf einer demokratischen, liberalen Gesellschaft. Eine Demokratie ist exoterisch (griechisch für »äußerlich«), sie soll für alle zugänglich und verständlich sein, während innerhalb der Esoterik oft mehr Wert auf Abgrenzung als auf Inklusion gelegt wird.

Autoritäre Gesellschaftsvorstellungen. Autoritarismus meint die Idee, dass die Welt von starken Führungspersonen beherrscht werden sollte. Innerhalb eines solchen Weltbilds wird die Demokratie abgelehnt, gesellschaftliche Entscheidungen sollen von einer autoritären Staatsführung getroffen werden. Wenn man an esoterisch-spirituelle Gruppierungen denkt, erscheint bei vielen Menschen ein Bild im Kopf, bestimmt von vegetarisch-veganer Ernährung, freier Liebe und Selbstentfaltung. Nicht wenige Strömungen innerhalb der Esoterik folgen aber einem Weltbild, in dem Autoritarismus sozusagen weichgespült wird. Ob Guru, Schamane oder Lifestyle-Coach – die »Weisheit« des Anführers wird über alles gestellt. Ingrid Tomkowiak, Professorin für Populäre Literaturen und Medien an der Universität Zürich, beschreibt diese Tendenzen wie folgt: »Mit der Orientierung an einer kosmischen Hierarchie bzw. Evolution, den Mythologien des Körpers und der Natur, dem moralischen Verständnis von Gesundheit, der Ideologie der selbst verschuldeten Krankheit und dem Postulat des Positiven Denkens erweist sich das präsentierte Welt- und Menschenbild bei näherem Hinsehen allerdings so gar nicht als sanfte Alternative, sondern als unsolidarisch, antirational und autoritär.«[42]

Im Jahr 1950 veröffentlichten Theodor W. Adorno, Else Frenkel-Brunswik, Daniel J. Levinson und R. Nevitt Sanford ihre Studie *The Authoritarian Personality* (»Die autoritäre Persönlichkeit«). Sie beschreiben darin eine autoritäre Persönlichkeitsstruktur unter anderem als eine Veranlagung, an die Existenz des Bösen in der Welt zu glauben und unbewusste emotionale Impulse nach außen zu projizieren. Der eigene Frust würde beispielsweise darauf geschoben, dass die moderne Welt keinen Raum mehr für die eigene Weiterentwicklung bieten würde. Auch ein Hang zu Aberglauben und der Glaube an eine mystische Bestimmung des eigenen Schicksals gehören den Autoren der Studie zufolge zur autoritären Persönlichkeitsstruktur.

Sozialdarwinismus beschreibt eine menschenverachtende Theorie der Gesellschaft, in der das Recht des Stärkeren idealisiert wird. Das vom britischen Evolutionsforscher Charles Darwin formulierte Gesetz der natürlichen Selektion, nach dem sich überlebenstüchtigere Arten in der Natur durchsetzen, wird dabei auf menschliche Gesellschaften übertragen und zur Norm erhoben. Im Sozialdarwinismus wird davon ausgegangen, dass Menschen ungleich sind und nur die Stärksten unter ihnen im gesellschaftlichen Konkurrenzkampf bestehen können. Daraus wird dann abgeleitet, dass es wertvolleres und weniger wertvolles Leben gebe. Innerhalb dieses Weltbilds werden marginalisierte Gruppen daher systematisch abgewertet, und vermeintlich Schwächere gelten als schadhaft für die Gemeinschaft.

Sozialdarwinistische Konzepte waren elementar für den Nationalsozialismus und bildeten die Grundlage für die Rassenlehre, die zum millionenfachen Mord an Menschen, die als lebensunwert betrachtet wurden, sowie der Schoa führte.[43] Zu Zeiten des Nationalsozialismus wurden mehr als 300.000 Menschen mit körperlichen, geistigen oder psychischen Beeinträchtigungen systematisch und kaltblütig ermordet, weil sie als »lebensunwert« galten.[44]

Innerhalb der westlichen Esoterik spielten sozialdarwinistische Konzepte bereits im 20. Jahrhundert eine Rolle. Wie eingangs bereits erwähnt, beschrieb der Begründer der Anthroposophie, Rudolf Steiner, die Entwicklungsgeschichte der Menschheit anhand der von Blavatsky postulierten, aufeinanderfolgenden »Wurzelrassen«. »Indianer« seien eine »degenerierte Rasse« im Hinsterben, Schwarze aus Afrika »zurückgeblieben«, heißt es in überlieferten Texten. Juden, beziehungsweise die »semitische Art«, sei nur noch das »Zersetzungsferment«.[45] Epidemien führte er unter anderem auf »niedere Rassen« zurück. »Die degenerierten Astralleiber der asiatischen Stämme«, sagte Rudolf Steiner 1907 in einem Vortrag in Kassel, »luden ihre schlechten Stoffe auf diese furchtdurchwühlten Astralleiber der Europäer ab, und diese Fäulnisstoffe bewirkten eben, dass später die physische Wirkung der Krankheit auftrat.«[46] Der Religionshistoriker Prof. Dr. Helmut Zander ordnet Steiners Weltsicht wie folgt ein: »Steiner formulierte mit seinem theosophischen Sozialdarwinismus eine Ethnologie, in der die Rede von ›degenerierten‹, ›zurückgebliebenen‹ oder ›zukünftigen‹ Rassen keine ›Unfälle‹, sondern das Ergebnis einer konsequent durchgedachten Evolutionslehre waren. Ich sehe im Gegensatz zu vielen Anthroposophen keine Möglichkeit, diese Konsequenz zu bestreiten.«[47]

In der repräsentativen Mitte-Studie der Friedrich-Ebert-Stiftung von 2020 wurde die Verbreitung sozialdarwinistischer Haltungen in der deutschen Gesellschaft untersucht. Aussagen wie »Wie in der Natur sollte sich in der Gesellschaft immer der Stärkere durchsetzen« befürworten 6,4 Prozent der Befragten. Dass es wertvolles und unwertes Leben geben würden, meinten 7,3 Prozent.[48] Solchen Aussagen wird laut der Studie insbesondere in rechtspopulistischen und rechtsextremen Kreisen zugestimmt.

Menschenfeindliche Weltbilder. Schon lange wird diskutiert, wie stark das Weltbild des Anthroposophen Rudolf Steiner durch Rassismus und Antisemitismus geprägt war. Im Jahr 2007 entgingen zwei seiner Bücher in Deutschland nur knapp der Indizierung durch die Bundesprüfstelle für jugendgefährdende Medien – »weil der Verlag zusicherte, alsbald kommentierte Neuauflagen herauszubringen und bis dahin das Buch nur mit einer Beilage auszuliefern«, wie der *Humanistische Pressedienst* berichtete.[49] Steiners Werk *Die Mission einzelner Volksseelen im Zusammenhang mit der germanisch-nordischen Mythologie* war von der Behörde als »in Teilen als zum Rassenhass anreizend bzw. als Rassen diskriminierend anzusehen« bewertet worden.[50] Steiner schrieb darin, dass die indigene Bevölkerung der USA, die »Indianer«, sich von der »Erdenbevölkerung« verloren hätten und sie »dieses Ich so stark entwickelt [hätten], dass es bei ihnen bis in die Hautfarbe gegangen ist: Sie wurden eben kupferrot. Sie haben sich in der Dekadenz entwickelt.« Außerdem hieß es, Schwarze hätten ihr »Ich« so sehr verleugnet, »dass sie schwarz davon wurden, weil die äußeren Kräfte, die von der Sonne auf die Erde kommen, sie eben schwarz machten«.[51] Die Hautfarbe galt also gemäß dieser Aussagen als ein Produkt von persönlichen Verfehlungen von Menschengruppen und Zeichen der mentalen Entwicklungsreife.

Auch antisemitische Äußerungen finden sich bei Steiner an mehreren Stellen: Das Judentum hatte angeblich »keine Berechtigung innerhalb des modernen Völkerlebens«. Der »Geist des Judentums« würde sich nicht der europäischen Kultur anpassen, die jüdischen »Sonderbestrebungen« müssten »aufgesogen werden« durch den »Geist der modernen Zeit«.[52] Steiner warnte dann aber ab 1901 in mehreren Artikeln vor den Gefahren des Antisemitismus, wurde sogar Mitglied im »Verein zur Abwehr des Antisemitismus«. Was nach einem Sinneswandel klingt, bewerten einige Experten allerdings tatsächlich anders. »Viele Mitglieder hingen dem Ziel einer religiös-kulturellen Homogenität, nicht Pluralität an und waren daher an der Aufrechterhaltung einer eigenständigen jüdischen Identität nicht interessiert. Auch waren seine Mitglieder durchaus nicht frei von gesellschaftlichen und religiösen Klischees gegenüber dem Judentum«, schreibt die Evangelische Arbeitsgemeinschaft für Kirchliche Zeitgeschichte.[53]

Menschenverachtende Positionen sind bis heute im Milieu von Spiritualität und Co. anzutreffen. Das Oberhaupt der christlich-fundamentalistischen Gruppierung Organische Christus-Generation (OCG), Ivo Sasek, gründete 2008 die Anti-Zensur-Koalition (AZK), ein Zusammenschluss, in dem rechte Esoterik, Verschwörungserzählungen, Antisemitismus, Rassismus und Geschichtsrevisionismus zu beobachten war.[54] Bei einer Veranstaltung der Anti-Zensur-Koalition in Jahr 2012 war auch eine Person als Referentin eingeladen, die dort offen die Schoa leugnete und dafür zu einer Freiheitsstrafe von mehr als einem Jahr verurteilt wurde.[55] *Zeit-Online* hatte Zugriff auf 600 interne Dokumente aus dem Kreis der OCG. Darunter war eine Predigt, in der Sasek davon sprach, dass man nicht darüber streiten müsse, ob »die Juden« das gefälschte antisemitische Pamphlet »Die Protokolle der Weisen von Zion« nun »geschrieben« hätten oder es umsetzen würden. »Wir müssen feststellen: Es wurde geschrieben und es wird umgesetzt«, hieß es in der Predigt.[56] Das Video-Angebot kla.TV bzw. klagemauerTV aus diesem Umfeld verbreitete die Behauptung, Israel würde Organhandel betreiben, um sich für die Schoa zu rächen. Allein auf YouTube hat klagemauerTV über 120.000 Abonnenten, bei Telegram folgen den in der Tat etwas »anderen Nachrichten« knapp 60.000 Menschen.

Antimoderne Haltungen und Fortschrittsfeindlichkeit sind ein weiterer ideologischer Baustein, der als Bindeglied zu menschenverachtenden Ideologien fungieren kann. Viele esoterische Weltbilder sind von der stark romantisierten Vorstellung einer vollkommen harmonischen und friedlichen Vormoderne geprägt, die im Kontrast zur angeblich degenerierten Gegenwart idealisiert wird. Im selben Atemzug wird beispielsweise alles »Natürliche« romantisch verklärt und gegenüber technischen oder medizinischen Errungenschaften als überlegen dargestellt. Homöopathie und Schwarze Salbe statt moderner Krebsbehandlung, überteuerte »Orgonitstrahler« statt Covid-19-Impfung, rhythmisches Tanzen statt Psychotherapie. »Der ›Entzauberung der Welt‹ wird eine Verzauberung durch Remythologisierung und Respiritualität entgegengestellt«, schreibt der Rechtsextremismusexperte Andreas Speit dazu in der *taz*.[57]

Egal ob Frauenrechte, Rassismus oder soziale Gerechtigkeit – früher war vieles keineswegs besser. Antimoderne Haltungen richten sich somit zu Ende gedacht oft gegen eine liberale, offene Gesellschaft. Das äußert sich beispielsweise auch in Form von Hetze gegen geschlechtergerechte Sprache oder Abwertung von berufstätigen Frauen, die sich »ihrer natürlichen spirituellen Rolle« verweigern. In der Esoterik herrscht außerdem oft ein stark binäres, heteronormatives Geschlechterverständnis vor, in dem Frauen und Männern unterschiedliche Eigenschaften und Rollen in der Gesellschaft zugeschrieben werden. Liberalere Geschlechtervorstellungen werden vielfach entweder direkt abgelehnt oder ignoriert. Ein solcher Antifeminismus ist äußerst anschlussfähig für rechtsextreme Weltbilder, in denen »die gute alte Zeit« ebenfalls häufig verklärt wird. Frauen sollen sich stärker ihrer »natürlichen Weiblichkeit« zuwenden, sie stehen für das Gefühl, die Verbundenheit mit der Erde. Männer werden hingegen oft mit Vernunft, mit Rationalität assoziiert. Kraft, Durchsetzungsstärke und Verantwortung werden zu spezifisch männlichen Qualitäten deklariert. Männer entdecken sich in unzähligen Ratgebern, Workshops und Online-Kursen als »Krieger der Wahrheit«, Frauen erwecken die »innere Göttin« in sich.

Antimoderne Ressentiments münden zudem gerade innerhalb der braunen Esoterik immer wieder in Antisemitismus. »Negative Erscheinungen, Wirkungsmechanismen und Funktionsweisen der modernen kapitalistischen Gesellschaft werden in der Figur ›des Juden‹ personalisiert und scheinbar erklärt«, schreibt der Antisemitismusexperte Malte Holler.[58] Egal ob Finanzkrise oder Impfungen – durch die Brille der antisemitischen Logik werden Juden für jegliche als bedrohlich empfundenen Phänomene der Moderne verantwortlich gemacht. Sie werden zu Gegenspielern einer angeblich besseren, naturverbundenen Welt erklärt. Hierbei spielen gängige antisemitische Stereotype eine große Rolle.

Völkisch verstandene Antiglobalisierung und Lokalisierung. Gerade im Zuge von Debatten darüber, wie eine gute Lebensführung in Zeiten der Klimakrise aussehen kann, gewinnt die Hinwendung zum Lokalen an Attraktivität. Leider sieht man aber immer wieder, dass die Idee eines Ausstiegs aus der konsumorientierten Gesellschaft von esoterisch geprägten Rechtsextremisten völkisch uminterpretiert wird. Es geht dann weniger darum, auf die Problematiken einer globalisierten Welt hinzuweisen, sondern vielmehr darum, die eigene Nation oder das »Volk« vor »schädlichen Einflüssen« durch Migration und einer als »degeneriert« geltenden, liberalen Gesellschaft zu »schützen«.

Nicht wenige esoterische Gruppierungen träumen von einer Abkehr von der modernen Welt. Es geht darum, autark zu leben, sich unabhängig zu machen von einer technologisierten Moderne. Aber auch einige Rechtsextremisten finden derartige Ideen anziehend. »Der Siedlungsgedanke ist in der gesamten rechten Szene weiterhin sehr präsent. In rechten bis rechtsextremen Medien wie dem Magazin *Umwelt & Aktiv* oder der neu-rechten Zeitschrift *Sezession* werden Siedlungsprojekte immer wieder positiv besprochen und Appelle zur Landnahme verfasst, die sich vor allem an junge Männer richten«, schreibt die Fachstelle Radikalisierungsprävention und Engagement im Naturschutz.[59]

Im Zuge unserer Recherche stoßen wir auf eine Ankündigung für den vierwöchigen Online-Kongress »Die Reise deines Lebens 2022: Gemeinsam – Frei – Vernetzt«. Für nur neun Euro kann man sich Vorträge zu neuen Gemeinschaften, Bildung, »freiem Geld«, »neuer Energie« oder ganzheitlicher Gesundheit anschauen. Auch hier gilt wieder: Nur weil etwas harmlos klingt, muss es das nicht sein. Zwei der Referierenden, Yella und Christoph vom Projekt Eibenheim, sind sogenannte »Familienlandsitzgründer«. »Yella und Christoph wanderten vor über 10 Jahren nach Ungarn aus, um ihren eigenen Familienlandsitz zu gründen, frei nach dem Motto: ›Einfach mal machen, könnte ja gut werden‹«, heißt es zu den beiden auf der Webseite der Konferenz. Das Konzept geht wohl auf die ursprünglich aus Russland stammende Anastasia-Bewegung zurück, eines der bekanntesten rechts-esoterischen Siedlungsprojekte. Die zentrale Idee dahinter:

Menschen sollen gemeinsam in kollektiv bewirtschafteten Familienlandsitzen zusammenkommen.

Die Anastasia-Bewegung entstand 1997 in Zentralrussland und wurde durch den Autor Wladimir Megre begründet. »Für die Esoteriker ist Russland eine Metapher für Weisheit und erdverbundene Spiritualität«, schreibt der Autor Christian Kreil im *Standard* über Anastasia.[60] Die Grundlage der Ideologie bildet die von Megre verfasste Buchreihe *Die klingenden Zedern Russlands,* in der antisemitische und verschwörungsideologische Inhalte bis hin zur Holocaust-Relativierung propagiert werden.[61]

Der Rechtsextremismusexperte Raimond Lüppken beschreibt im Online-Magazin *Belltower News* die dahinterstehende Ideologie wie folgt: »So müsse der Mensch sich vegan ernähren, sich weitgehend selbst versorgen, kein vorehelicher Sex, Geschlechtsverkehr nur zum Zwecke der Zeugung, und die Mischung mit anderen ›Rassen‹ ist nicht erlaubt. Es wird die These der Telegonie in den Büchern [Megres] plausibel gemacht, nach dieser pseudowissenschaftlichen These hinterlässt der erste Geschlechtspartner in einer Frau Informationen, die bei einer späteren Zeugung mit einem anderen Mann mit ins Erbgut einflößen.«[62]

Eine apolitische Haltung als Einfallstor in rechtsextreme Welten. Eine vorgeblich neutrale politische Positionierung und ein damit einhergehendes Fehlen einer Abgrenzung nach rechts wird sehr häufig als Einfallstor für rechte Ideologien und Mobilisierungen genutzt. Auch in esoterischen Milieus findet man immer wieder ähnliche Dynamiken. Die Fokussierung auf das eigene spirituelle Selbst eignet sich zudem hervorragend dazu, um zu suggerieren, in einer apolitischen Welt zu leben.

Im Jahr 2014 entstanden die sogenannten Montagsmahnwachen für den Frieden als Reaktion auf die Annexion der ukrainischen Halbinsel Krim durch russische Militäreinheiten. Zwischenzeitlich fanden in über 120 Städten in Deutschland und Österreich Proteste statt.

Inhaltlich dominierten vielerorts Kreml-freundliche Positionen zum Krieg, bis hin zu drastischen Verschwörungserzählungen über den Westen und die NATO. Esoteriker waren an einigen Orten mittendrin statt nur dabei. Das Leipziger Internetportal *NuoViso*, betrieben von Frank Höfer, berichtete immer wieder vor Ort von einzelnen Mahnwachen. Über das Portal wird eine Mischung aus rechten, verschwörungsideologischen und esoterischen Inhalten verbreitet. Einige Berichte drehen sich beispielsweise um Kornkreise, das gefährliche »Alternativmittel« MMS, den esoterisch-verschwörungsoffenen *Spirit-of-Health-Kongress* oder angebliche Komplotte der Freimaurer und Illuminaten.

Bei den Klagenfurter Montagsmahnwachen vermischten sich Impfablehnung mit Ängsten vor Mobilfunkstrahlung, vegane Ernährung mit Alternativmedien. Auch für alternative Bildungskonzepte wie die LAIS-Schule, die laut der österreichischen Bundesstelle für Sektenfragen eine Nähe zum Reichsbürger-Milieu aufweist, wurde geworben.[63] Bei diesen Veranstaltungen kamen Friedensbewegte, Hippies, Esoteriker und extreme Rechte zusammen, um gegen gemeinsame Feindbilder – insbesondere Israel, die USA und die NATO – zu protestieren. Einer der Vordenker der Neuen Rechten in Deutschland und Chefredakteur des rechtsextremen Magazins Compact, Jürgen Elsässer, hielt bei einer Mahnwache in Berlin am 21. April 2014 eine Rede. »Nicht links, nicht rechts, sondern vorwärts« sei seine Parole, erklärte er gegenüber dem *Tagesspiegel*. Andere Redner betonten, dass die Mahnwachen »nicht politisch«, sondern »friedlich« seien.

Viele der 2020 während der Pandemie initiierten Proteste, die sich zumindest vorgeblich gegen die staatlichen Coronaschutzmaßnahmen und die Impfung richteten, folgten einer ähnlichen Logik: Während Neonazis und Rechtsextreme das Protestgeschehen an vielen Stellen mitprägten, inszenierte sich Querdenken 711, als sei man gegen jede Form des Extremismus. Im Manifest hieß es allerdings zugleich: »Wir reden mit allen, die friedlich und gewaltfrei agieren, egal wie sie von Dritten bezeichnet werden.« Ähnlich lautende Statements waren vonseiten vieler Coronaproteste zu vernehmen. Rechtsextreme wurden entweder gar nicht erst wahrgenommen oder eben nicht als Problem gesehen, weil man sich sozusagen »quer« von allen sonstigen politischen Einstellungen verortete. So liefen dann mancherorts Yogis neben bekannten Neonazis, und Esoteriker verbreiteten gemeinsam mit QAnon-Anhängern Umsturzfantasien.[64]

Verschwörungsideologien. Esoterik ist nicht selten der Türöffner für den Einstieg in die Welt der Verschwörungserzählungen. Innerhalb beider Weltbilder sehen sich Menschen als »erwacht«, als diejenigen, die über ein Geheimwissen verfügen, das gewöhnlichen Menschen verborgen bleibt. Alles ist mit allem verbunden, nichts ist, wie es scheint, und nichts passiert durch Zufall. Manch ein Esoteriker glaubt, die geheimen Zeichen mithilfe spiritueller Erweckungsmomente durchdringen zu können, und begibt sich auf eine nach innen gewandte Reise zur »Wahrheit«. Der Verschwörungsideologe macht hingegen Zeichen einer angeblichen Verschwörung beispielsweise in Politikerreden oder Werbespots aus und sieht sich als weltlicher Wahrheitssucher. Beiden gemein ist die Haltung, die Welt werde durch im Verborgenen wirkende Kräfte gesteuert.

Die britischen Soziologen Charlotte Ward und David Voas warnten bereits 2011, online sei zunehmend ein Verschmelzen von Verschwörungsglaube und Esoterik zu beobachten. Als Beispiele nennen sie unter anderem den 2007 erschienenen und online millionenfach angesehenen Film *Zeitgeist.* Sie bezeichnen dieses Phänomen als *conspirituality.* Der Begriff ist eine Wortneuschöpfung und beschreibt die Überlappung zwischen Verschwörungserzählungen *(conspiracy theories)* und Spiritualität *(spirituality).* Ward und Voas identifizieren zwei Kerngedanken hinter dem Konzept: »1. Eine geheime Gruppe kontrolliert heimlich die politische und soziale Ordnung oder versucht, sie zu kontrollieren, und 2. Die Menschheit durchläuft einen ›Paradigmenwechsel‹ im Bewusstsein. Anhänger glauben, dass die beste

Strategie zur Bewältigung der Bedrohung durch eine totalitäre ›neue Weltordnung‹ darin besteht, in Übereinstimmung mit einer erwachten Weltanschauung des ›neuen Paradigmas‹ zu handeln.«[65]

In derartigen Milieus heißt es oft, Menschen müssten »endlich erwachen«, eine »Transformation« durchlaufen und ihre spirituellen Kräfte wecken, damit die Menschheit eine »höhere Bewusstseinsstufe« erreiche, um eine vermeintliche Verschwörung aufzuhalten.[66] Eine deutsche bevölkerungsrepräsentative Studie aus dem Jahr 2021 konnte bei 5,1 Prozent der Befragten eine starke Neigung zu *conspirituality* messen.[67]

Ein Beispiel für die Überlappung von Esoterik, Verschwörungsglauben und Themen der rechtsextremen Szene ist das 2009 gegründete norwegische Online-Magazin *Nyhetsspeilet*. Der Gründer Frank Aune ist praktizierender Heiler und Hellseher. Auf der Startseite des Magazins finden sich neben Beiträgen zu außerirdischer Einmischung in menschliche Angelegenheiten und »Planetarischer Meditation für die Menschheit« auch Artikel zum Thema »Gesetzliches Geldwesen und Hitlers Wirtschaftswunder« und »Die verborgene Geschichte von Rothschild, Khazarmafia und Nichtjuden«. In Norwegen ist *Nyhetsspeilet* laut einer Studie aus dem Jahr 2017 eines der wichtigsten Foren für die Verbreitung von *conspirituality*. Immer wieder finden sich dort auch antisemitische Verschwörungserzählungen.[68]

Conspirituality findet sich aber auch in der QAnon-Blase. QAnon ist eine verschwörungsideologische Gruppierung aus den USA, die von Experten auch als Online-Verschwörungs-Kult bezeichnet wird. Das Prinzip dahinter: Ein gewisser Q postete immer wieder kryptische Nachrichten auf sogenannten Imageboards, also Foren im Netz. Q steht dabei für »Q Clearance«, die höchste Geheimhaltungsstufe in einer US-Behörde. Eines der unzähligen Postings lautet zum Beispiel: »False flag(s). POTUS 100% insulated. Expect fireworks. JUSTICE. Q« (»Falsche Flagge(n). Der Präsident ist zu 100% isoliert. Erwartet ein Feuerwerk. GERECHTIGKEIT. Q«). Die Foren-Nutzer begaben sich dann gemeinsam auf Spurensuche: Aus den kryptischen Posts entstanden ganze Geflechte von Verschwörungserzählungen, in denen der ehemalige US-Präsident Donald Trump zum Retter und Heiland hochstilisiert wird. Rassismus und Antisemitismus sowie eine Ablehnung des Staates sind dabei wiederkehrende Elemente. QAnon wurde medial vielen durch einen Mythos bekannt, demzufolge »satanistische Eliten« Kinder entführen würden, um aus ihrem Blut ein Verjüngungsmittel namens Adrenochrome zu gewinnen – was an alte antisemitische Narrative erinnert. Bei der gewalttätigen Stürmung des US-Kapitols im Januar 2021 waren zahlreiche QAnon-Anhänger zugegen – einige waren sogar bewaffnet. Fünf Menschen starben an diesem Tag, mehrere Polizisten begingen im Nachgang Suizid. Es kam zu unzähligen Festnahmen und Verurteilungen.[69]

QAnon-Narrative stießen auch in der esoterischen Wellness-Community auf begeisterte Anhänger. Reichweitenstarke Influencer, die sich zuvor vor allem mit Ganzheitlichkeit und Spiritualität befasst hatten, verbreiteten während der Pandemie QAnon-Inhalte. Mit dem Label »Pastel QAnon« wird die sehr spezielle Gemeinschaft weiblicher QAnon-Anhängerinnen auf Instagram beschrieben, vornehmlich bestehend aus Lifestyle-, Eltern-, Fitness-, Diät- und Heilmethoden-Influencerinnen. Vor allem das Narrativ angeblich durch »Eliten« organisierter Kindestötungen erwies sich dort als besonders effektiv. Die Journalistin Marit Langschwager schrieb in der *Neue Zürcher Zeitung*: »Auch die QAnon-Bewegung nutzt die Online-Wellness-Communitys, um ihre Inhalte durch Hashtags wie #savethechildren oder #doyourresearch zu verbreiten. Die im Grunde positiv wirkenden Phrasen verschleiern oft die wahren Ideologien.«[70] Marc-André Argentino, Doktorand an der Concordia University im kanadischen Montreal, befasst sich im Rahmen seiner Forschung mit dem Phänomen: »Diese Influencer geben ihren gesamten Seiten eine bestimmte Ästhetik und ein bestimmtes Branding und wenden dies wiederum auf QAnon-Inhalte an, indem sie die Botschaften, Videos und traditionellen Bilder, die mit QAnon-Narrativen in Verbindung gebracht werden, abschwächen. Hinter dem Branding und den sanften Farben verbirgt sich jedoch das QAnon, das wir alle kennen, mit allem, was es mit sich bringt: Rassismus, medizinische/Covid-Desinformation, Gewalt.«[71]

Auch wenn Esoterik nicht automatisch rechtsextrem ist, finden sich doch viele ideologische Anknüpfungspunkte für menschenverachtende Ideologien. Ein esoterischer Sozialdarwinismus, der Hang zu Verschwörungserzählungen und ein antimodernes Weltbild können in Kombination mit der Sehnsucht nach autoritären Führern und einer Selbstüberhöhung zu Türöffnern für rechtsextreme Mobilisierung werden. Die Gefahren der Esoterik, als Einfallstor in extrem rechte Welten zu fungieren und dabei zu helfen, solche Ideologien in die Gesellschaft zu tragen, wurden jedoch lange nicht ernst genommen. »Die Behörden unterschätzen die Gefahr, die von der rechten Esoterik ausgeht«, warnte 2020 auch Matthias Pöhlmann, Beauftragter für Sekten- und Weltanschauungsfragen der Evangelisch-Lutherischen Kirche in Bayern. »Die Situation wirkt für mich wie damals bei den Reichsbürgern. Man hat die bis zur Tötung eines Polizisten 2016 völlig unterschätzt. Esoterik wird zum trojanischen Pferd für Rechtsextremismus, Verschwörungsglauben und Antisemitismus. Das Wut- und Hasspotenzial in dieser Szene ist erschreckend.«[72]

Die Gefahren der Esoterik zeigen sich nicht nur in der Überlappung mit Rechtsextremismus – sondern reichen bis zu Gewalttaten. Als im Januar 2021 Hunderte von Menschen das US-Kapitol in Washington, DC stürmten, stach eine Figur medial besonders heraus: Der »QAnon-Schamane«. Der 34-jährige Mann, der am 17. November 2021 zu 41 Monaten Haft verurteilt wurde, heißt mit bürgerlichem Namen eigentlich Jacob Anthony Angeli Chansley und stammt aus Phoenix, Arizona. Er gehörte zu den ersten 30 Angreifern, die in das Innere des Parlamentsgebäudes eingedrungen waren.[73] Berühmtheit erlangte er vor allem wegen seines bizarren Äußeren: ein nackter, tätowierter Oberkörper, Stars and Stripes ins Gesicht gemalt, ein Speer mit US-Flagge in der Hand und Büffelhörner auf dem Kopf. Seine Gesichtsbemalung wählte er bewusst als Bezug zur indigenen Bevölkerung der USA, sie ist für ihn eine »Kriegsbemalung«.[74] 2007 war er laut Angaben seiner Mutter aus der US-Navy entlassen worden, nachdem er eine Impfung verweigert hatte. Jake Angeli wähnt sich im »spirituellen Krieg« auf der Seite der »Engel«, wie er 2020 in einem Interview mitteilte.[75] Auf seinem Twitter-Account war zu lesen, dass er ein »spiritueller und politischer Berater, schamanischer Praktiker, Autor, energetischer Heiler, ordinierter Minister, Wahrheitssucher und Diener Gottes« sei. Im Gefängnis verweigerte Angeli nach Angaben der Boulevardzeitung *New York Post* eine Zeit lang die Nahrungsaufnahme mit der Begründung, das Essen sei nicht bio.[76]

Gehen wir nun aber ein paar Jahre zurück. Mehr als 2.000 Menschen protestierten 2019 in Phoenix, Arizona, um die Regierungschefs der Welt aufzufordern, eher gestern als morgen Maßnahmen zur Eindämmung der Klimakrise zu ergreifen. Eine Person fiel bei diesen Protesten auch damals ins Auge.[77] Mit schwarz bemaltem Gesicht und Büffelhörnern auf dem Kopf sichtete man nämlich auch dort den »QAnon-Schamanen«. »Alle Menschen hier haben Leidenschaft und Seele«, schwärmte Jake Angeli begeistert über die Proteste. »Nicht viele Leute wissen, was die globale Seele ist.«[78] In seiner Hand hielt Angeli ein Protestschild, auf dem zu lesen war: »Die Pole verschieben sich. Die Eiskappen schmelzen. Das ist Ragnarök! Es ist Zeit, endlich aufzuwachen!«[79] Der Begriff Ragnarök stammt aus der nordischen Mythologie und meint die Sage vom Untergang der Götter, begleitet von einem verheerenden Kampf mit dem Bösen, aus dem schlussendlich eine neue Ordnung hervorgehen soll.[80] Das Streiten gegen die Klimakrise – für Angeli ist das offenbar eine Art mystisch aufgeladener apokalyptischer Endzeitkampf. Diese esoterischen Versatzstücke gehen bei ihm einher mit Trumpismus und gefährlichen Verschwörungserzählungen.[81] Wohin eine solche Ideologien führen kann, verdeutlicht die Erstürmung des US-Kapitols leider sehr eindrücklich. Paradoxerweise war zudem Donald Trump für vieles bekannt – nicht aber für ein besonderes Engagement für Umweltschutz, sondern vielmehr das Gegenteil davon.

Der »QAnon-Schamane« ist ein sehr gutes Beispiel dafür, wie Esoterik und Verschwörungserzählungen eine toxische Mischung bilden können. Der Fall Angeli verdeutlicht zudem die Gefahren einer rechten Umdeutung von Naturschutz. »Eine solche Neuformulierung des Umweltschutzes hat sich bereits in verschiedenen Formen in der US-Rechten verzweigt und reicht von bewaffneten Preppern [...] bis hin zu den vage mystischen ›Wellness‹-Praktikern, die durch die Verbreitung falscher Behauptungen über die Wirksamkeit von Covid-19-Impfstoffen zu Berühmtheit gelangt sind«, schreibt der Journalist Oliver Milman im britischen *Guardian*. Zu diesen verschwörungsideologischen Wellness-Praktikern gehören laut Blair Taylor, Programmdirektor am Institut für Soziale Ökologie in Vermont, auch diejenigen, die eine Faszination für den ökologischen Landbau, die Wikingerkultur, extreme Verschwörungserzählungen wie QAnon und eine Ablehnung von Wissenschaft und Vernunft zugunsten der Entdeckung eines »authentischen Selbst« kultivieren. Diese unterschiedlichen Facetten sind Taylor zufolge »alle in Jake Angeli verkörpert, dem sogenannten QAnon-Schamanen, der zu den Randalierern gehörte, die am 6. Januar das US-Kapitol stürmten«.[82]

In Deutschland gab es ähnliche Fälle. Karl B. erlangte internationale Bekanntheit als »Nazi-Druide«.[83] B. trat öffentlich wie die Figur Gandalf aus der Filmtrilogie *Herr der Ringe* auf, eingehüllt in weiße Gewänder, mit langem, rotem Umhang und grauem Rauschebart. Im russischen Facebook-Pendant vk.com präsentierte er sich als »Druide, Priester, Lehrer, Heiler« und schrieb, sein »Selbsterhaltungstrieb« sage ihm, dass er »Juden und Moslems vernichten« müsse, »bevor diese meine Sippe oder meine Familie vernichten«.[84] Prominente

Namen der Anastasia-Bewegung hatten den Reichsbürger zu Veranstaltungen geladen, berichtete infosekta.[85, 86]

In der Rechtsextremismus-Forschung hat sich für die Beschreibung eines esoterisch-rechtsextrem geprägten und vorgeblich an Umweltschutz interessierten Weltbilds der Begriff Öko-Faschismus etabliert. Den Begriff gilt es mitunter aber mit Vorsicht zu nutzen, denn nicht jeder versteht darunter das Gleiche: Im englischsprachigen Kontext bezeichnet *Ecofascism* eindeutig eine gefährliche Spielart des rechtsextremen Faschismus. Die Politikwissenschaftlerin Natascha Strobl beschreibt dies wie folgt: »In diesem Denken wird die Natur zu einem mythischen Eigenwesen verklärt. In dieser Weltsicht besteht die natürliche Ordnung darin, dass jedes Lebewesen und damit auch der Mensch einen fest zugewiesenen Ort hat. Ökofaschist*innen argumentieren so gegen Migration und die ›Vermischung‹ verschiedener Kulturen.« Im deutschsprachigen Diskurs wird der Begriff hingegen häufig von radikalkonservativen oder rechtsextremen Kräften verwendet. Dabei geht es zum Beispiel darum, liberale klimaaktivistische oder ökologische Bewegungen zu diskreditieren. Eine Sitzblockade von Fridays for Future avanciert dabei zu einem vermeintlich terroristischen Akt, und Gesetzesänderungen für die Einhaltung von internationalen Klimaabkommen werden als Vorboten eines angeblich »grünen Ökofaschismus« gewertet.[87]

Verknüpfungen zwischen Rechtsextremismus, Esoterik und vorgeblich ökologischen Positionen sind nicht neu, könnten aber gerade im Zuge des Kampfes gegen die Klimakrise in Zukunft noch präsenter werden. Die *SINUS-Studie über rechtsextremistische Einstellungen bei den Deutschen* befasste sich bereits 1981 mit ebendiesen Verbindungen zwischen rechtsextremer Szene und Ökologie-Bewegung. Gemäß der Untersuchung sind Aberglaube und regressive Ökoleitbilder in rechtsextremen Einstellungsräumen fest verankert. Die für regressive Ökoleitbilder beispielhafte Aussage »Nicht nur unsere Umwelt, sondern auch unsere Rasse muss rein erhalten werden« bewerteten damals 12 Prozent der Westdeutschen als vollkommen richtig und weitere 27 Prozent als zumindest teilweise richtig. Insgesamt kam die Studie zu dem Schluss, dass es unter der westdeutschen Wahlbevölkerung zwei Prozent Öko-Rechte gab, die eine »sehr kleine, aber eigenständige Gruppe bilden«.[88] »Aufgrund der Anziehungskraft des ökologischen Denkens in der Gesamtgesellschaft«, resümierten die Autoren, »gewinnt ihre Ideologie jedoch zunehmend Einfluss auf die Inhalte des klassischen Rechtsextremismus«.[89] Bereits 1996 warnte die Soziologin und Politikerin Jutta Ditfurth vor den Gefahren des spirituell geprägten Ökofaschismus: »Esoterik und Faschismus überschneiden sich in der scheinbaren Entpolitisierung des Menschen, die sie tatsächlich für reaktionäre Politik öffnet, dem knallharten Egokult, der Unterwerfung vor dem Jenseits, dem Kosmos oder einem Führer und in einer vollständig antisozialen, antihumanistischen und antiaufklärerischen Orientierung.«[90]

Abschließend bleibt nur zu sagen: Esoterik, New Age und Mystizismus sind nicht automatisch faschistisch oder rechtsextrem. Auch innerhalb dieser Szenen gibt es Gruppen, die sich klar nach rechts abgrenzen – manchmal sogar gegen erbitterte Widerstände aus den eigenen Reihen. Trotzdem ist es wichtig, die Verbindungslinien zu kennen. In Teilen der Esoterik-Szene tief verwurzelte Weltbilder schlagen subtil Brücken zu menschenverachtenden Positionen und Gruppierungen. Gewisse ideologische Versatzstücke machen die Esoterik an verschiedenen Stellen kompatibel mit völkischem Denken, Rechtsextremismus, Antisemitismus oder Rassismus. Gerade dann, wenn man sich in esoterischen Milieus bewegt, sollte man diese Anknüpfungspunkte kennen.

Kapitel 9

Krisen, Kriege, Katastrophen: Die Rolle der Esoterik beim Umgang mit gesellschaftlichen Problemen

Das Paradies liegt einige Dutzend Kilometer vor der großen Stadt mit ihren qualmenden Industrieschloten, eingerahmt von saftigen Weiden und einem kleinen Wäldchen. Wer in den Schotterweg zur Siedlung einbiegt, wird um diese Tageszeit oft von barfuß lustwandelnden Spaziergängern begrüßt, gekleidet in grob gewebte Leinengewänder. Auf der Streuobstwiese unweit der Gemeinderäume sonnen sich einige nackte Bewohner. Daneben probt die Eurythmie-Gruppe eine neue Choreografie. Gesang und Kinderlachen liegen in der Luft.

An Tagen wie diesen verschwendet Peter keine Sekunde an Gedanken der Reue, den großen Schritt raus aus dem engen Korsett gesellschaftlicher Konventionen gewagt zu haben. Natürlich ist auch im Paradies nicht alles perfekt. Tabak und Alkohol sind verpönt, und manchmal vermisst er schmerzlich die opulenten Fleischgerichte seiner Mutter. Peters Hände sind von Schwielen bedeckt, die landwirtschaftliche Arbeit ist für ihn noch ungewohnt. Und doch hat er hier etwas gefunden, das ihm der von Eltern und Gesellschaft als erstrebenswert dargestellte Lebensweg nicht bieten konnte: Spiritualität, Gemeinschaft und vor allem eine Alternative zum kleinbürgerlichen Spießertum. Wir schreiben das Jahr 1924. Peter ist eine fiktive Figur auf Grundlage historischer Berichte. Aber so ähnlich kann man sich das Leben vorstellen, für das sich damals Tausende Aussteiger entschieden.

Es war die Blütezeit der Lebensreform-Bewegung. Inmitten der radikalen Umwälzungen der Industrialisierung und vielleicht auch als Reaktion auf die gescheiterte Revolution von 1848 entstanden in ganz Deutschland Hunderte kleinere und größere Gemeinschaften, in denen gemeinsam gesungen, getanzt und am spirituellen Wachstum gefeilt wurde.[1] Auch in vielen anderen Ländern bildeten sich damals ähnliche Aussteiger-Gruppen. Die Kolonie am Monte Verità (frei übersetzt »Berg Wahrheit«) im Schweizer Kanton Tessin zog zahlreiche Künstler und Schriftsteller an, darunter auch den deutsch-schweizerischen Schriftsteller Hermann Hesse und den Maler Paul Klee.[2]

Manch ein enttäuschter Bildungsbürger, der sich auf die Suche nach einem Leben jenseits von Ehe, Kleinbürgerlichkeit und Kapitalismus machte, fand sich am Ende in einer Landkommune mit esoterischem Weltbild wieder. Einigkeit darüber, wie eine höhere spirituelle Ebene erreicht werden könne, gab es auch damals schon nicht. Während konservative Zeitgenossen das Treiben oft als hedonistisch und zügellos wahrnahmen, war die Realität nicht selten eine andere. Natürlich gab es auch Gruppen, in denen im Angesicht einer drohenden Endzeit hemmungsloser Genuss gepredigt wurden. Vielerorts ging es aber trotz Freikörperkultur eher asketisch zu: Ernährungsregeln, Abstinenz, körperliche Ertüchtigung und landwirtschaftliche Arbeit prägten den Alltag.

Einig waren sich viele Aussteiger darin, dass vor allem die Natur im Zentrum der gemeinschaftlichen Sehnsucht stand. »Und dieser Natur fühlte man sich dann näher, wenn man sich natürlich kleidete, oder nach Möglichkeit eben überhaupt nicht kleidete und wenn man sich natürlich ernährte, also von dem, was der eigene Boden hergab«, so die Literaturwissenschaftlerin und Lebensreform-Forscherin Christiane Barz.[3] Das eigene Leben wurde als Gegenentwurf zu einer von Geld, Machtstreben und Industrialisierung bestimmten Gesellschaft verstanden.

Schätzungsweise 17 Millionen Menschen verloren im von 1914 bis

1918 andauernden Ersten Weltkrieg ihr Leben. Während des daran anknüpfenden Wiederaufbaus wurden die Karten der Macht neu gemischt. In der dem Deutschen Kaiserreich nachfolgenden Weimarer Republik zogen insbesondere während der Jahre der Hyperinflation bis 1923 vielerorts sogenannte Inflationsheilige durchs Land. Die oft religiös aufgeladenen Endzeit-Prophezeiungen der Männer stießen inmitten einer von Krieg und Wirtschaftskrise geplagten Bevölkerung auf offene Ohren.[4] Der Autor Hermann Hesse thematisierte 1932 in seiner Erzählung *Die Mondlandfahrt* die gesellschaftliche Stimmung dieser Zeit und die unübersehbare Sehnsucht einiger Bevölkerungsteile nach Wundern. Er berichtete von »bacchantische[n] Tanzgemeinden und wiedertäuferische[n] Kampfgruppen« als Reaktion einer von Krieg und Hunger geplagten Gesellschaft.[5]

Auf die Krisenstimmung reagierten viele Aussteiger mit einem radikalen Rückzug, einer Hinwendung zum spirituellen Ich. Für eine bessere Welt galt es zunächst, einen besseren Menschen zu schaffen. Das passte auch zum damaligen Zeitgeist. Oswald Spenglers *Untergang des Abendlandes* galt als eines der meistgelesenen Bücher der 1920er. »Spengler knüpft an der Abwertung des Geistes an. Wissenschaft und Zivilisation müssen in seiner Prophezeiung weichen und einer neuen Spiritualität und Innerlichkeit Platz machen«, schreibt die Autorin Claudia Barth.[6]

Die Anhänger der Lebensreform-Bewegung erscheinen rückblickend als eine Art Ur-Hippies. Aus einer Rückbesinnung auf die Natur und Skepsis gegenüber der Moderne, gekoppelt mit esoterischen Ideen, entstand vielerorts eine spirituell aufgeladene Mixtur. Mithilfe alternativer Siedlungen, ökologischer Landwirtschaft und alternativer Heilmethoden wurde der Versuch einer »Wiederverzauberung« der von Krisen gebeutelten Welt unternommen, so der Rechtsextremismusexperte Andreas Speit.[7] Die Lebensreform-Bewegung sei eine »Zeitreise zu den ersten Querdenkern«, urteilte der Autor und Journalist Steffen Greiner. Hierzu muss man wissen, dass es auch innerhalb der Lebensreform-Bewegung schon früh völkische und offen nationalistische Strömungen gab. Einige Kommunen störten sich keineswegs an Hitlers Machtergreifung 1933 – ganz im Gegenteil.

In Krisenzeiten entfaltet Esoterik als Welterklärungsmodell offenbar eine besondere Anziehungskraft. Einige Menschen scheinen dann besonders anfällig zu sein für Gurus, Hellseher oder spirituelle Gruppen. Sie suchen nach charismatischen Führern, die ihnen einen Ausweg aus der eigenen Unzufriedenheit bieten und Erlösung versprechen. Gesellschaftliche Umbrüche machten sich stets auch in der Esoterik-Szene bemerkbar – und zwar nicht nur zu Beginn des 20. Jahrhunderts. »Ein wichtiger Grund, warum die Sektenbewegungen den Erfolg hatten, den sie in den späten 1960er- und 1970er-Jahren hatten, war, dass die Gesellschaft in Aufruhr war«, sagte Marc Galanter, Professor für Psychiatrie an der New York University gegenüber der *New York Times.* »Da war der Vietnamkrieg, all die zivilen Unruhen. Die Jugend hatte den Glauben an die ihnen angebotenen Ideologien verloren.«[8] Wenn für sicher geglaubte Normen und Werte mit einem Mal wie ein Kartenhaus vor dem inneren Auge in sich zusammenfallen, geht damit oft auch ein Gefühl von Kontrollverlust einher. Esoteriker, Gurus und neue religiöse Bewegungen haben sich dies in der Vergangenheit immer wieder zunutze gemacht.

Kurz nach Zusammenbruch der Sowjetunion im Jahr 1991 schwärmten zahlreiche Psychogruppen und Esoterik-Dienstleister in die ehemaligen Mitgliedstaaten des Warschauer Paktes aus, darunter auch Russland. Ihre Mission: neue Märkte erschließen, Anhänger gewinnen und lokale Dependancen gründen. Insbesondere für Gruppierungen, die sich andernorts zunehmend von kritischer Berichterstattung und Gerichtsverfahren bedroht sahen, bot das Ende der Sowjetunion neue Chancen. Wer die letzten Jahrzehnte hinter dem Eisernen Vorhang verbracht hatte, konnte kaum durchblicken, mit wem er es denn nun zu tun hatte, wenn einem auf der Straße ein unverfänglich aussehender Flyer für ein »lebensveränderndes Seminar« in die Hand gedrückt wurde. Angst und Sorge, bei der großen gesellschaftlichen Umstellung unter die Räder zu kommen, taten ihr Übriges. In Kombination mit einem wenig regulierten Markt, einer Staatsmacht im Umbruch und Verbrauchern, die bisher kaum Erfahrungen mit den Schattenseiten der freien Marktwirtschaft gemacht hatten, ergab sich eine in vielerlei Hinsicht toxische Mischung. »So etwas wie reichweitenstarke Klatschblätter oder Esoterik-Zeitschriften gab es in der Sowjetunion nicht«, berichtet uns eine Zeitzeugin. »Die durch die Sozialistische Partei kontrollierten Medien waren – bis auf die politische Propaganda – eher wissenschaftlich orientiert. Viele Menschen hatten dementsprechend wenig Erfahrung mit unseriösen Heilsversprechen von Gruppen oder Gurus.«

Eine der Gruppierungen, die diesen Boden geschickt für sich zu bestellen wusste, war die bereits erwähnte Vereinigungskirche – besser bekannt als Mun- oder Moon-Sekte – unter der Führung ihres Gründers und selbstproklamierten Messias Sun Myung Moon. 1990 traf sich Moon anlässlich einer Medienkonferenz in Moskau mit dem damaligen Präsidenten Michail Gorbatschow.[9] Bald darauf schwärmten zahlreiche Missionare nach Russland aus. Neben der üblichen Graswurzelarbeit wurden auch eifrig Kontakte in Politik und Ministerien geknüpft. Laut dem Moskauer Sektenexperten Alexander Dworkin gelang es sogar, Bücher der Vereinigungskirche in einigen russischen Schulen unterzubringen.

Der stellvertretende Direktor der Collegiate Association for the Research of Principles (CARP), einem vor allem an Universitäten tätigen Ableger der Vereinigungskirche, freute sich über »eine großartige Reaktion« von russischen Universitäten und dem Ministerium für Hochschulbildung.[10] Mehr als 1.000 russische Studierende wurden mit kostenlosen Trips in die USA gelockt.[11] Laut Berichten der *New York Times* ähnelten die Veranstaltungen auffällig Seminaren, die der Rekrutierung neuer Anhänger dienten.[12] Einer der Teilnehmenden verglich den Anpassungsdruck bei solchen Events später mit seinen Erfahrungen in der Sowjetarmee. Eine russische Studentin mit Sympathien für die Gruppierung erklärte 1991 hingegen gegenüber der *Los Angeles Times*: »Wenn ich in ihrer Nähe bin, denke ich nicht darüber nach, was ich in unseren leeren Läden nicht kaufen kann – ich denke an große, wichtige Dinge.«

Die Investition schien sich auszuzahlen, im Sommer 1992 war bereits von 5.000 neuen Anhängern allein in Russland die Rede.[13] Die Journalisten Frank Nordhausen und Liane von Billerbeck konstatieren: »Die Missionierungserfolge verleiten den ›Reverend‹ zu der etwas voreiligen Erklärung, er werde in einer der vielen Republiken Russlands den Munismus zur Staatsreligion machen – sprich: die politische Macht ergreifen.«[14] Auch wenn die Ausrufung des »Munismus« bekanntlich ausblieb und die Anhängerschaft der Vereinigungskirche heute weltweit deutlich zurückgegangen ist – so manche neue religiöse Gemeinschaft und esoterische Gruppierung verstand es, die politischen Umbrüche der 1990er zu nutzen, um auf neuem Terrain Fuß zu fassen. Derartige Expansions-Fantasien beschränkten sich keineswegs nur auf Russland, schnell war von einer regelrechten Invasion durch missionierungswütige Esoteriker die Rede.

Aber auch aktuelle Krisen rufen Esoteriker auf den Plan. Am 24. 2. 2022 änderte sich für viele Menschen in Europa die Sicht auf die Welt fundamental: Russland startete seinen völkerrechtswidrigen Angriffskrieg auf die Ukraine. Millionen Menschen flohen vor Gewalt und Terror. Bilder von dem Erdboden gleichgemachten ukrainischen Städten und Dörfern, von zerstörten Schulen und Krankenhäusern, von Verwundeten und Toten, von Kriegsverbrechen und völkerrechtswidrigem Waffeneinsatz sorgten für Entsetzen angesichts der offenkundigen Brutalität der russischen Invasion. In den Ländern Ost- und Mitteleuropas wurden alte Traumata wach gerüttelt. Weltweit wurde über einen drohenden Weltkrieg spekuliert, und die Angst vor einem Atomschlag durch Russland ging um. Die Eilmeldungen vom 27. 2. 2022, dass Russland die Atomstreitkräfte in höchste Alarmbereitschaft versetzt habe, löste bei vielen Menschen Angst aus.[15] Als russische Truppen zwischenzeitlich auch ins Sperrgebiet rund um Tschernobyl vordrangen und über Kämpfe am leistungsstärksten Kernkraftwerk Europas in Saporischschja berichtet wurde, war die Sorge vor einer atomaren Katastrophe groß.

Sei es durch das nukleare Säbelrasseln im Kalten Krieg, nach der Nuklearkatastrophe von Tschernobyl 1986, dem Super-GAU in Fukushima 2011 oder den russischen Angriffskrieg auf die Ukraine: In esoterischen Kreisen wurde die Angst vor atomaren Bedrohungen immer wieder aufgegriffen. Zahlreiche esoterische Ratgeber geben Tipps, um sich vor Folgen von Verstrahlung zu schützen, getreu dem Motto: »Mit Schüßlersalzen und Atemübungen gegen den atomaren Erstschlag«.

Der homöopathische Ratgeber *Schutz vor Strahlenbelastung, Radioaktivität, Röntgen, Sonne* entstand angeblich »durch die Notwendigkeit, nach Tschernobyl einem weiten Leserkreis schnell praktische Hilfestellung zu geben«. Im Buch erfahren wir dann, dass, wenn wir »Radioaktivität mit gesunden Emotionen begegnen«, sich der »Radioempfänger« in uns auf die Wellenlänge der Radioaktivität, der »Seelensprache«, einstellen würde. Durch Homöopathie würden Körperzellen von »Krankmachendem« befreit, die Zelle würde so eine sichere Umgebung aufbauen, die gegen die Radioaktivität schützen soll. Krank würde man durch Radioaktivität sowieso nur, wenn man den »Naturgesetzen und dem göttlichen Plan« Widerstand leiste. Das 2011 nach der Nuklearkatastrophe von Fukushima erschienene Buch *Homöopathie bei Radioaktivität: Ganzheitliche Prophylaxe und Behandlung von Strahlenschäden* wird mit folgenden Worten beworben: »Bei Strahlenbelastung sind naturheilkundliche Maßnahmen wie Ernährung mit Rohsäften und enzymreichen Früchten, Rizole und Darmsanierung äußerst effektiv.«

Die Grundidee der Homöopathie, Ähnliches mit Ähnlichem zu behandeln, geht manchmal mit einer Umdeutung radioaktiver Substanzen einher. Diverse radioaktive Stoffe hätten »das Thema der Zerstörung, Selbstzerstörung und Selbstaufgabe«, schreibt etwa der Homöopathische Notdienst auf seiner Webseite. Das radioaktive Element Thorium steht laut dem Buch *Radioaktive Substanzen in der Homöopathie* für eine »enorme Energie, die kanalisiert werden muss, da sie sonst zerstörerisch wirkt«. »Die homöopathische Arzneimittelprüfung von Uran liest sich wie eine Landkarte für das aktuelle Zeitgeschehen«, schreibt ein Heilpraktiker und Homöopath auf seiner Praxisseite. Und weiter: »Im Mittelpunkt dieser Arznei steht die Grenzen sprengende, männlich-väterliche, schöpferische Energie mit all ihren positiven und negativen Auswirkungen. Die Ich-Kräfte und der wissenschaftliche Forscher- und Entdeckerdrang spielen dabei eine übergeordnete Rolle.« Es werden sogar konkrete Anwendungsmöglichkeiten genannt: »Für Kinder mit Kaiserschnittgeburt, Ruhelosigkeit nachts, Panik und Angstsymptomatik, häufigen Bronchitiden und Neurodermitis ist Plutonium eine unentbehrliche Arznei in der homöopathischen Praxis geworden.« Außerdem stoßen wir auf einen Heilpraktiker, der zur Behandlung der Strahlenkrankheit unter anderem Radium und Strontium in homöopathischer Verdünnung empfiehlt.

Neben Homöopathie wird in der Esoterik-Szene teilweise auch auf Energiearbeit mittels Handauflegen (Reiki) gesetzt. Im Jahr 1992 wurde der Verein Terra Humanica Reiki gegründet, um unter anderem in Not- und Krisengebieten zu »wirken«. Im Gründungsjahr fuhren einige Mitglieder nach Minsk zu einer Klinik, die Opfer der Reaktorkatastrophe in Tschernobyl behandelte. Dies war der Startpunkt einer längeren Mission, um Strahlenopfern mittels Reiki zu »helfen«. »Wir wußten, daß Reiki eine große Hilfe für die Menschen dort ist«, wird Christel Seligmann in einem Magazin zum Thema Reiki zitiert. Die Organisation »behandelte« laut eigenen Angaben nicht nur Menschen vor Ort, sondern schulte auch Ärzte in Reiki. Von einer Exkursion in die verstrahlte Zone wird berichtet: »Wir hatten uns alle zuvor ein Reiki-Depot zum Schutz gesetzt und auch Bus, Fahrer und

Dolmetscher mit eingebunden. [...] Normalerweise dürfen Besucher das Fahrzeug nicht verlassen, doch wir baten darum, an einer wunderschönen kleinen Holzkirche aussteigen zu dürfen.«

Verschiedene esoterische Ansätze arbeiten gänzlich ohne Präparate, allein mittels Gedankenkraft. Jedes Atom sei letztlich nur eine »Form (oder Ausprägung) von Bewusstsein«, ist auf einer esoterischen Webseite zu lesen. Materie könne sich in reines Bewusstsein wandeln, was am Beispiel von radioaktivem Material besonders deutlich würde. Ein Mensch von höherer Ordnung habe mehr Harmonie in seinem Denken, heißt es. Dementsprechend würden auch mehr »Fusionsprozesse« stattfinden, und damit hätte die Person auch eine größere Ausstrahlung. Diese Ausstrahlung habe das gleiche Prinzip wie radioaktives Material, das ja ebenfalls strahle. Eine solche Gleichsetzung mit psychischen Zuständen kann dann zu der Annahme führen, dass Menschen es letztendlich selbst in der Hand hätten, wie sehr sie unter Strahlenbelastung leiden: »Desto höher schwingend ein Mensch selbst ist, desto besser kann er radioaktive Strahlung verkraften und damit umgehen.«

An anderer Stelle wird online empfohlen, Radioaktivität kurzerhand durch Lichtarbeit »auszuleiten«. Wer radioaktiver Strahlung ausgesetzt war, soll sich laut Empfehlung einer Webseite zum Thema »Lichtmedizin« mit seiner himmlischen Seele verbinden. Daraufhin werde eine Energie übermittelt, die schützt und heilt. Menschen, die sich in einer Situation befinden, in der nur radioaktive verseuchtes Trinkwasser zur Verfügung steht, sollen das Wasser einfach mit heilender Energie aufladen. An dieser Stelle zeigen sich auch wieder einmal die Gefahren von Esoterik, da diese empfohlene Fahrlässigkeit im Umgang mit kontaminierten Substanzen das Leben von Menschen gefährdet. Atomare Gefahren werden nicht weniger durch Reiki, Frieden ist kein Resultat von Kontaktaufnahme mit der Lichtdimension.

Neben Radioaktivität sind auch Naturkatastrophen innerhalb der Esoterik-Szene ein wiederkehrendes Thema. Die Nacht vom

14. auf den 15. Juli 2021 hat für viele Menschen im rheinland-pfälzischen Ahrtal alles verändert. Binnen weniger Stunden verwandelten sich kleine Flüsse in reißende Ströme. Die Flut kam und riss alles mit sich, was sich ihr in den Weg stellte. Menschen saßen teilweise über Stunden im Dunkeln mit ihren Habseligkeiten und Haustieren auf Dächern fest, während unter ihnen laute Geräusche von gegen Wände donnernden Trümmern sie bangen ließen, ob die Häuser den enormen Wassermassen überhaupt standhalten würden. Hunderte Menschen mussten in dieser Nacht mit Hubschraubern gerettet werden. Das Mobilfunknetz brach zusammen, Angehörige wurden von der nagenden Unsicherheit gequält, ob ihre Liebsten die brutale Flut überlebt hatten. Bei der Flutkatastrophe kamen in Deutschland mindestens 186 Menschen ums Leben, in Belgien starben 40 Menschen.

Direkt nach der Flutkatastrophe hatten viele Menschen den Drang zu helfen, sie fuhren in die betroffenen Gebiete und packten tatkräftig mit an. Auch die finanzielle Unterstützungsbereitschaft war groß: Laut einer Umfrage des Deutschen Zentralinstituts für soziale Fragen (DZI) anhand von Informationen von 64 Hilfswerken, staatlichen Einrichtungen und Verbänden wurden für die vom Hochwasser betroffenen Menschen 584 Millionen Euro an Spenden gesammelt (Stand November 2021).[16] Auch Esoteriker reagierten auf die Flutkatastrophe und reisten in die überschwemmten Gebiete. Unter ihnen Sabina A. – im Gepäck hatte sie neben Suppe auch ganz besondere »Kraftpakete«, die den Menschen vor Ort helfen sollten. Darin befanden sich nicht nur Nahrungsergänzungsmittel und Fläschchen mit »energetisiertem Wasser«, sondern auch CDL und sogenannte »Tesla-Platten«.[17] Tesla-Platten sind kleine Plättchen, die beispielsweise aus Aluminium oder Kork hergestellt werden und denen eine heilende Wirkung zugeschrieben wird. Das Wundermittel soll beispielsweise Wasser »energetisieren« oder Pflanzenwachstum beschleunigen. Beim bereits erwähnten CDL handelt sich um eine ätzende Chlordioxid-Lösung, die in esoterischen Kreisen immer wieder als angebliches Heilmittel angepriesen wird, vor deren Anwendung aber aufgrund massiver Gesundheitsgefahren dringend gewarnt wird.[18] Menschen in Katastrophengebieten benötigen vielfältige Unterstützung – was es aber nicht braucht, ist esoterischer Humbug, der im schlimmsten Fall sogar gesundheitsschädlich sein kann.

Eine innerhalb der Esoterik immer wieder bei gesellschaftlichen Themen zu beobachtende »Vermenschlichung« von Ereignissen zeigt sich auch bei Naturkatastrophen. Und das wird dann schnell wirklich zynisch. »Wer weibliche Energien innerlich in sich blockiert, der erlebt diesen inneren Energiestau der weiblichen Energien auch im Außen in irgendeiner Form, oftmals in Form von gestautem Wasser (= Hochwasser)«, heißt es beispielsweise auf der Webseite des Esoterikers Andreas R. aus Waldenburg. »Darum gilt: JEDER, der negativ von einem Hochwasser betroffen ist, hat sich dies als Spiegel seiner inneren Blockierungen weiblicher Energien selbst verursacht, weil einfach das Außen immer der Spiegel des Innen ist.« Wer diesen inneren Gefühlsstau nicht habe, der sei auch vom Hochwasser nicht negativ betroffen, führt er weiter aus. Weder die Klimakrise noch das Missmanagement der zuständigen Behörden sind also schuld, sondern die Betroffenen selbst.

Nicht nur die Flutkatastrophe im Sommer 2021 lässt vermuten, dass die Klimakrise zu einem neuen Betätigungsfeld für Esoteriker werden könnte. Die Auseinandersetzung mit der Natur gehört seit jeher zu den zentralen Themen der Esoterik. Und da spielt das Thema Klima eine immer wichtigere Rolle. Der »QAnon-Schamane« wähnte sich etwa im apokalyptischen Kampf gegen die drohende Katastrophe. Leider werden innerhalb esoterischer Umfelder aber immer wieder wissenschaftliche Fakten geleugnet. »Das CO_2 ist das Gas des Lebens. […] Das CO_2 ist kein Problem, es tut der Natur gut«, meint Wolf-Dieter Storl, österreichischer Ethnobotaniker. Der Bestseller-Autor und »Waldschamane« verharmlost damit den Einfluss von Kohlenstoffdioxid auf die weltweite Klimakatastrophe, vor der Wissenschaftler immer lauter warnen.[19] Eine Verharmlosung der Klimakrise findet sich allerdings nicht durchgängig in der Esoterik. Je nach politischer Haltung wird Esoterik und Pseudowissenschaft genutzt, um die eigenen jeweiligen Positionen nach Gusto zu untermauern.

Ein Blick in die Geschichte macht deutlich, dass Klimaveränderungen und deren Auswirkungen in der Vergangenheit immer wieder den gesellschaftlichen Blick auf Magie beeinflusst haben. Einige Forschungsarbeiten haben sich etwa mit der Hexenverfolgung in Europa auseinandergesetzt und nach Erklärungen für die Gewaltexzesse gesucht. Johannes Dillinger, Geschichtsprofessor an der Johannes-Gutenberg-Universität Mainz, sieht einen Zusammenhang zwischen dem Einfluss von klimatischen Veränderungen und dem Entstehen neuer Feindbilder: »Neueren Erklärungsversuchen zufolge trug ein klimatisches Phänomen dazu bei, den Boden für Misstrauen, Verdächtigungen und Anschuldigungen zu bereiten. Die Hauptzeit der Hexenverfolgung zwischen 1560 und 1650 fällt mit der kältesten Phase der Kleinen Eiszeit zusammen. Die Klimaverschlechterung führte zu schweren Ernteverlusten und Hungersnöten und in der Folge zu sozialen Spannungen. Gerade in Deutschland wurden Hexen vor allem als Wetterzauberinnen gesehen, und schädigende Wetterereignisse konnten ihnen direkt zur Last gelegt werden.«[20] Auch die Volkskundlerin Dagmar Hänel sieht klimatische Veränderung als einen von verschiedenen Faktoren, die beim Phänomen Hexenverfolgung eine Rolle spielten. Diese Periode war schließlich von multiplen Krisen geprägt: Starkwetterereignisse durch die Kleine Eiszeit, damit verbundene Ernteausfälle, Kriege, Hunger, Verarmung und dazu Epidemien und das Auftreten der Pest. In diesen Zeiten wurden dann Schuldige gesucht, die man für all das Leid verantwortlich machen konnte. Und da kamen Hexen als Feindbilder gerade recht.[21]

Bei Hexenverfolgung denken viele Menschen ans Mittelalter oder die frühe Neuzeit. Doch auch nach 1945 war das – zumindest in Deutschland – mancherorts noch ein Thema. Laut der US-amerikanischen Geschichtsprofessorin Monica Black von der Universität Tennessee war die Nachkriegsgesellschaft stark von Mystizismus geprägt, Wunderheiler und Magie erfreuten sich einer großen Beliebtheit.[22] In einem Artikel von 1951, erschienen im *Spiegel*, heißt es, allein in Lüneburg hätten sich 1950 noch 15 Gerichtsverhandlungen mit Vorwürfen der Hexerei beschäftigt.[23] Verurteilt wurden dabei allerdings nicht die der Hexerei bezichtigten Personen, sondern vielmehr selbst ernannte »Hexenjäger«.[24] Der deutsche Hexenforscher Johann Kruse schrieb 1951 in seinem Buch *Hexen unter uns – Magie und Zauberglauben unserer Zeit*: »Noch heute, Mitte des 20. Jahrhunderts, hat jede Stadt in Deutschland mehrere ›Hexen‹ und fast jedes Dorf seine ›Teufelsdienerin‹.«[25] Infolge ihrer Schutzlosigkeit wurden diese Frauen seinen Recherchen zufolge mancherorts geächtet und verfolgt, manche sogar misshandelt oder getötet. »Hexenaustreiber nutzen diesen Aberglauben in verbrecherischer Weise«, schreibt auch die Historikerin Dagmar Unverhau.[26]

Gesellschaften werden nicht nur durch Naturkatastrophen und Kriege instabiler, sondern auch durch wirtschaftliche Krisen. Die Zahl der Anbieter für esoterische Angebote soll seit Beginn der Wirtschaftskrise in Italien um das Fünffache gestiegen sein, berichtete die *Augsburger Allgemeine* 2017.[27] »In Zeiten, in denen die reale Welt wenige Sicherheiten bietet, flüchten viele Menschen ins Irrationale und hoffen auf eine Verbesserung der persönlichen, sozialen oder ökonomischen Situation«, so Gianluca Di Ascenzo, Präsident des italienischen Verbraucherverbandes Codacons. Für andere EU-Mitgliedstaaten liegen vergleichbare Zahlen nicht vor, es lassen sich aber ähnliche Dynamiken vermuten.

Ob Finanzkrise von 2007, Arbeitslosigkeit und Preissteigerungen in der Coronapandemie oder die 2022 rasant steigende Inflation – Menschen versuchen immer wieder, finanzieller Unsicherheit mit Magie zu begegnen. Wenn die Börse schon schlecht steht, vielleicht sieht es bei den Sternen ja ein bisschen besser aus? »Viele Arbeitslose wollen, dass ich das Schicksal günstig stimme, damit sie einen sicheren Arbeitsplatz finden«, berichtete Nasir Qasemi, Wahrsager und Heiler aus Kabul, 2012 der *Deutschen Welle.*[28] Beinahe jedes Horoskop enthält auch Weissagungen über die eigene finanzielle Situation. Sogenannte Börsenastrologen profitieren von Krisen und der Sehnsucht nach Sicherheit. »Finanzastrologie arbeitet seit jeher mit mathematisch nachgewiesenen Zusammenhängen«, liest man dazu auf einer Astrologie-Webseite. Untermalt wird das Ganze mit einem im Netz kursierenden Zitat, das angeblich vom Bankier J. P. Morgan stammen soll: »Millionäre nutzen keine Astrologie. Milliardäre schon.« Für schlappe 99 Euro kann man auf einer anderen Webseite die Aktienmarkt-Jahresvorschau für 2022 erstehen. Wer möchte in Zeiten von Inflation und Verteuerungen nicht wissen, wie die Sterne für die Zukunft stehen? Die Erfolgsquote von Börsenastrologen war in der Vergangenheit allerdings nicht sonderlich gut. Die Ergebnisse des GWUP-Prognosencheck vom Juni 2007 zeigen, wie wenig man auf solche Aussagen geben sollte: »Ein Vergleich mit den DAX-Schlussständen liefert für diesen Monat genau 6 Treffer bei 21 Börsentagen – also eine Quote von 29 %.«[29]

Nicht nur die Bewältigung von aktuellen Krisen, sondern auch die historische Aufarbeitung von Völkermorden und der Schoa wird esoterisch uminterpretiert. Die gesellschaftliche Auseinandersetzung mit Verbrechen rückt dabei immer wieder in den Hintergrund. »Am 24. Februar 2018 gibt es ein weltweit synchronisiertes OM Chanting in ehemaligen Konzentrationslagern, um die Vergangenheit zu heilen«, konnte man 2018 auf esoterischen Webseiten lesen. Auch die KZ-Gedenkstätte Buchenwald sollte im März desselben Jahres von der Bhakti-Marga-Gruppe mit dem angeblichen Reinigungsritual »Om Chanting« von negativer Energie befreit werden. »Was an diesen Orten geschah, geschieht immer noch in den ätherischen und astralen Bereichen. Nur der Schöpfungsklang Om hat die Kraft, diese Orte zu heilen«, zitiert die *Welt* Paramahamsa Vishwananda, den Gründer der

Gruppe.[30] Die Aktion stieß wenig überraschend auf breite Kritik. »Bei den ›Chantings‹ gibt es keine inhaltliche Auseinandersetzung mit der spezifischen Geschichte der Orte. Es ist eine äußerst fragwürdige Art, sich mit der Vergangenheit des singulären Verbrechens des Holocaust auseinanderzusetzen«, kritisierte Alexander Rasumny von der Recherche- und Informationsstelle Antisemitismus das Vorhaben.[31] Das Event in der KZ-Gedenkstätte Buchenwald fand dennoch statt, da aber keine Presse zugelassen war, bleibt es unklar, wie viele Anhänger letztendlich tatsächlich gekommen waren.[32]

Ein weiteres, in der Esoterik-Szene immer wieder aufgegriffenes Thema ist die Angst vor einer drohenden Apokalypse. So beängstigend die Vorstellung ist, dass unsere Welt sich dem Ende nähern könnte, so übt genau dieses Szenario doch auch eine gewisse Faszination aus. Die Filmindustrie verdient Unsummen mit Katastrophenfilmen und dystopischen Endzeit-Szenarien. Der 1996 veröffentlichte Film *Independence Day* spielte weltweit über 800 Millionen US-Dollar ein.[33] *Dr. Seltsam oder: Wie ich lernte, die Bombe zu lieben* von Stanley Kubrick, in dem die Angst vor einem die Welt zerstörenden Atomkrieg thematisiert wird, gehört mittlerweile zu den Klassikern der Filmgeschichte. Auch bei der in den 1990ern populären Fernsehserie *Die Dinos* geht es im Kern um nichts Geringeres als das Ende eines bewohnbaren Planeten.

Diese Faszination machen sich natürlich auch andere zunutze. Für das Jahr 2012 wurde insbesondere in Boulevardmedien der Countdown für einen drohenden Weltuntergang ausgerufen. Am 21. Dezember sollte der sagenumwobene Maya-Kalender enden. Einige nahmen dies zum Anlass, um zu spekulieren, dass es damit dann auch für die Welt insgesamt zu Ende gehen könnte. Es kam mancherorts zu wahren Massenbewegungen, angeführt von selbst ernannten Propheten, die sich gegen eine drohende Katastrophe wappnen wollten.

Ein französisches 240-Einwohner-Dorf wurde so zum Magneten für esoterische Pilger aus aller Welt. Bugarach galt einigen 2012 als einziger Ort, an dem es möglich sei, die drohende Apokalypse zu überleben. Das Ganze hatte eine Vorgeschichte, denn bereits 2011 wurde die kleine Gemeinde zum Wallfahrtsort für Sinnsuchende. »Verschwörungstheoretiker und Erweckungspriester pilgern nach Bugarach und zum gleichnamigen Berg, der die Gemeinde überragt. Schließlich soll es der 1.230 Meter hohe Berg in sich haben«, berichtete Stefan Ulrich im Juni 2011 für die *Süddeutsche Zeitung*. »Manche behaupten, er beherberge eine geheime Militäranlage. Andere glauben, Außerirdische werkelten hier in einer Art Weltraumgarage. Auch der Heilige Gral soll in dem Berg verborgen sein.«[34] Das rege Treiben veranlasste schließlich sogar die staatliche französische Sekten-Kommission Miviludes dazu, den Ort überwachen zu lassen. Zu groß war damals die Angst vor kollektiven Selbstmorden und gewalttätigen Eskalationen. Der Bürgermeister von Bugarach bereitete sich im Sommer 2011 obendrein darauf vor, im Ernstfall die Armee rufen zu müssen.[35] Im Nachhinein erwies sich diese Sorge als unbegründet – die befürchtete Esoterik-Apokalypse blieb zum Glück aus.

Bugarach war allerdings nicht der einzige Ort, an dem Weltuntergangs-Anhänger Zuflucht vor dem angeblich drohenden Armageddonam 21. 12. 2012 suchten. In Ghana beispielsweise verkündete der selbst ernannte Prophet Peter A., nur ein kleines Bergdorf nahe der Stadt Bolgatanga, etwa 800 Kilometer nördlich der Hauptstadt Accra, würde echte Sicherheit bieten.[36] Es kommt keiner Überraschung gleich, dass es nicht das erste Mal war, dass Anamoah eine Zerstörung der Welt voraussagte, Jahr zuvor hatte er das schon einmal im ghanaischen Fernsehsender Metro TV behauptet.[37]

In der Türkei wiederum waren 2012 alle 400 Hotelbetten des 600-Seelen-Dorfes Sirince von New-Age-Pilgern ausgebucht, die sich durch die spezielle Energie des Ortes geschützt sahen.[38] »Weil von dort einst die Jungfrau Maria in den Himmel entschwebt sein soll, glauben nun viele, dieser energiereiche Ort könne sie am Tag des Untergangs an einen sicheren Ort im Kosmos bringen«, berichtete die *Mitteldeutsche Zeitung*.[39] Zwischenzeitlich wurden Besuchermassen von bis zu 60.000 Menschen erwartet, die sich spirituell vor dem drohenden Ende schützen wollten.[40] Das türkische Innenministerium sah sich schließlich gezwungen, auf den Ansturm zu reagieren, und das Aufstellen zusätzlicher Zelte, mit denen die Hotels ihre Kapazitäten aufstocken wollten, wurde untersagt.

Wissenschaftler, die sich mit der Maya-Kultur auskennen, schlugen angesichts derart obskurer Vorstellungen die Hände über dem Kopf zusammen. »Es gibt keine einzige Inschrift, keinen Kodex und keine Prophezeiung der Maya, die für heuer den Weltuntergang vorhersagt«, erklärte etwa damals Martina Kaller-Dietrich vom Institut für Geschichte der Universität Wien.[41] Tatsächlich war die Interpretation des Endes des Kalenders so auch nicht ganz richtig. »Es stimmt zwar, dass hier nach Maya-Zeitrechnung ein bestimmter Abschnitt endet. Das bedeutet aber nicht, dass die Welt untergeht, sondern nur, dass ein neuer Zyklus beginnt«, so Kaller-Dietrich.[42] Apolinario Chile Pixtun, Ältester des Maya-Rates, wurde von der Zeitung *Welt* dazu befragt, ob mit dem Ende des Kalenders auch mit einem Ende der Welt zu rechnen sei. »Definitiv nicht. Ich habe von diesem Zeug genug«, lautete die augenscheinlich wenig begeisterte Antwort.[43]

»Nach meiner Vorahnung passiert an dem Tag – gar nichts. Die Welt wird in Ordnung sein«, beschwichtigte sogar der bekannte indonesische Hellseher Ki Kusumo.[44] In der Tat fanden radikale Weltuntergangsfantasien 2012 innerhalb der Esoterik-Szene wenig prominente Unterstützung. Die Gesellschaft zur wissenschaftlichen Untersuchung von Parawissenschaften (GWUP) wertete 140 Prognosen von 70 bekannten Astrologen, Hellsehern und Wahrsagern hinsichtlich ihrer Positionen zur vermeintlichen 2012-Apokalypse aus: »Zwar sahen einige eine ›besondere Konstellation‹ voraus, einige wenige erwarten gar die eine oder andere Naturkatastrophe an diesem Datum, aber einen Weltuntergang haben sie nicht gesehen.«[45]

Die Endzeit-Panik mag rückblickend absurd wirken. Der Glaube an ein nahendes Ende der Menschheit ist allerdings wenig erheiternd, wenn man bedenkt, wie traumatisierend so etwas auf Menschen wirken kann, die wirklich daran glauben – gerade bei Kindern. Das musste 2012 auch die US-Weltraumbehörde NASA erleben. Tausende Briefe von verängstigten Kindern schlugen dort kurz vorm Stichtag auf. »Die Kinder schreiben, dass sie sich wegen des nahenden Weltuntergangs schlecht fühlen oder sogar über Selbstmord nachdenken«, so NASA-Mitarbeiter David Morrison.[46]

Für Außenstehende erscheint es oft wenig nachvollziehbar, warum einige Menschen derart stark auf Endzeitfantasien reagieren. Es spricht allerdings viel dafür, dass die Psychologie hierbei eine wichtige Rolle spielt. Letztendlich geht es laut dem Psychoanalytiker Wolf-Detlef Rost auch um Selbstbestrafung und Schuldgefühle, nicht nur um bloße Ängste. Historisch ist dieses Phänomen auch im Glauben eingebettet: »Die Angst vor dem Weltuntergang ist Bestandteil von Mythen und Religionen in fast jeder Kultur, besonders aber unserer westlichen, deren Wertvorstellungen und Moral ganz entscheidend von christlich-alttestamentarischen Darstellungen geprägt sind.«[47] Katastrophen werden in der Bibel an vielen Stellen als Bestrafung für ein sündiges Leben beschrieben. Im Lukasevangelium heißt es beispielsweise: »Sie aßen, sie tranken, sie freiten, sie ließen sich freien bis auf den Tag, da Noah in die Arche ging, und die Sintflut kam und brachte sie alle um.«[48] Nachdem die Menschen mit dem Turmbau zu Babel sprichwörtlich zu hoch hinauswollten, folgte die Strafe Gottes auf dem Fuße, indem er mit einer großen Sprachverwirrung dafür sorgte, dass es keine einzige die Menschheit vereinigende Sprache mehr geben sollte.

Seit Menschengedenken kommt es immer wieder zu Vorhersagungen, wann genau ein Ende der Menschheit bevorstehen soll. Ängste vor einer angeblich bevorstehenden Apokalypse sind oft auch mit existenziellen Sinnfragen verwoben.[49] Das Käte Hamburger Kolleg für Apokalyptische und Postapokalyptische Studien (CAPAS) an der

Universität Heidelberg beschreibt das Phänomen wie folgt: »Der apokalyptische Untergang einer Welt zeigt den wahren Sinn und die Bestimmung dieser Welt. In einer Apokalypse nehmen die destruktiven Kräfte, die wir in der realen Welt beobachten können, eine selbstzerstörerische Form an, die von Beginn an in ihr angelegt ist. Apokalypsen sind also keine von außen über uns hereinbrechenden Katastrophen, die zu einer allgemeinen, sinnlosen Zerstörung führen.«[50]

»Einige apokalyptische Visionen bieten einen Weg zur Unsterblichkeit. Bei anderen geht es eher um die Hoffnung auf einen Neustart auf diesem Planeten«, erklärt der Journalist Jasper Hamill die Hintergründe von »Doomsday Angst«. »Andere bieten Menschen eine persönliche Hoffnung auf Heldentum oder die Chance, einem Leben zu entkommen, das sich oft sinnlos oder unerfüllt anfühlt, indem sie zu den Grundlagen des Überlebens, der Familie und der engen Gemeinschaft zurückkehren. Was diese verschiedenen Ideen verbindet, ist die Suche nach Sinn, der Wunsch nach Bedeutung.«[51] In einigen Fällen kann der Glaube an das Armageddon auch dazu dienen, eigene Probleme zu verdrängen. Wozu schließlich noch die Schulden abbezahlen, einen neuen Job suchen oder an der kriselnden Beziehung arbeiten, wenn nächsten Monat eh alles vorbei sein könnte?

Esoteriker versuchen also nicht nur Menschen in Krisenzeiten mit einfachen Antworten zu ködern, manchmal schüren Hellseher, Propheten und Gurus auch aus dem Nichts Angst vor Katastrophen. Baba Vanga galt als die berühmteste Hellseherin Bulgariens und wird von einigen Fans als »lebende Heilige« oder »Nostradamus vom Balkan« verehrt. Vanga, die mit bürgerlichem Namen Vangeliya Pandeva Gushterova hieß, verlor ihr Augenlicht im Alter von 12 Jahren während eines massiven Sturms, wodurch sie nach eigenen Angaben auch die Fähigkeit erhielt, Leute zu heilen und die Zukunft vorauszusagen. Sie selbst starb 1996 im Alter von 85 Jahren, ihre zahlreichen Vorhersagen sollten sie aber um Jahrzehnte überdauern. Bis heute schaffen ihre Weissagungen es in die internationalen Klatschblätter und sorgen in Esoterik-Foren für lebhafte Diskussionen. Ihre Anhänger sind nach wie vor von der Qualität und Wahrhaftigkeit ihrer Prophezeiungen überzeugt. Gern wird behauptet, dass 85 Prozent der Weissagungen tatsächlich eingetreten seien.[52] Die Kriterien für das Zutreffen der Prognosen werden allerdings, gelinde gesagt, sehr großzügig ausgelegt. Für das Jahr 1989 hatte sie beispielsweise vorhergesehen, dass »amerikanische Brüder« fallen würden, »nachdem sie von den Stahlvögeln angegriffen wurden« und »unschuldiges Blut« würde »fließen«. Ihre Anhänger sahen das als Beleg, dass die Bulgarin in der Lage gewesen war, die Terroranschläge am 11. September 2001 vorherzusagen – ungeachtet der Tatsache, dass sie mit dem Datum über 10 Jahre daneben lag. Dass der 44. Präsident der Vereinigten Staaten von Amerika schwarz sein werde, stimmte überraschenderweise tatsächlich. Dass dieser Mann allerdings der letzte Präsident der USA sein würde, hat sich offensichtlich nicht bewahrheitet.

2021 sollte ein wirtschaftlicher Kollaps drohen und der Anfang vom Ende Europas eingeläutet werden. Auch einen dritten Weltkrieg sah die Hellseherin für 2021 am Horizont heraufziehen. »Alles wird wegschmelzen wie Eis, doch der Ruhm Wladimirs, der Ruhm Russlands, sind die einzigen Dinge, die bleiben werden. Russland wird nicht nur überleben, es wird die Welt beherrschen«, soll Vanga angeblich 1979 bei einem Treffen mit dem Schriftsteller Valentin Sidorov gesagt haben.[53] Selbst manche skeptischen Geister können bei derartigen Vorhersagen mehr als 40 Jahre später vielleicht ein mulmiges Gefühl bekommen. Was, wenn Baba Vanga recht hatte? Konnte sie vielleicht doch die Zukunft vorhersehen?

Die Tatsachen sprechen jedoch dagegen. Gerade das Beispiel der bulgarischen Hellseherin macht allerdings deutlich, wie sehr Menschen für Derartiges empfänglich sein können, wenn sie gerade selbst Angst vor etwas haben. Dann blendet man auch eher aus, dass Vanga ihren Fans zufolge für das Jahr 2022 auch vorhergesagt hat, dass eine virtuelle Realität die Macht übernehmen werde und Aliens einen Asteroiden zur Erde schicken würden.[54] Laut der Prophetin sollte zudem der US-Präsident 2021 von einer mysteriösen Krankheit heimgesucht werden, die ihn taub machen und mit einem Gehirnschaden zurücklassen würde.[55]

Falls bei dem einen oder anderen aber dennoch Zweifel übrig geblieben sind und die- oder derjenige sich nun nach dem genauen Datum einer drohenden Apokalypse erkundigen möchte, um sich so vielleicht rechtzeitig in einem Bergdorf in Frankreich oder Ghana in Sicherheit zu bringen, den – oder die – können wir an dieser Stelle getrost beruhigen: Das Ende der Welt kommt laut Vanga erst im Jahr 5079.

Fazit

Wir wollen an dieser Stelle ehrlich mit Ihnen sein: Wenn es nach uns gegangen wäre – dieses Buch wäre noch lange nicht zu Ende. Beim Schreiben dieses Textes wandert der Blick immer wieder schuldbewusst zu einem Stapel mit Esoterik-Ratgebern zum Thema Kindererziehung. Was macht es mit Kindern, wenn ihre Persönlichkeit anhand der Ratschläge eines Hellsehers in einer Art und Weise gedeutet wird, die mit seriösen psychologischen Konzepten rein gar nichts gemein hat? Einige Eltern sehen Verhaltensauffälligkeiten ihrer Kinder als erfreulichen Beleg dafür, dass man es mit einem spirituell besonders begabten »Indigo-Kind« zu tun habe, und lehnen daher psychologische Beratung rundheraus ab. Im Gespräch mit Beratungsstellen wurde uns immer wieder geschildert, welchen toxischen Einfluss esoterische Konzepte auf Familien haben können. Bis hin zu Fällen, in denen eine Mutter aufgrund der Eingebung eines Mediums ihr eigenes Kind verstößt – weil sie glaubt, es sei von bösen Geistern besessen.

Diese Recherche war für uns in vielerlei Hinsicht eine Herausforderung. Wenn man sieht, wie gefährliche Behandlungen angepriesen werden, wie Menschen in manipulative Gruppierungen abgleiten, lässt das einen natürlich nicht unberührt. Komplexe Probleme lassen sich nicht einfach durch magische Sprüche oder ein überteuertes Wochenendseminar lösen. Schlimmstenfalls ist das Ganze nicht nur wirkungslos, kostspielig und schafft Abhängigkeiten zu zweifelhaften Dienstleistern, sondern verstärkt vergrabene Traumata, mit denen Betroffene dann im Anschluss oft allein gelassen werden.

Wir hätten auch gern mehr dazu geschrieben, welche Rolle Esoterik bei Haustieren spielt. In beinahe jedem Tierfachgeschäft tummeln sich unzählige nutzlose Produkte, gar nicht so wenige Tierratgeber sind voll von Empfehlungen für homöopathische »Behandlungen« – teilweise auch bei schweren Erkrankungen. Und das sind noch die harmlosen Beispiele, wenn man bedenkt, dass auch gesundheitsschädliche Stoffe wie Bleiche in esoterischen Milieus beworben werden. Da ist eine Bernsteinkette, die angeblich dazu führen soll, dass Zecken den Hund verschonen, fast noch eine harmlos-absurde Randnotiz.

Fragen nach dem Zusammenhang von Religion und Esoterik haben es genauso wenig ins Buch geschafft wie eine tiefere Auseinandersetzung mit esoterischen Inhalten im Kontext Schule und Forschung. Eine detaillierte kritische Ausführung zu esoterischen Pseudoheilverfahren könnte zudem ganze Bücherregale füllen. Das Angebot ist einfach zu groß, die Themen zu vielfältig. Wir mussten versuchen, uns auf das Wichtigste zu konzentrieren, um anhand der ausgewählten Beispiele einen Überblick über die Methoden und Gefahren der Esoterik geben zu können.

Aber das war bei Weitem nicht die einzige Herausforderung: »Zitiert mich bitte nur anonym«, teilte uns eine Berliner Frauenärztin bei einem Hintergrundgespräch mit. »Ich habe schon genug mit Drohungen von Abtreibungsgegnern und radikalen Impfgegnern zu tun – da brauche ich nicht auch noch Esoteriker!« Ähnliches bekamen wir auch von anderen Stellen zu hören. So manche Milieus, die nach außen gern behaupten, für Frieden, Meinungsfreiheit und Vielfalt einzutreten, zeigen sich äußerst dünnhäutig angesichts von Kritik. Aus esoterisch geprägter Skepsis gegenüber evidenzbasierter Medizin kann eine toxische Mischung entstehen, die an einigen Stellen in Hass und Hetze gegenüber Medizinern und Forschenden umschlägt. Auch diesem Aspekt hätten wir gut und gern ein weiteres Kapitel widmen können. Gleiches gilt für esoterische Kleinstparteien, Online-Abzock-Maschen, Magisches Denken an Universitäten, Lobbying-Aktivitäten esoterisch geprägter Verbände …

Und doch hätte jedes weitere Kapitel wahrscheinlich wenig an unserem Fazit geändert: Wir neigen heutzutage gern dazu, uns in einer aufgeklärten und wissenschaftlich orientierten Welt zu wähnen. Fakt ist aber, dass Magisches Denken und esoterische Konzepte sich nicht nur im Supermarkt, sondern auch in so mancher Arztpraxis oder gar auf dem Wahlzettel wiederfinden. Esoterische Glaubensmodelle können beeinflussen, wie Menschen sich und ihre Familien ernähren oder mit Problemen in der Partnerschaft umgehen. In Krisenzeiten versprechen sie Halt und Orientierung, wer aber darauf vertraut, riskiert womöglich viel. Nicht wenige, deren spirituelle Reise einst durch die Sehnsucht nach Selbstbestimmung angestoßen wurde, landen am Ende bei Gurus mit autoritärem Führungsstil. Einige spirituell »erleuchtete« Gruppierungen transportieren in ihren Lehren zudem Inhalte, die anschlussfähig für rechtsextreme und menschenfeindliche Positionen sind.

Wir wollen Sie nicht mit einer weiteren Mahnung langweilen, für wie gefährlich wir dies alles halten. Die auf den vorangegangenen Seiten angeführten Beispiele sprechen für sich. Nur so viel: Wir hoffen, dieses Buch leistet einen Beitrag dazu, dass wir als Gesellschaft zukünftig anders mit diesem Thema umgehen. Gerade weil wir befürchten, dass die multiplen Krisen unserer Zeit esoterische Welterklärungsmodelle noch einmal befördern könnten. Wird ein Hochwasser als persönliches Scheitern umgedeutet, werden Betroffene doppelt stigmatisiert. Wird die Klimakrise nicht als menschliches Versagen im ressourcenschonenden Umgang mit der Welt begriffen, sondern zur spirituellen Botschaft umgedeutet, steht unser aller Zukunft auf dem Spiel.

Es lohnt sich wirklich, häufiger hinter die Fassade so mancher »ganzheitlicher« und »sanfter« Ansätze zu schauen. Dahinter tun sich nämlich leider nur allzu oft Abgründe auf.

Danksagung

Bei der Recherche zu unserem ersten gemeinsamen Buch *Fake Facts. Wie Verschwörungstheorien unser Denken bestimmen* war Esoterik quasi omnipräsent. Wir erinnern uns nur allzu gut an viele Diskussionen, an deren Ende der schmerzhafte Entschluss stand, Passagen zum Thema Esoterik zu kürzen – das Manuskript platzte bereits aus allen Nähten. Das war nicht leicht für uns, schließlich sahen wir schon vor der Coronapandemie nur allzu deutlich, welche gesellschaftlichen Auswirkungen Esoterik beim Thema Gesundheit hat. Als unser Verlag uns im Sommer 2020 kurz nach Release des Buchs fragte, ob wir bereits Ideen für ein nächstes Projekt hätten, stand für uns daher das Thema schnell fest. Doch wie das bei jedem Buch nun einmal so ist: Von der Idee bis zum Moment, an dem man das fertige gedruckte Exemplar stolz in Händen hält, vergeht viel Zeit und vor allem Arbeit.

Ohne die Unterstützung unserer Lektorin Cindy Witt während des gesamten Prozesses hätten wir dieses Vorhaben sicherlich nicht in dieser Form stemmen können. Das gilt auch für unseren Agenten Thomas Schmidt-Wölke von Landwehr & Cie und unsere Lektorin Angela Kuepper. Danke für die Unterstützung dieses Projekts – von der Idee bis hin zum fertigen Buch. Ebenso bedanken wir uns für das externe Lektorat von M. Mathias, welcher durch sein gutes Auge für Formulierungen und inhaltliche Details an vielen Stellen geholfen hat, Ecken und Kanten im Manuskript zu glätten.

Vor allem unseren Familien und uns nahestehenden Menschen verdanken wir viel, da diese uns während all der Zeit mit Rat und Tat zur Seite gestanden haben. Viele abendliche Diskussionen im Kreise von Freunden und Kollegen sind in dieses Buch eingeflossen.

Sich den ganzen Tag durch esoterische Publikationen und Online-Communitys zu arbeiten war eine Herausforderung angesichts der dort verbreiteten oft sehr drastischen Inhalte. Daher sind wir nicht zuletzt für Unterstützung in Form von Ablenkung privater Natur während dieser Zeit äußerst dankbar gewesen. Dies hat uns erlaubt, uns danach wieder gestärkt und ausgeruht an den Schreibtisch zu setzen. Wichtig war dies nicht zuletzt, da wir beide aufgrund unserer Arbeit seit Jahren von Verschwörungsideologen und Esoterik-Anhängern massiv angegangen und bedroht werden.

Dieser Text ist zudem an seinen zahlreichen Testlesern gewachsen, die durch ihre Rückfragen und Kommentare das Buch erst zu dem gemacht haben, was es am Ende geworden ist. Wir bedanken uns dafür sehr herzlich bei: Anna, Christian, Felicitas, Jacob, Jasmin, Karolin, Malte, Marion, Margarete, Michael, Mona und Ruth. Sollten wir an dieser Stelle einen Menschen vergessen haben, bitten wir um Nachsicht.

Unser Dank gilt auch Natalie Grams-Nobmann für ihren kritischen Blick und hilfreiche Anmerkungen zum Themenfeld Homöopathie. Unseren Lesern möchten wir an dieser Stelle ihr kürzlich erschienenes Buch *Was wirklich wirkt: Kompass durch die Welt der sanften Medizin* sehr ans Herz legen. Beim Thema Anthroposophie und Rudolf Steiner war für uns Oliver Rautenberg, der seit vielen Jahren in seinem *anthroposophie.blog* über diese Szene aufklärt, durch sein umfassendes Fachwissen eine große Unterstützung. Ebenso war die Expertise von Sabine Riede und dem von ihr geleiteten Verein Sekten-Info NRW für uns eine große Hilfe – gerade bei Fragen rund um problematische Gruppierungen und Psychogruppen sowie unseriöse Coaching-Angebote. Wir würden uns freuen, wenn dieses Buch einen Beitrag dazu leistet, die Arbeit von Initiativen und Beratungsangeboten sichtbarer zu machen, damit sie endlich die Unterstützung bekommen, die sie verdienen.

DANKSAGUNG

Dieses Buch steht auf den Schultern von Giganten, die sich seit vielen Jahren kritisch mit der Esoterik-Szene und ihren unzähligen Spielarten beschäftigen. Wir hoffen, dass wir das in unseren Texten zum Ausdruck bringen konnten.

Literaturverzeichnis

Alle Internetquellen wurden, soweit nicht anders angegeben, letztmalig am 1.5.2022 aufgerufen.

Einleitung

1 Friends. Sitcom auf NBC (1994–2004). Staffel 2 Episode 11: »Phoebe and the spirit«

Kapitel 1

1 Decker, O., Kiess, J., Schuler, J., Handke, B., Pickel, G., & Brähler, E. (2020). Die Leipziger Autoritarismus Studie 2020: Methode, Ergebnisse und Langzeitverlauf. Autoritäre Dynamiken, Arlington. S. 27.

2 National Science Foundation – National Center for Science and Engineering Statistics (2014). Science and Engineering Indicators, Kap. 7. Arlington; https://www.nsf.gov/statistics/seind14/index.cfm/chapter-7/c7s2.htm

3 Geschlecht wird an dieser Stelle binär beschrieben.

4 Schmidt, T. (2007). Freundliche Frauen: Eine Kritik an der Juden- und Frauenfeindlichkeit des esoterischen Feminismus. Alibri. S. 55f.

5 Braunwell, A. (18. April 2019). Der kollektive Schmerzkörper. Die Tageszeitung. https://taz.de/Sexismus-in-der-Esoterik/!5589042/

6 Thompson, K. (25. September 2018). What is the New Age Movement?. Revise Sociology. https://revisesociology.com/2018/09/25/new-age-movement-what/

7 Ditfurth, J. (1996). Entspannt in die Barbarei: Esoterik,(Öko-)Faschismus und Biozentrismus. Konkret Literatur. S. 10f.

8 Hilleary, C. (4. Mai 2017). Native Americans Decry Appropriation of Their History, Culture. Voice of America. https://www.voanews.com/a/native-americans-decry-appropriation-of-their-hist/3837209.html

9 Rüttimann, V. (20. November 2005). Kabbala: Modereligion für Schöne und Reiche. Kath. https://www.kath.ch/medienspiegel/kabbala-modereligion-fuer-schoene-und-reiche/

10 Stokowski, M. (28. Januar 2016). Geil, Resignation!. Der Spiegel. https://www.spiegel.de/kultur/gesellschaft/detox-als-flucht-in-ein-neue-lebensform-kolumne-margarete-stokowski-a-1074391.html

11 Farias, M., & Lalljee, M. (2008). Holistic individualism in the Age of Aquarius: Measuring individualism/collectivism in new age, Catholic, and atheist/agnostic groups. Journal for the Scientific Study of Religion, 47(2), 277–289.

12 Vonk, R., & Visser, A. (2021). An exploration of spiritual superiority: The paradox of self-enhancement. European Journal of Social Psychology, 51(1), 152–165.

13 Spiess, R. (2011). Esoterik und Narzissmus – Wie Esoterik narzisstische Bedürfnisse bedient. In: infoSekta Jahresbericht 2011. S. 22–25. https://www.infosekta.ch/media/pdf/Esoterik_und_Narzissmus.pdf

14 Saher, M., & Lindeman, M. (2005). Alternative medicine: A psychological perspective. Personality and Individual differences, 39(6), 1169–1178.

15 Koo, M., Choi, J. A., & Choi, I. (2018). Analytic versus holistic cognition: Constructs and measurement. In J. Spencer-Rodgers & K. Peng (Hrsg.), The psychological and cultural foundations of East Asian cognition: Contradiction, change, and holism (S. 105–134). Oxford University Press.

16 Dobelli, R. (2013). The art of thinking clearly: better thinking, better decisions. Hachette UK.

17 Nemeroff, C., & Rozin, P. (2000). The makings of the magical mind: The nature and function of sympathetic magical thinking. Cambridge University Press.

18 Eckblad, M., & Chapman, L. J. (1983). Magical ideation as an indicator of schizotypy. Journal of consulting and clinical psychology, 51(2), 215–225.

19 Li, S. (13. Februar 2015). Skipping the 13th Floor. The Atlantic. https://www.theatlantic.com/technology/archive/2015/02/skipping-the-13th-floor/385448/

20 Marín, F. X., Rusiñol, J., & Gallifa, J. (2020). Pseudoscientific beliefs and psychopathological risks increase after COVID-19 social quarantine. Globalization and health, 16(1), 1–11.

21 5 Fragen an … Dr. Claudia Barth. (o.D.). Report-Psychologie. http://www.report-psychologie.de/fileadmin/user_upload/Thema_des_Monats/5-12_Claudia_Barth.pdf

22 Six, B. (9. Mai 2019). Soziale Dominanz. Dorsch. https://dorsch.hogrefe.com/stichwort/soziale-dominanz

23 Hürter, T., & Rauner, M. (20. Oktober 2014). Psychokurs im Schnelldurchlauf. Der Spiegel. https://www.spiegel.de/gesundheit/psychologie/familienaufstellung-psychologen-streiten-um-umstrittenes-verfahren-a-995917.html
24 Lerner, M. J. (1980). The belief in a just world. Springer. S. 9–30.
25 Furnhaml, A., & Procter, E. (1992). Sphere-specific just world beliefs and attitudes to AIDS. Human Relations, 45(3), 265–280.
26 Harper, D. J., Wagstaff, G. F., Newton, J. T., & Harrison, K. R. (1990). Lay causal perceptions of third world poverty and the just world theory. Social Behavior and Personality: an international Journal, 18(2), 235–238.
27 Forer, B. R. (1949). The fallacy of personal validation: a classroom demonstration of gullibility. The Journal of Abnormal and Social Psychology, 44(1), 118–123.
28 Rammstedt, B., Kemper, C. J., Klein, M. C., Beierlein, C., & Kovaleva, A. (2014). Big Five Inventory (BFI-10). Zusammenstellung sozialwissenschaftlicher Items und Skalen (ZIS). https://zis.gesis.org/skala/Rammstedt-Kemper-Klein-Beierlein-Kovaleva-Big-Five-Inventory-(BFI-10)
29 Forer, B. R. (1949). The fallacy of personal validation: a classroom demonstration of gullibility. The Journal of Abnormal and Social Psychology, 44(1), 118–123.
30 Forer, B. R. (1949). The fallacy of personal validation; a classroom demonstration of gullibility. Journal of Abnormal Psychology, 44(1), 118–123.
31 Gauquelin, M. (1979). Dreams and Illusions of Astrology. Prometheus Books.
32 Fichten, C. S., & Sunerton, B. (1983). Popular horoscopes and the »Barnum effect«. The Journal of Psychology, 114(1), 123–134.
33 Redaktion Wirtschaftspsychologie aktuell (2018, 12.April). Fragwürdig, aber akzeptiert – Persönlichkeitstests. Wirtschaftspsychologie aktuell. https://wirtschaftspsychologie-aktuell.de/magazin/personal/fragwuerdig-aber-akzeptiert-persoenlichkeitstests
34 Pittenger, D. J. (2005). Cautionary comments regarding the Myers-Briggs Type Indicator. Consulting Psychology Journal: Practice and Research, 57(3), 210–221.
35 Pittenger, D. J. (1993). Measuring the MBTI … and coming up short. Journal of Career Planning and Employment, 54(1), 48–52.
36 Kunda, Z. (1990). The case for motivated reasoning. Psychological Bulletin, 108(3), 480–498.

37 Stangl, W. (2022, 18. Juni). Positive Teststrategie . Online Lexikon für Psychologie und Pädagogik. https://lexikon.stangl.eu/1546/positive-teststrategie.
38 Groopman, J. E., & Prichard, M. (2007). How doctors think (Vol. 82). Houghton Mifflin.
39 Oeberst, A., & Blank, H. (2012). Undoing suggestive influence on memory: The reversibility of the eyewitness misinformation effect. Cognition, 125(2), 141–159.

Kapitel 2

1 Vetter, P. (28. Juli 2016). Bizarrer Streit über Strichcodes auf Lebensmitteln. Die Welt. https://www.welt.de/wirtschaft/article156641929/Bizarrer-Streit-ueber-Strichcodes-auf-Lebensmitteln.html
2 Dyduch, S. (12. Juni 2013). Gefährlicher Barcode?. Der Standard. https://www.derstandard.at/story/1369363223244/gefaehrlicher-barcode
3 Dyduch, S. (12. Juni 2013). Gefährlicher Barcode?. Der Standard. https://www.derstandard.at/story/1369363223244/gefaehrlicher-barcode
4 Fröhlich, D. (3. Juli 2013). Barcode-Entstörung: ein Strich durch die Striche. Biorama. https://www.biorama.eu/barcode-entstorung-ein-strich-durch-die-striche/
5 Wolf, A. (27. Juni 2016). Wenn das Bier schwurbelt: »entstörte« Barcodes auf der Bierflasche. Mimikama. https://www.mimikama.at/wenn-das-bier/
6 https://www.facebook.com/photo.php?fbid=10209331343548007&set=o.237919912964992&type=3&theater
7 Barcode Killer (o.D.). Barcode Killer. https://barcodekiller.de/Barcode-Killer
8 Fröhlich, D. (3. Juli 2013). Barcode-Entstörung: ein Strich durch die Striche. Biorama. https://www.biorama.eu/barcode-entstorung-ein-strich-durch-die-striche
9 Rohwetter, M. (30. April 2014). »Barcode-Entstörung«. Die Zeit. https://www.zeit.de/2014/19/quengelzone-barcode-entstoerung
10 Vetter, P. (28. Juli 2016). Bizarrer Streit über Strichcodes auf Lebensmitteln. Die Welt. https://www.welt.de/wirtschaft/article156641929/Bizarrer-Streit-ueber-Strichcodes-auf-Lebensmitteln.html
11 Schmidt, F. (8. Juli 2019). Die Barcode-Verschwörung: Warum manche Hersteller ihre Strichcodes »entstören«. Der Spiegel. https://www.spiegel.de/panorama/barcode-verschwoerungstheorie-warum-manche-bio-hersteller-ihre-strichcodes-entstoeren-a-0330bfcd-2138-4d16-820c-c25719ebba0c
12 Emoto, M. (o.D.). Ein Pionier der Wasserforschung. St. Leonhards Quellen.

https://st-leonhards-quellen.de/masaru-emoto-ein-pionier-der-wasserforschung

13 Emoto, M. (o.D.). Ein Pionier der Wasserforschung. St. Leonhards Quellen. https://st-leonhards-quellen.de/masaru-emoto-ein-pionier-der-wasserforschung

14 Schindler, S. (19. Juli 2007). »Wasser ist sehr, sehr vergesslich«. Stern. https://www.stern.de/panorama/wissen/natur/wasserforschung--wasser-ist-sehr--sehr-vergesslich--3267886.html

15 Emoto, M. (2011). The hidden messages in water. Simon & Schuster.

16 MacLennan, B. (4. September 2008). Don't upset the water. Mail & Guardian. https://mg.co.za/article/2008-09-04-dont-upset-the-water/

17 Matthews, D. (3. Juni 2014). Gwyneth Paltrow thinks you can hurt water's feelings by yelling at it. Vox. https://www.vox.com/2014/6/3/5773924/gwyneth-paltrow-thinks-you-can-hurt-waters-feelings-by-yelling-at-it

18 Saale-Unstrut-Winzer lassen Wein bei Klassikmusik reifen. (8. Dezember 2021). Die Zeit. https://www.zeit.de/news/2021-12/08/saale-unstrut-winzer-lassen-wein-bei-klassikmusik-reifen

19 Ingwers, S. (15. März 2022). »Ich gehe davon aus, was Musik in mir als Mensch auslöst«. Concerti. https://www.concerti.de/interviews/blickwinkel-thomas-fritzsch/

20 Grander (o.D.). Der Nutzen der GRANDER®-Wasserbelebung. https://www.grander.com/international/grander-wasser/der-grander-effekt/nutzen-wirkung

21 Grander (17. September 2019). 40 Jahre Grander. Presseportal. https://www.presseportal.de/pm/136206/4377165

22 Grander (o.D.). Original Granderwasser. https://at.grander.shop/wasser/original-granderwasser-31

23 Grander (o.D.). GRANDER®-BELEBUNGSPLATTE GROSS 290 X 290 MM. https://at.grander.shop/belebung/grander-belebungsplatte-gross-290-x-290-mm

24 Grander (o.D.). GRANDER®-ENERGIESTAB. https://at.grander.shop/belebung/grander-energiestab

25 Grander(o.D.). Bäckereien. https://www.grander.com/international/referenzen-industrie-privatanwender/erfahrungsberichte-gewerbe-industrie-landwirtschaft/baeckereien

26 Grander (o.D.). Landwirtschaftliche Betriebe. https://www.grander.com/international/referenzen-industrie-privat-

anwender/erfahrungsberichte-gewerbe-industrie-landwirtschaft/landwirtschaftliche-betriebe
27 Schütz, M. (5. April 2018). Steyrer Spital dreht »Granderwasser« Hahn ab. Kronenzeitung. https://www.krone.at/1685255
28 Basler, P. (25. Mai 2010). Grander-Wasser: Steuergeld für »Wundermittel«. Schweizer Radio und Fernsehen. https://www.srf.ch/sendungen/kassensturz-espresso/themen/gesundheit/grander-wasser-steuergeld-fuer-wundermittel
29 Commerce Commission New Zealand (26. Juli 2005). Living Water quackery results in $136,000 payout. Commerce Commission New Zealand. https://comcom.govt.nz/news-and-media/media-releases/archive/living-water-quackery-results-in-%24136,000-payout
30 Eder, E.(6. September 2006). Grander-Wasser: »Esoterischer Unfug«. APA-OTS. https://www.ots.at/presseaussendung/OTS_20060906_OTS0282/grander-wasser-esoterischer-unfug
31 Kreil, C. (12. März 2018). Der Unfug Granderwasser: Von Jesus inspiriert, von Esoterikern abkassiert. Der Standard. https://www.derstandard.de/story/2000075650123/der-unfug-granderwasser-von-jesus-inspiriert-von-esoterikern-abkassiert
32 Handelsgericht Wien (2006). 4R 1/06f. https://homepage.univie.ac.at/erich.eder/wasser/OLGurteil2006.pdf
33 Grander Forschungskonzept (o.D.). Grander. https://www.grandervertrieb.de/de/grander-effekt-nutzen/wasserforschung/forschungskonzept
34 Grander (28. Oktober 2019). Wirkung der GRANDER-Wasserbelebung wissenschaftlich nachgewiesen. Finanznachrichten. https://www.finanznachrichten.de/nachrichten-2019-10/48017888-wirkung-der-grander-wasserbelebung-wissenschaftlich-nachgewiesen-007.htm
35 Grander (o.D.). Theoretische Grundlagen der GRANDER®-Wasserbelebung wissenschaftlich nachgewiesen. https://www.grander.com/international/grander-wasser-news/wirkung-der-grander-wasserbelebung-wissenschaftlich-nachgewiesen
36 Demeter (o.D.) Organisation. https://demeter.net/about/organisation/
37 Biodynamic winegrowers international (2020, Mai). Demeter. https://demeter.net/wp-content/uploads/2021/05/200228_dem_winzer-liste2020_int.pdf
38 Welcome to the world wide Demeter product data base!. (o.D.). Demeter. https://database.demeter.net/welcome

39 Steiner, R. (1999). Rudolf Steiner Gesamtausgabe Vorträge. Freie Verwaltung des Nachlasses von Rudolf Steiner. S. 163. http://fvn-archiv.net/PDF/GA/GA327.pdf
40 Steiner, R. (1999). Rudolf Steiner Gesamtausgabe Vorträge. Freie Verwaltung des Nachlasses von Rudolf Steiner. S. 160. http://fvn-archiv.net/PDF/GA/GA327.pdf
41 Demeter (o.D.). Richtlinien 2022. S. 93. https://www.demeter.de/sites/default/files/richtlinien/richtlinien_gesamt.pdf
42 Demeter (o.D.). Präparate. https://www.demeter.de/biodynamisches/landwirtschaft/praeparate
43 Demeter (o.D.) Präparate. https://www.demeter.de/biodynamisches/landwirtschaft/praeparate
44 Demeter (2018). Die Präparate. Demeter. S. 18. https://www.demeter.at/wp-content/uploads/2018/05/2018_Landwirte-Tagungsdoku_Praeparate.pdf
45 Steiner, R. (1999). Rudolf Steiner Gesamtausgabe Vorträge. Freie Verwaltung des Nachlasses von Rudolf Steiner. S. 97. http://fvn-archiv.net/PDF/GA/GA327.pdf
46 Brunnenhof (o.D.). Eichenrindenpräparat 505. Brunnenhof. https://www.praeparatezentrale.de/praeparatezentrale/bio-dynamische-praeparate/eichenrinde-kompostpraeparat
47 Sedlmayr, A., van Leewen, A., Schönfelder, J. & Kolar, M. (2017). Die biodynamischen Präparate im Kontext: Individuelle Zugänge zur Präparatearbeit. Goetheanum. https://www.sektion-landwirtschaft.org/fileadmin/landwirtschaft/Präparate/Präparate_Studie_web.pdf
48 Demeter (o.D.). Richtlinien 2022. S. 52. https://www.demeter.de/sites/default/files/richtlinien/richtlinien_gesamt.pdf
49 Demeter (o.D.). Biodynamische Präparate. https://www.demeter.de/biodynamisch/praeparate
50 Lackmann, R. (o.D.). Drohnenflug mit Präparateausbringung. Demeter. https://www.demeter-nrw.de/fileadmin/user_upload/Schanzenhof-Drohnenflug-1.pdf
51 Demeter (o.D.). Biodynamische Präparate. https://www.demeter.de/biodynamisch/praeparate
52 Demeter (o.D.). Richtlinien 2022. S. 52. https://www.demeter.de/sites/default/files/richtlinien/richtlinien_gesamt.pdf

53 Gesellschaft für Bilderkräfteforschung (o.D.). Arbeitsfelder. Gesellschaft für Bilderkräfteforschung. https://www.bildekraefte.de/arbeitsfelder
54 Beller, B. & Dehmelt, A. (o.D.). Meditative Methoden in der Pflanzenzüchtung. Institut für anthroposophische Meditation. https://www.infameditation.de/institut/forschung/meditative-methoden-in-der-pflanzenzuchtung/
55 Grundmann, E., Baumgartner, T., Bollinger, N. & Buchmann, M. (2018). Geschmacksentwicklung bei Äpfeln durch eurythmische Behandlungen. Lebendige Erde. http://www.lebendigeerde.de/fileadmin/lebendigeerde/pdf/2018/Forschung_2018-4.pdf
56 Bär, S. (2006). Ein okkultes Denksystem. Laborjournal. 12/2006. S. 16. https://www.laborjournal.de/editorials/235_2.pdf
57 Baars, T. (Januar 2011). Zur Wirkung von Hornmist. Researchgate. https://www.researchgate.net/publication/305848284_Zur_Wirkung_von_Hornmist
58 Olbrich-Majer, M. (30. September 2020). Was ist falsch an Esoterik?. Demeter. https://www.demeter.de/blog/was-ist-falsch-an-esoterik
59 Demeter. (2011). Mediadaten 2022. https://www.demeter.de/sites/default/files/article/pdf/verbraucherkommunikation_demeter_journal_mediadaten.pdf
60 Demeter. (2020). Demeter Journal. Winter 2020. https://www.demeter.de/sites/default/files/journal/demeter_journal_48_biodynamisch.pdf
61 Struckmeier, L. & Hilbert, J. (10. März 2021). Bio-Szene gespalten: Zwischen Corona-Leugnung und Wissenschaft. Norddeutscher Rundfunk. https://www.ndr.de/fernsehen/sendungen/panorama3/Bio-Szene-gespalten-Zwischen-Corona-Leugnung-und-Wissenschaft,bioszene100.html
62 Demeter (o.D.). Wenn wir uns trauen, zu vertrauen. Demeter. https://www.demeter.de/journal/48/trauen-zu-vertrauen
63 Kreil, C. (8. Oktober 2018). Voodoo am Biobauernhof: Demeters esoterische Landwirtschaft. Der Standard. https://www.derstandard.at/story/2000088570777/vodoo-am-bio-bauernhof-demeters-esoterische-landwirtschaft
64 Das Europäische Parlament & Der Rat der Europäischen Union. (30. Mai. 2018). EUR-Lex. https://eur-lex.europa.eu/legal-content/DE/TXT/PDF/?uri=CELEX:32018R0848&from=EN
65 Burger, K. (11. April 2008). Siegeszug der Globuli im Stall. die tageszeitung. https://taz.de/Boomende-Tier-Homoeopathie/!5183818/

66 Grams, N. (2015). Homöopathie neu gedacht. Was Patienten wirklich hilft. Springer Verlag. S. 19f.
67 Deutsche Homöopathie-Union. (o.D.). Zum Glück – gibt es die Homöopathie. Deutsche Homöopathie-Union. https://www.dhu-globuli.de/suchergebnisse/pel-talpae.html
68 World Health Organization. (2019). WHO global report on traditional and complementary medicine 2019. World Health Organization. https://apps.who.int/iris/handle/10665/312342
69 World Health Organization. (2019). WHO global report on traditional and complementary medicine 2019. World Health Organization. https://apps.who.int/iris/bitstream/handle/10665/312342/9789241515436-eng.pdf
70 Ghosh, A. K. (2010). A short history of the development of homeopathy in India. Homeopathy, 99(02), 130–136.
71 Prasad, R. (17. November 2007). Homoeopathy booming in India. The Lancet. https://www.thelancet.com/journals/lancet/article/PIIS0140673607617097/fulltext
72 Brände, S. (10. Juli 2019). Frankreich streicht Homöopathie als Kassenleistung. Der Standard. https://www.derstandard.de/story/2000106123085/frankreich-streicht-homoeopathie
73 Kramer, L. (20. November 2016). US-Behörde führt Warnhinweise für Homöopathie ein. Süddeutsche Zeitung. https://www.sueddeutsche.de/gesundheit/homoepathie-in-den-usa-us-behoerde-fuehrt-warnhinweise-fuer-homoeopathie-ein-1.3258067
74 De Sombre, S. (2014). Homöopathische Arzneimittel 2014 Bekanntheit, Verwendung und Image. Bundesverband der Arzneimittel-Hersteller. https://www.bah-bonn.de/index.php?id=2&type=565&file=redakteur_filesystem/public/Ergebnisse_Allensbach_deSombre.pdf
75 Bischoff, A. (19. Juli 2021). Homöopathie ist keine Naturheilkunde – Irreführende Werbung sorgt für falsche Vorstellungen. Medical Tribune. https://www.medical-tribune.de/medizin-und-forschung/artikel/homoeopathie-ist-keine-naturheilkunde-irrefuehrende-werbung-sorgt-fuer-falsche-vorstellungen/
76 De Sombre, S. (2009). Bekanntheit, Verwendung und Image homöopathischer Arzneimittel. https://docplayer.org/1136457-Bekanntheit-verwendung-und-image-homoeopathischer-arzneimittel.html

77 Grams, N. (2015). Homöopathie neu gedacht. Was Patienten wirklich hilft. Springer Verlag.
78 Linde, K., Clausius, N., Ramirez, G., Melchart, D., Eitel, F., Hedges, L. V., & Jonas, W. B. (1997). Are the clinical effects of homoeopathy placebo effects? A meta-analysis of placebo-controlled trials. The Lancet, 350(9081), 834–843.
79 National Health and Medical Research Council. (2015). Statement on Homeopathy. Australian Government. https://www.nhmrc.gov.au/file/14825/download?token=40ze36WK
80 Sundermann, S. (o.D.). Homöopathie-Weiterbildungen werden künftig nicht mehr anerkannt. Weser Kurier. https://www.weser-kurier.de/bremen/homoeopathie-weiterbildungen-werden-kuenftig-nicht-mehr-anerkannt-doc7e4jjdhrjrb14ct56d4x?reloc_action=artikel&reloc_label=/bremen/bremen-stadt_artikel,-homoeopathieweiterbildungen-werden-kuenftig-nicht-mehr-anerkannt-_arid,1867918.html
81 Ärzteblatt (18. Oktober 2021). Bayerische Landesärztekammer streicht Homöopathie als Zusatzbezeichnung. Ärzteblatt. https://www.aerzteblatt.de/nachrichten/128240/Bayerische-Landesaerztekammer-streicht-Homoeopathie-als-Zusatzbezeichnung
82 Fieser, D. (19. Januar 2022). Homöopathie für Tiere: Ärger um Globuli für Schafe in Niedersachsen. Neue Osnabrücker Zeitung. https://www.noz.de/deutschland-welt/niedersachsen/artikel/wirbel-um-homoeopathie-kurs-fuer-bauern-globuli-fuers-schaf-20691082
83 Burger, K. (11. April 2008). Siegeszug der Globuli im Stall. die tageszeitung. https://taz.de/Boomende-Tier-Homoeopathie/!5183818/
84 Weber, N. (19. Juli 2020). Warum waren Sie mal Fan der Homöopathie, Frau Doktor?. Der Spiegel. https://www.spiegel.de/gesundheit/diagnose/was-eine-ex-homoeopathin-an-homoeopathie-kritisiert-a-6d785b5f-6d19-495a-a505-280d69d08711?fbclid=IwAR06C3jHBfp0M5_86tqHqE3dUBP_YhApb3Or5dk04u3dL2Yaf6sTL-irg-w
85 Koch, S. (23. November 2021). Homöopathie und Pandemie: Nein zum Impfen aus Liebe zur Natur. Redaktionsnetzwerk Deutschland. https://www.rnd.de/politik/corona-und-homoe-opathie-impfgegner-und-ihre-beweggruende-aus-der-natur-XFQ44JOLGVBC7MGPM2UW4CSXSI.html
86 Altenbuchner, A., Haug, S., Schnell, R., Scharf, A. & Weber, K. (1. Oktober 2021). Impfbereitschaft von Eltern mit einem COVID-19-Vakzin. National

Center for Biotechnology Information.
https://www.ncbi.nlm.nih.gov/pmc/articles/PMC8485570/
87 Altenbuchner, A., Haug, S., Schnell, R., Scharf, A. & Weber, K. (1. November 2021). Bereitschaft zur Impfung mit einem COVID-19-Vakzin – Risikoeinschätzung, Impferfahrungen und Einstellung zu Behandlungsverfahren. Springer Link.
https://link.springer.com/article/10.1007/s11553-021-00908-y
88 Schmidt, K. & Ernst, E. (2002). MMR vaccination advice over the Internet. London's Global University. https://www.ucl.ac.uk/Pharmacology/dc-bits/schmidt-ernst-vaccine-2003.pdf
89 Grams-Nobmann, N. (30. November 2021). Wer Globuli sät, wird Impfgegnerschaft ernten. Spektrum. https://www.spektrum.de/kolumne/grams-sprechstunde-wer-globuli-saet-wird-impfgegnerschaft-ernten/1953463

Kapitel 3

1 Neffe, J. (6. August 1995). »Ich bin der Jäger, nicht der Gejagte«. Der Spiegel. https://www.spiegel.de/wissenschaft/ich-bin-der-jaeger-nicht-der-gejagte-a-a66ca439-0002-0001-0000-000009208349?
2 Vosatka, M. (4. Juli 2017). »Wunderheiler« Ryke Geerd Hamer ist tot. Der Standard. https://www.derstandard.de/story/2000060791912/wunderheiler-ryke-geerd-hamer-ist-tot
3 Neffe, J. (6. August 1995). »Ich bin der Jäger, nicht der Gejagte«. Der Spiegel. https://www.spiegel.de/wissenschaft/ich-bin-der-jaeger-nicht-der-gejagte-a-a66ca439-0002-0001-0000-000009208349
4 Grotepass, C. (13. März 2016). Die »Germanische Neue Medizin« von Ryke Geerd Hamer. Sekten-Info NRW.
https://sekten-info-nrw.de/information/artikel/verschwoerungstheorien/die-germanische-neue-medizin-von-ryke-geerd-hamer
5 Fiedler, T. & Schnippen, C. (24. November 1983). Leichen pflastern seinen Weg. Stern.
6 Friedrichsen, G. (7. September 1997). Ein gefährlicher Erlöser. Der Spiegel. https://www.spiegel.de/politik/ein-gefaehrlicher-erloeser-a-b2a60f3d-0002-0001-0000-000008778097
7 Deutsches Ärzteblatt. (1997). Haftstrafe für Hamer. Deutsches Ärzteblatt. https://www.aerzteblatt.de/archiv/7878/Haftstrafe-fuer-Hamer
8 Der Standard (12. September 2004). »Wunderheiler« Geerd Hamer in Malaga festgenommen. Der Standard. https://www.derstandard.at/story/1789180/wunderheiler-geerd-hamer-in-malaga-festgenommen

9 Roepke, A. & Benkhelouf, D. (14. April 2015). Das wirre Weltbild der Germanischen Neuen Medizin. Norddeutscher Rundfunk. https://www.ndr.de/nachrichten/niedersachsen/hannover_weser-leinegebiet/germanischemedizin102_page-2.html
10 Speit, A. (30. Januar 2006). Germanisch gegen den Krebs. die tageszeitung. https://taz.de/!482530/
11 Vosatka, M. (4. Juli 2017). »Wunderheiler« Ryke Geerd Hamer ist tot. Der Standard. https://www.derstandard.de/story/2000060791912/wunderheiler-ryke-geerd-hamer-ist-tot
12 Roepke, A. & Benkhelouf, D. (14. April 2015). Das wirre Weltbild der Germanischen Neuen Medizin. Norddeutscher Rundfunk. https://www.ndr.de/nachrichten/niedersachsen/hannover_weser-leinegebiet/germanischemedizin102_page-1.html
13 Henckel, E. (7. Juli 2010). Mutter steckt ihr Kind bewusst mit Aids an. Die Welt. https://www.welt.de/vermischtes/article7942815/Mutter-steckt-ihr-Kind-bewusst-mit-Aids-an.html
14 Der Standard. (14. Januar 2010). Ryke Geerd Hamer: »HIV ist eine ganz normale Allergie«. Der Standard. https://www.derstandard.at/story/1262209517741/wunderheiler-ryke-geerd-hamer-hiv-ist-eine-ganz-normale-allergie
15 Sterkl, M. (4. Juli 2013). Diagnose: Aids. Die Zeit. https://www.zeit.de/2013/28/hiv-mutter-kind-oesterreich
16 Henckel, E. (7. Juli 2010). Mutter steckt ihr Kind bewusst mit Aids an. Die Welt. https://www.welt.de/vermischtes/article7942815/Mutter-steckt-ihr-Kind-bewusst-mit-Aids-an.html
17 Krebsliga Schweiz (2001). Hamers »Neue Medizin«. Yumpu. https://www.yumpu.com/de/document/read/10336755/hamers-neue-medizin-krebsliga-schweiz
18 Kurier (4. September 2016). »Wunderheiler« Hamer in Italien im Kreuzfeuer der Kritik. Kurier. https://kurier.at/chronik/weltchronik/deutscher-wunderheiler-hamer-in-italien-im-kreuzfeuer-der-kritik/219.436.283
19 Der Standard (2. September 2016). 18-jährige Krebspatientin stirbt nach verweigerter Therapie. Der Standard. https://www.derstandard.at/story/2000043742380/18-jaehrige-starbeltern-verweigerten-krebskranker-tochter-therapie
20 Vosatka, M. (4. Juli 2017). »Wunderheiler« Ryke Geerd Hamer ist tot.

Der Standard. https://www.derstandard.de/story/2000060791912/wunderheiler-ryke-geerd-hamer-ist-tot
21 APA (28. Juli 2017). Staatsverweigerung: Vater von Krebskind Olivia verurteilt. https://www.sn.at/panorama/oesterreich/staatsverweigerung-vater-von-krebskind-olivia-verurteilt-15698740
22 Lamberty, P. & Imhoff, R. (2018). Powerful pharma and its marginalized alternatives?. Social Psychology, 49, 255–270.
23 ASTIN, J. A. (1999). Why Patients Use Alternative Medicine: Results of a National Study. Survey of Anesthesiology, 43(3), 181–182.
24 Spöttel, M. (2006). Vergebliche Hoffnung: der Mythos von sanften und natürlichen Krebstherapien. Alibri-Verlag. S. 15f.
25 Pokladnikova, J., Park, A. L., Draessler, J., Lukacisinova, A., & Krcmova, I. (2021). The use of complementary and alternative medicine by adults with allergies: a Czech national representative survey. BMC Complementary Medicine and Therapies, 21(1), 1–8.
26 Deutsche Krebsgesellschaft. (o.D.). Therapieformen bei Krebs. Deutsche Krebsgesellschaft. https://www.krebsgesellschaft.de/basis-informationen-krebs/therapieformen.html
27 Deutsche Krebsgesellschaft. (o.D.). Nebenwirkungen einer Chemotherapie in den Griff kriegen. https://www.krebsgesellschaft.de/onko-internetportal/basis-informationen-krebs/nebenwirkungen-der-therapie/nebenwirkungen-einer-chemotherapie.html
28 Spöttel, M. (2006). Vergebliche Hoffnung. Der Mythos von sanften und natürlichen Krebstherapien. Alibri Verlag. S. 12f.
29 Friedrichsen, G. (7. September 1997). Ein gefährlicher Erlöser. Der Spiegel. https://www.spiegel.de/politik/ein-gefaehrlicher-erloeser-a-b2a60f3d-0002-0001-0000-000008778097
30 Mullard, A. (27. April 2022). Die Langzeitfolgen viraler Infektionen. Spektrum. https://www.spektrum.de/news/viren-koennen-multiple-sklerose-ausloesen/2013124
31 Dorsch, W. & Kolt, A. (15. Juli 2019). Einfache Testverfahren zur Überprüfung der Aussagekraft von Bioresonanz-basierten medizinischen Befunden – der Leberkäse-Test. Springer Medizin. https://www.springermedizin.de/allergologie-in-der--hno-heilkunde/allergien-und-intoleranzreaktionen/einfache-testverfahren-zur-ueberpruefung-der-aussagekraft-von-bi/16816508
32 Adorno, T. (1988). Minima Moralia. Suhrkamp Verlag. S. 151f.
33 Neffe, J. (6. August 1995). »Ich bin der Jäger, nicht der Gejagte«.

Der Spiegel. https://www.spiegel.de/wissenschaft/ich-bin-der-jaeger-nicht-der-gejagte-a-a66ca439-0002-0001-0000-000009208349
34 Oliver, J. E., & Wood, T. (2014). Medical conspiracy theories and health behaviors in the United States. JAMA internal medicine, 174(5), 817–818.
35 Lamberty, P., & Imhoff, R. (2018). Powerful pharma and its marginalized alternatives?. Social Psychology, 49, 255–270.
36 Reuters. (19. Mai 2020). Trump – Nehme täglich Hydroxychloroquin ein. Reuters. https://www.reuters.com/article/usa-trump-virus-idUSKBN22V0GF
37 Bierwiaczonek, K., Gundersen, A. B., & Kunst, J. R. (2022). The role of conspiracy beliefs for COVID-19 health responses: A meta-analysis. Current Opinion in Psychology, 101346.
38 https://www.bfarm.de/SharedDocs/Risikoinformationen/Pharmakovigilanz/DE/RI/2020/RI-hydroxychloroquin2.html
39 Spöttel, M. (2006). Vergebliche Hoffnung. Der Mythos von sanften und natürlichen Krebstherapien. Alibri Verlag. S. 133f.
40 Spöttel, M. (2006). Vergebliche Hoffnung. Der Mythos von sanften und natürlichen Krebstherapien. Alibri Verlag. S. 19f.
41 Spöttel, M. (2006). Vergebliche Hoffnung. Der Mythos von sanften und natürlichen Krebstherapien. Alibri Verlag. S. 13f.
42 Potter, N. (20. September 2021). Ein Besuch auf der Eso-Messe in Berlin. Belltower News. https://www.belltower.news/edelsteine-gegen-corona-ein-besuch-auf-der-eso-messe-in-berlin-121399/
43 Spöttel, M. (2006). Vergebliche Hoffnung. Der Mythos von sanften und natürlichen Krebstherapien. Alibri Verlag. S. 81f.
44 Zittlau, J. (23. Oktober 2019). Der Gehirn-Bodyguard: Warum du mehr Walnüsse essen solltest. Watson. https://www.watson.ch/wissen/leben/725163442-erneute-erkenntnis-diese-nuss-macht-satt-und-schlau
45 Geo. (o.D.). Weiße Bohnen: Diese Vitamine stecken drin. Geo. https://www.geo.de/wissen/ernaehrung/vitamin-lexikon/20301-rtkl-weisse-bohnen-diese-vitamine-stecken-drin
46 Marzel, H. (1926). Die Orchideen in der sexuellen Volkskunde. In: Geschlecht und Gesellschaft, 14, 211–223.
47 Baas, J.H. (1967). Die geschichtliche Entwicklung des ärztlichen Standes und der medicinischen Wissenschaften. Sändig Reprint Verlag. S. 210f.
48 Rautenberg, O. (12. Februar 2014). Steiner, der Jesus Christus des kleinen

Mannes. Anthroposophie.blog. https://anthroposophie.blog/2014/02/12/steiner-der-jesus-christus-des-kleinen-mannes/
49 Honey, C. (3. Dezember 2019). Das vermeintliche Mistel-Wunder. MedWatch. https://medwatch.de/2019/12/03/das-vermeintliche-mistel-wunder-der-masterplan-der-anthroposophie/
50 Steiner, R. (1994). Anthroposophische Menschenkenntnis und Medizin. S. 199f. http://fvn-archiv.net/PDF/GA/GA319.pdf
51 Steiner, R. (1994). Anthroposophische Menschenkenntnis und Medizin. S. 199f & 232f. http://fvn-archiv.net/PDF/GA/GA319.pdf
52 Deutsches Krebsforschungszentrum. (25. November 2019). Misteltherapie gegen Krebs. Deutsches Krebsforschungszentrum. https://www.krebsinformationsdienst.de/behandlung/unkonv-methoden/mistel.php
53 Hertel, O. (14. Mai 2019). Cancer : Weleda au coeur d'un scandale de la médecine anthroposophique. Sciences et Avenir. https://www.sciencesetavenir.fr/sante/weleda-un-medicament-anti-cancer-vendu-sans-autorisation_133575
54 Honey, C. (3. Dezember 2019). Der Masterplan der Anthroposophie. Medwatch. https://medwatch.de/2019/12/03/das-vermeintliche-mistel-wunder-der-masterplan-der-anthroposophie/
55 Steiner, R. (1910). Die Offenbarungen des Karma. Rudolf Steiner Online Archiv. http://anthroposophie.byu.edu/vortraege/120.pdf
56 Schumann, J. (2008): Jean Baptiste Says (1767–1832). In: Kurz, H. D. (Ed.). (2008). Klassiker des ökonomischen Denkens (Vol. 1). CH Beck. S. 110f.
57 Albrecht, B. (24. März 2015). Das dubiose Geschäft der Wunderheiler. Stern. https://www.stern.de/gesundheit/die-dubiosen-geschaefte-der-wunderheiler-5924690.html

Mythen über Medizin

1 Wuliger, M. (13. März 2017). Schulmedizin und arische Physik. Jüdische Allgemeine. https://www.juedische-allgemeine.de/kultur/schulmedizin-und-arische-physik/
2 Simmak, J. (11. August 2017). Der Notstand wird die Schmerzmittelsucht nicht beenden. Die Zeit. https://www.zeit.de/wissen/gesundheit/2017-08/opiod-krise-usa-nationaler notstand-donald-trump-therapie/komplettansicht
3 Pharmazeutische Zeitung. (4. Januar 2022). Opioid-Krise in den USA noch schlimmer als zuvor. Pharmazeutische Zeitung. https://www.pharmazeutische-zeitung.de/opioid-krise-in-den-usa-noch-schlimmer-als-zuvor-130547/

4 Ahmia, T. (11. Februar 2009). Bayer klagt gegen indische Generika. die tageszeitung. https://taz.de/Profit-kontra-Patientenwohl/!5168069/

5 Ärzte ohne Grenzen. (6. September 2015). How Sanofi slithered its way out of the neglected antivenom market. Ärzte ohne Grenzen. https://msfaccess.org/how-sanofi-slithered-its-way-out-neglected-antivenom-market

6 Bundesverband Contergangeschädigter. (o.D.). GRÜNENTHAL heute. Bundesverband Contergangeschädigter. https://www.contergan.de/index.php/vorstand/26-gruenentahl/gruenentahl-phasen/12-gruenenthal-heute

7 Weymayr, C. & Heißmann, N. (2012). Die Homöopathie-Lüge. Piper Verlag. S. 233f.

8 Köppe, J. (3. Juni 2019). Pharmafirma geht juristisch gegen Homöopathie-Kritiker vor. Der Spiegel. https://www.spiegel.de/gesundheit/diagnose/homoeopathie-pharmahersteller-hevert-geht-juristisch-gegen-kritiker-vor-a-1270575.html

9 Lamberty, P. & Imhoff, R. (2018). Powerful pharma and its marginalized alternatives?. Social Psychology. 49(5), 255–270.

10 World Health Organization. (o.D.). Constitution. World Health Organization. https://www.who.int/about/governance/constitution

11 Verbraucherzentrale. (20. August 2021). Amygdalin – B17. Verbraucherzentrale. https://www.verbraucherzentrale.de/wissen/lebensmittel/nahrungsergaenzungsmittel/amygdalin-b17-64210

12 Der Standard. (12. September 2017). Mann vergiftet sich mit Aprikosenkern-Extrakt. Der Standard. https://www.derstandard.de/story/2000063963401/mann-vergiftet-sich-mit-marillenkern-extrakt

13 Deutsches Krebsforschungszentrum (6. Januar 2019). Alternative und komplementäre Methoden in der Krebstherapie: Ein Überblick. Deutsches Krebsforschungszentrum. https://www.krebsinformationsdienst.de/behandlung/unkonv-methoden/index.php

14 Eikermann, E. (13. Februar 2014). Giftige, obsolete Arzneidrogen. Deutsche Apothekerzeitung. https://www.deutsche-apotheker-zeitung.de/daz-az/2014/daz-7-2014/giftige-obsolete-arzneidrogen

15 Weymayr, C. & Heißmann, N. (2012). Die Homöopathie-Lüge. Piper Verlag. S. 21f.

16 Kleine, L. (3. April 2015). Mit dieser Zahnpasta strahlen Ihre Zähne garantiert. Focus. https://www.focus.de/wissen/wissen-fuer-angeber-mit-dieser-zahnpasta-strahlen-ihre-zaehne-garantiert_id_4463623.html

17 Deutsche Apothekerzeitung (2004). Schwermetalle: Bleivergiftung durch

ayurvedische Mittel. Deutsche Apothekerzeitung. https://www.deutsche-apotheker-zeitung.de/daz-az/2004/daz-6-2004/uid-11402

18 Saper, R. B., Phillips, R. S., Sehgal, A., Khouri, N., Davis, R. B., Paquin, J., Tuppil, V. & Kales, S. N. (2008). Lead, mercury, and arsenic in US-and Indian-manufactured Ayurvedic medicines sold via the Internet. Jama, 300(8), 915–923.

19 Stockrahm, S. (27. August 2008). Ayurvedische Giftpillen. Die Zeit. https://www.zeit.de/online/2008/35/ayurveda-schwermetall-gesundheit

20 https://www.lgl.bayern.de/lebensmittel/warengruppen/wc_51_nahrungsergaenzungsmittel/ue_2007_ayurvedische_nahrungsergaenzungsmittel.html

21 Cosyns, J. P. (2003). Aristolochic acid and ›Chinese herbs nephropathy‹. Drug safety, 26(1), 33–48.

22 Deutsche Apothekerzeitung. (2003). Das ZL informiert: Aristolochiasäure in TCM nachgewiesen. Deutsche Apothekerzeitung. https://www.deutsche-apotheker-zeitung.de/daz-az/2003/daz-30-2003/uid-10187

23 Macedo, A., Farré, M. & Banos, J. E. (2003). Placebo effect and placebos: what are we talking about? Some conceptual and historical considerations. European journal of clinical pharmacology, 59(4), 337–342.

24 Hartmann, C. (7. September 2021). So funktioniert der Placebo-Effekt. Quarks. https://www.quarks.de/gesellschaft/wissenschaft/so-funktioniert-der-placebo-effekt/

25 Berndt, C. (17. Mai 2010). Therapeutische Bonbons. Süddeutsche Zeitung. https://www.sueddeutsche.de/wissen/placebo-effekt-therapeutische-bonbons-1.597963

26 Grams-Nobmann, N. & Mukerji, N. (9. Oktober 2017). Soll erst mal jemand beweisen, dass es nicht hilft …. Die Zeit. https://www.zeit.de/wissen/gesundheit/2017-09/alternativmedizin-homoeopathie-wirksamkeit-placeboeffekt-kritik/seite-2

27 Colloca, L. (2017). Nocebo effects can make you feel pain. Science, 358(6359), 44–44.

28 Marshall, M. (7. Juli 2016). A placebo can work even when you know it's a placebo. Harvard Medical School. https://www.health.harvard.edu/blog/placebo-can-work-even-know-placebo-201607079926

29 Bundesministerium für Bildung und Forschung. (2006). Ohne Placebo-Effekt wirkt Morphium viel schwächer. Bundesministerium für Bildung und Forschung. https://www.gesundheitsforschung-bmbf.de/de/ohne-placebo-effekt-wirkt-morphium-viel-schwacher-3312.php

Kapitel 4

1 Messen.de PRObusiness GmbH. (o.D.). Spiritualität und Heilen Berlin 2022. Messen.de PRObusiness GmbH. https://www.messen.de/de/11055/berlin/spiritualitaet-und-heilen-berlin/info

2 Hartmann, P., Reuter, M., & Nyborg, H. (2006). The relationship between date of birth and individual differences in personality and general intelligence: A large-scale study. Personality and Individual Differences, 40(7), 1349–1362.

3 Witte, F. (19. Mai 2010). In den Sternen steht … nichts. Süddeutsche Zeitung. https://www.sueddeutsche.de/wissen/horoskope-in-den-sternen-steht-nichts-1.910929

4 Voas, D. (2007). Ten million marriages: A test of astrological ›love signs‹. Cathie Marsh Centre for Census and Survey Research.

5 Schmeh, K. (2006). Planeten und Propheten. Alibri Verlag. S. 20f.

6 Kaiser, P. (28. Juli 2008). Zukunft heute erkennen. Deutschlandfunk Kultur. https://www.deutschlandfunkkultur.de/zukunft-heute-erkennen-100.html

7 Handelsblatt (12. Juli 2015). Hellseher-Ausbildung auf Staatskosten. Handelsblatt. https://www.handelsblatt.com/arts_und_style/aus-aller-welt/niederlande-hellseher-ausbildung-auf-staatskosten/11911756.html

8 Hyman, R. (1981). »Cold reading«: How to convince strangers that you know all about them. Prometheus Books. S. 79–96.

9 Hyman, R. (1981). »Cold reading«: How to convince strangers that you know all about them. Prometheus Books. S. 79–96.

10 Freud, S. (1965). New introductory lectures on psychoanalysis. Hogarth.

11 Bunte.de Redaktion (14. April 2021). So oft will dein Partner laut Sternzeichen mit dir schlafen. Bunte. https://www.bunte.de/family/sex/das-sex-horoskop-so-oft-will-dein-partner-laut-sternzeichen-mit-dir-schlafen.html

12 Rohe, F. (24. Januar 2020). Sex-Horoskop: Das sind die erogenen Zonen der 12 Sternzeichen. GoFeminin. https://www.gofeminin.de/horoskop/erogene-zonen-sternzeichen-s2419291.html

13 Banser, C. (20. September 2019). Laut Sternzeichen: Wie ticken Frauen im Bett?. Gala. https://www.gala.de/lifestyle/horoskope/laut-sternzeichen-wie-ticken-frauen-im-bett--22141362.html

14 Mädchen (27. November 2019). Laut Horoskop: Dieses Sternzeichen ist perfekt für dein erstes Mal. Mädchen. https://www.maedchen.de/love/horoskop-dieses-sternzeichen-ist-perfekt-fuer-dein-erstes-mal-592.html

15 Schieb, J. (16. Oktober 2010). KI lässt Verstorbene sprechen – wo bleibt da die Moral?. Westdeutscher Rundfunk Köln. https://blog.wdr.de/digitalistan/ki-laesst-verstorbene-sprechen-wo-bleibt-da-die-moral/
16 Here After (o.D.). Your life.Your memories.Forever. https://www.hereafter.ai
17 Wikipedia (18. Juni 2022). Seth Material. Wikipedia. https://en.wikipedia.org/wiki/Seth_Material#cite_note-1
18 Steffens, M. C., & Mecklenbräuker, S. (2007). False memories. Zeitschrift für Psychologie/Journal of Psychology, 215(1), 12–24.
19 Kramer, B. (2013). Erleuchtung gefällig?: ein esoterischer Selbstversuch. Ch. Links Verlag. S. 38f
20 Steiner, R. (1980). Das Geheimnis des Todes. S. 268f.
21 Glöckner, M. (2017): Begabung und Behinderung. Praktische Hinweise für Erziehungs- und Schicksalsfragen.Freies Geistesleben. S. 74–77.
22 Glöckner, M. (2017): Begabung und Behinderung. Praktische Hinweise für Erziehungs- und Schicksalsfragen. Freies Geistesleben. S. 40f.
23 Murphy, J. (1967). Die Macht Ihres Unterbewusstseins. Das große Buch innerer und äußerer Entfaltung. Ariston. S. 18f.
24 Murphy, J. (1967). Die Macht Ihres Unterbewusstseins. Das große Buch innerer und äußerer Entfaltung. Ariston. S. 29f, S. 91f.
25 Murphy, J. (1967). Die Macht Ihres Unterbewusstseins. Das große Buch innerer und äußerer Entfaltung. Ariston. S. 92f.
26 Byrne, R. (2007): The Secret. Das Geheimnis. Arkana. S. 207f.
27 Byrne, R. (2007): The Secret. Das Geheimnis. Arkana. S. 135f.
28 Chabris, C. & Simons, D. (24. September 2010). Fight the Power. https://www.nytimes.com/2010/09/26/books/review/Chabris-t.html
29 Scheich, G. (2001). Positives Denken macht krank: vom Schwindel mit gefährlichen Erfolgsversprechen. Eichborn. S. 105f.
30 Scheich, G. (2001). Positives Denken macht krank: vom Schwindel mit gefährlichen Erfolgsversprechen. Eichborn. S. 65.
31 Ford, B. Q., Lam, P., John, O. P., & Mauss, I. B. (2018). The psychological health benefits of accepting negative emotions and thoughts: Laboratory, diary, and longitudinal evidence. Journal of personality and social psychology, 115(6), 1075.
32 Scheich, G. (2001). Positives Denken macht krank: vom Schwindel mit gefährlichen Erfolgsversprechen. Eichborn. S. 15f.
33 Scheich, G. (2001). Positives Denken macht krank: vom Schwindel mit gefährlichen Erfolgsversprechen. Eichborn. S. 41f.

34 Gielas, A. (12. September 2017). Gute Laune auf Befehl. Die Zeit. https://www.zeit.de/zeit-wissen/2011/01/Denk-nicht-positiv
35 Wendrich, F. (15. Juli 2021). Wie Therapeut*innen mit Wartezeit umgehen können. Psylife. https://psylife.de/magazin/psychotherapie-wartezeit
36 Info-Beihilfe (o.D.). Verbeamtung trotz Psychotherapie. Info-Beihilfe. https://info-beihilfe.de/verbeamtung-trotz-psychotherapie/
37 Be Inspired (13. Februar 2020). ›I AM RICH‹ | Money Affirmations | Listen Before You Sleep!. Youtube. https://www.youtube.com/watch?v=Pca24nzCdu0
38 Murphy, Joseph (1967). Die Macht Ihres Unterbewusstseins. Das große Buch innerer und äußerer Entfaltung. Ariston. S. 118f.
39 Murphy, Joseph (1979) Tele-PSI: Die Macht Ihrer Gedanken. München. Zitiert nach der Sonderausgabe: Die Kraft Ihrer Gedanken. Bindlach 1995 S. 48f.
40 Murphy, Joseph (1967). Die Macht Ihres Unterbewusstseins. Das große Buch innerer und äußerer Entfaltung. Ariston. S. 126f.
41 Sekten-Info NRW (o.D.). Coaching. Sekten-Info NRW. https://sekten-info-nrw.de/media/documents/faltblatt-sinrw-coaching.pdf
42 Sekten-Info NRW (o.D.). Seminaranbieter. Sekten-Info NRW. https://sekten-info-nrw.de/media/documents/Faltblatt-SINRW-Seminaranbieter.pdf
43 Apotheke Adhoc. (31. August 2019). Kritik an Mauer-Homöopathika. Apotheke Adhoc. https://www.apotheke-adhoc.de/nachrichten/detail/panorama/kritik-an-mauer-homoeopathika-fragwuerdige-alternativmedizin/

Kapitel 5

1 Eine Auflistung der zitierten Arbeiten findet sich auf Google Scholar: https://scholar.google.de/scholar?cites=5590321765430387330&as_sdt=2005&sciodt=0,5&hl=de
2 Marks, D. F. (2020). Psychology and the Paranormal: Exploring Anomalous Experience. Sage. S. 157f.
3 Tsakiris, A. (o.D.). 170. Dr. Daryl Bem Responds to Parapsychology Debunkers. Skeptiko. https://skeptiko.com/daryl-bem-responds-to-parapsychology-debunkers/
4 Tsakiris, A. (o.D.). 170. Dr. Daryl Bem Responds to Parapsychology Debunkers. Skeptiko. https://skeptiko.com/daryl-bem-responds-to-parapsychology-debunkers/

5 Bem, D. J., & Honorton, C. (1994). Does psi exist? Replicable evidence for an anomalous process of information transfer. Psychological Bulletin, 115(1), 4–18.
6 Bem, D. J., & Honorton, C. (1994). Does psi exist? Replicable evidence for an anomalous process of information transfer. Psychological Bulletin, 115(1), 4–18.
7 Milton, J., & Wiseman, R. (1999). Does psi exist? Lack of replication of an anomalous process of information transfer. Psychological Bulletin, 125(4), 387–391.
8 Tsakiris, A. (o.D.). 170. Dr. Daryl Bem Responds to Parapsychology Debunkers. Skeptiko. https://skeptiko.com/daryl-bem-responds-to-parapsychology-debunkers/
9 Engber, D. (7. Juni 2017). Daryl Bem Proved ESP Is Real. Slate. https://slate.com/health-and-science/2017/06/daryl-bem-proved-esp-is-real-showed-science-is-broken.html
10 Tsakiris, A. (o.D.). 170. Dr. Daryl Bem Responds to Parapsychology Debunkers. Skeptiko. https://skeptiko.com/daryl-bem-responds-to-parapsychology-debunkers/
11 Bem, D. J. (2011). Feeling the future: experimental evidence for anomalous retroactive influences on cognition and affect. Journal of personality and social psychology, 100(3), 407.
12 American Psychological Association. (o.D.). Summary Report of Journal Operations, 2011. American Psychological Association. https://www.apa.org/pubs/journals/features/2011-statistics.pdf
13 Bem, D. J. (2011). Feeling the future: experimental evidence for anomalous retroactive influences on cognition and affect. Journal of personality and social psychology, 100(3), 407.
14 Wikipedia. (18. Juni 2021). List of prizes for evidence of the paranormal. Wikipedia. https://en.wikipedia.org/wiki/List_of_prizes_for_evidence_of_the_paranormal
15 Legaspi, A. (21. Oktober 2020). James Randi, Famed Magician and Paranormal Skeptic, Dead at 92. Rolling Stone. https://www.rollingstone.com/culture/culture-news/james-randi-obituary-1079316/
16 Francey, M. (6. Februar 2013). This Cynical Magician Will Give a Million Dollars to Anyone Who Proves They're Psychic. Vice. https://www.vice.com/en/article/yv4875/james-randi-will-give-a-million-dollars-to-anyone-who-proves-theyre-psychic

17 Higginbotham, A. (7. November 2014). The Unbelievable Skepticism of the Amazing Randi. New York Times. https://www.nytimes.com/2014/11/09/magazine/the-unbelievable-skepticism-of-the-amazing-randi.html

18 Higginbotham, A. (7. November 2014). The Unbelievable Skepticism of the Amazing Randi. New York Times. https://www.nytimes.com/2014/11/09/magazine/the-unbelievable-skepticism-of-the-amazing-randi.html

19 Britzelmeier, E. (22. Dezember 2021). Booster-Boys. Süddeutsche Zeitung. https://www.sueddeutsche.de/panorama/italien-corona-virologen-impfen-singen-jingle-bells-weihnachten-1.5493817

20 getdigital (o.D.). In meinem Alltag kommt die »Bild«-Zeitung nicht vor T-Shirt. getdigital. https://www.getdigital.de/in-meinem-alltag-kommt-die-bild-zeitung-nicht-vor.html

21 redbubble (o.D.). Christian Drosten »ICH HAB BESSERES ZU TUN« Tasse. redbubble. https://www.redbubble.com/de/i/tasse/Christian-Drosten-ICH-HAB-BESSERES-ZU-TUN-von-Niwra/52931520.9Q0AD

22 The Washington Post. (23. März 2020). Trump makes ›Deep State Department‹ joke. The Washington Post. https://www.washingtonpost.com/video/politics/trump-makes-deep-state-department-joke/2020/03/23/aaf8d7d3-53e7-4e77-83ff-964ee8ccff86_video.html

23 CCN (21. März 2020). Here's Why Trump Can't Fire Dr. Fauci After His ›Deep State‹ Facepalm. https://www.ccn.com/heres-why-trump-cant-fire-dr-fauci-after-his-deep-state-facepalm/

24 National Center for Biotechnology Information. (o.D.). Bhakdi S. National Center for Biotechnology Information. https://pubmed.ncbi.nlm.nih.gov/?sort=date&term=Bhakdi+S&cauthor_id=33800462

25 Rohwedder, W. (25. November 2021). Ermittlungen gegen Bhakdi wieder aufgenommen. Tagesschau. https://www.tagesschau.de/investigativ/bhakdi-antisemitismus-111.html

26 Kämmerer, U., Schlatterer, C., & Knoll, G. (2019). Ketogene Ernährung bei Krebs: Die besten Lebensmittel bei Tumorerkrankungen. Riva Verlag.

27 Erickson, N., Buchholz, D., & Hübner, J. (2017). Stellungnahme zu ketogenen und kohlenhydratarmen Diäten bei Menschen mit Krebs. Ernährungs Umschau, (9), M514-M516.

28 Niemeyer, A. (5. Oktober 2021). »Querdenker«-Affäre: Welche Konsequenzen drohen der Würzburger Wissenschaftlerin?. Main-Post. https://www.mainpost.de/regional/wuerzburg/querdenker-affaere-welche-konsequenzen-drohen-der-wuerzburger-wissenschaftlerin-art-10668233

29 Leber, S. (4. Oktober 2021). Im Impfstoff sind »so etwas wie lebendige Kraken«. Der Tagesspiegel. https://www.tagesspiegel.de/themen/reportage/luegen-und-hetze-im-berliner-corona-ausschuss-im-impfstoff-sind-so-etwas-wie-lebendige-kraken/27670234.html

30 Niemeyer, A. (5. Oktober 2021). »Querdenker«-Affäre: Welche Konsequenzen drohen der Würzburger Wissenschaftlerin?. Main-Post. https://www.mainpost.de/regional/wuerzburg/querdenker-affaere-welche-konsequenzen-drohen-der-wuerzburger-wissenschaftlerin-art-10668233

31 MDR Thüringen (29. Juni 2021). Nach »Masken-Beschluss« von Weimarer Richter: Erneut Polizei-Durchsuchungen. Mitteldeutscher Rundfunk. https://www.mdr.de/nachrichten/thueringen/mitte-thueringen/weimar/amtsrichter-maskenpflicht-durchsuchung-polizei-102.html

32 dieBasis. (o.D.). Zur Bundestagswahl kandidieren zahlreiche namhafte Persönlichkeiten für dieBasis. dieBasis. https://diebasis-st.de/allgemein/zur-bundestagswahl-kandidieren-zahlreiche-namhafte-persoenlichkeiten-fuer-diebasis/

33 Feldwisch-Drentrup, H. (27. März 2020). Mit Energiesymbol, Wasserkrug und Bircher-Müsli gegen Covid-19?. MedWatch. https://medwatch.de/2020/03/27/mit-energiesymbol-wasserkrug-und-bircher-muesli-gegen-covid-19/

34 Rees, J., & Lamberty, P. (2019). Mitreißende Wahrheiten: Verschwörungsmythen als Gefahr für den gesellschaftlichen Zusammenhalt. In Verlorene Mitte – Feindselige Zustände. Rechtsextreme Einstellungen in Deutschland 2018/19. S. 203f.

35 Crease, R. (12. April 2019). What Is The Difference Between Science Denial, Pseudoscience, And Skepticism?. Forbes. https://www.forbes.com/sites/quora/2019/04/12/what-is-the-difference-between-science-denial-pseudoscience-and-skepticism/?sh=64734f25ff4e

36 Oreskes, N. (1. Dezember 2020). To Understand How Science Denial Works, Look to History. Scientific American. https://www.scientificamerican.com/article/to-understand-how-science-denial-works-look-to-history/

37 Tabelle basiert in der Grundidee auf dem Artikel »Science and its Pretenders: Pseudoscience and Science Denial« und wurde von uns erweitert. Quelle: Thinking is Power (o.D.). Science and Its Pretenders: Pseudoscience and Science Denial. Thinking is Power. https://thinkingispower.com/science-and-its-pretenders-pseudoscience-and-science-denial

38 Smith, A. (12. September 2018). These are the adverts that told people smoking was good for them. Metro. https://metro.co.uk/2018/09/12/these-are-the-insane-adverts-that-told-people-smoking-was-good-for-them-7936951/

39 World Health Organziation. (2012). Tabacco Industry Interference. World Health Organziation. https://www.euro.who.int/__data/assets/pdf_file/0005/165254/Tobacco-Industry-Interference-A-Global-Brief.pdf

40 Skeptical Science (1. November 2021). Taxonomie der Merkmale der Wissenschaftsleugnung. Skeptical Science. https://skepticalscience.com/PLURV-Taxonomie-und-Definitionen.shtml

41 Klimafakten. (o.D.). Gehe richtig mit Zweifeln und Falschinformationen zu. Klimafakten. https://klimakommunikation.klimafakten.de/showtime/kapitel-19-gehe-richtig-mit-zweifeln-und-falschinformationen-um/

42 Oreskes, N., & Conway, E. M. (2011). Merchants of doubt: How a handful of scientists obscured the truth on issues from tobacco smoke to global warming. Bloomsbury Publishing. S. 142f.

43 Much, T. & Federspiel, K. (26. Oktober 2016). Wie Homöopathie und Esoterik miteinander verbunden sind. Der Standard. https://www.derstandard.at/story/2000042672569/wie-homoeopathie-und-esoterik-miteinander-verbunden-sind

44 Cavadini, P. (15. Juni 2021). Die Nebelmaschine der Desinformation. Humanistischer Pressedienst. https://hpd.de/artikel/nebelmaschine-desinformation-19368

45 Powell, J. L. (2016). The consensus on anthropogenic global warming matters. Bulletin of Science, Technology & Society, 36(3), 157–163.

46 Mehr zu PLURV gibt es beim Projekt »Klimafakten«: Klimafakten. (o.D.). P-L-U-R-V – das sind die häufigsten Methoden der Desinformation. Neue Infografik im Posterformat. Klimafakten. https://klimakommunikation.klimafakten.de/showtime/kapitel-19-gehe-richtig-mit-zweifeln-und-falschinformationen-um/

47 Aigner, F. (10. Mai 2017). Esoterischer Unfug mit der Welt der Quanten. profil. https://www.profil.at/wissenschaft/esoterischer-unfug-welt-quanten-8127117

48 Pennycook, G., Cheyne, J. A., Barr, N., Koehler, D. J., & Fugelsang, J. A. (2015). On the reception and detection of pseudo-profound bullshit. Judgment and Decision making, 10(6), 549–563.

49 Seb Pearce. (o.D.). New Age Bullshit generator. Seb Pearce. http://sebpearce.com/bullshit/

50 Dolan, E. W. (14. November 2018). People who are religious and ›ontologically confused‹ are more likely to share pseudo-profound bullshit. PsyPost. https://www.psypost.org/2018/11/people-who-are-religious-and-ontologically-confused-are-more-likely-to-share-pseudo-profound-bullshit-52583
51 Browne, M. (2018). Epistemic divides and ontological confusions: The psychology of vaccine scepticism. Human vaccines & immunotherapeutics, 14(10), 2540–2542.
52 Wagenmakers, E. J., Wetzels, R., Borsboom, D., & Van Der Maas, H. L. (2011). Why psychologists must change the way they analyze their data: the case of psi: comment on Bem (2011). Journal of Social Psychology, 100(3), 426–32.
53 Wagenmakers, E. J., Wetzels, R., Borsboom, D., & Van Der Maas, H. L. (2011). Why psychologists must change the way they analyze their data: the case of psi: comment on Bem (2011). Journal of Social Psychology, 100(3), 426–32.
54 Schönbrodt, F. (2015). Die Replikationskrise in der Psychologie – Wie machen wir jetzt weiter. Ludwig-Maximilians-Universität. https://docplayer.org/52674666-Die-replikationskrise-in-der-psychologie.html
55 Simmons, J. P., Nelson, L. D., & Simonsohn, U. (2011). False-positive psychology: Undisclosed flexibility in data collection and analysis allows presenting anything as significant. Psychological science, 22(11), 1359–1366.
56 Schönbrodt, F. (2015). Die Replikationskrise in der Psychologie – Wie machen wir jetzt weiter. Ludwig-Maximilians-Universität. https://docplayer.org/52674666-Die-replikationskrise-in-der-psychologie.html
57 Ebersole, c., Klein, R., & Atherton (2021). The Many Lab. https://osf.io/89vqh/

Kapitel 6

1 Kaiser, U. (1997). Esoterik im Internet. Heyne. S. 9f.
2 Statista Research Department (26. April 2022). Twitter: Zahlen und Daten zum Kurznachrichtendienst. Statista. https://de.statista.com/themen/99/twitter/
3 Smith, K. (12. Februar 2019). Facebook in Zahlen: 53 interessante Statistiken. Brandwatch. https://www.brandwatch.com/de/blog/facebook-statistiken/
4 Rabe, L. (11. November 2021). Anteil der Nutzer von Social-Media-Plattformen nach Altersgruppen in Deutschland im Jahr 2021. Statista. https://

de.statista.com/statistik/daten/studie/543605/umfrage/verteilung-der-nutzer-von-social-media-plattformen-nach-altersgruppen-in-deutschland/

5 Hootsuite. (o.D.). Der globale Status quo der Digitalisierung in 2022. Hootsuite. https://www.hootsuite.com/de/ressourcen/digital-trends

6 Rebhandl, M. (7. April 2018). Im Bann der Aura: Ein Selbstversuch in Esoterik. Der Standard. https://www.derstandard.de/story/2000077472130/im-bann-der-aura-ein-selbstversuch-in-esoterik

7 Mayr, W. (29. Dezember 2021). So leben deutsche Impfgegner am Schwarzen Meer. Der Spiegel. https://www.spiegel.de/ausland/flucht-vor-corona-massnahmen-so-leben-die-deutschen-impfgegner-am-schwarzen-meer-a-5ccf61c2-43b3-4f21-9b62-a180b1b66a08

8 Auswärtiges Amt. (19. Juni 2022). Paraguay: Reise- und Sicherheitshinweise. Auswärtiges Amt. https://www.auswaertiges-amt.de/de/ReiseUndSicherheit/paraguaysicherheit/224964

9 Pieper, O. (19. Januar 2022). Paraguay will keine Reichsbürger und Impfgegner mehr. Deutsche Welle. https://www.dw.com/de/paraguay-will-keine-reichsbürger-und-impfgegner-mehr/a-60238735

10 Deutsche Botschaft Asunción. (9. Februar 2018). Immobiliengeschäfte in Paraguay. Deutsche Botschaft Asunción. https://asuncion.diplo.de/py-de/service/-/1503632

11 Beck, J. (16. Januar 2018). The New Age of Astrology. The Atlantic. https://www.theatlantic.com/health/archive/2018/01/the-new-age-of-astrology/550034/

12 Neuhauser, H. & Siebke, D. (o.D.). Esoterik war gestern, jetzt kommt die neue Spiritualität. Active Beauty. https://www.activebeauty.at/leben/esoterik-neue-spiritualitaet

13 Löhle, E. (14. August 2018). Witchfluencer – das Internet als der Seelenort. Qiio Magazin. https://www.qiio.de/witchfluencer-das-internet-als-der-seelenort/

14 Kiefer, E. (14. Januar 2019). Jade rollers: Wrinkle-fighting wonder cure or pointless (yet pretty) sham?. The Washington Post. https://www.washingtonpost.com/lifestyle/wellness/jade-rollers-wrinkle-fighting-wonder-cure-or-pointless-yet-pretty-sham/2019/01/11/712c3e9e-1373-11e9-b6ad-9cfd62dbb0a8_story.html

15 Naversen Geraghty, L. (4. Juni 2019). Do Jade Rollers Really Work?. WebMD. https://blogs.webmd.com/healthy-skin/20190604/do-jade-rollers-really-work

16 Brybe (o.D.). Spiritual And Esoteric Influencers For Hire. Brybe. https://brybe.com/influencers-category/lifestyle/spiritual-and-esoterics
17 Verbraucherzentrale (28. Oktober 2020). Nahrungsergänzungsmittel: Was das Gesetz erlaubt. Verbraucherzentrale. https://www.verbraucherzentrale.de/wissen/lebensmittel/nahrungsergaenzungsmittel/nahrungsergaenzungsmittel-was-das-gesetz-erlaubt-4988
18 Burgard-Arp, N. (14. Dezember 2021). Impffrei:Love: Dating-Plattform von Impfgegnern für Impfgegner. Neue Osnabrücker Zeitung. https://www.noz.de/lebenswelten/gadgets-apps/artikel/impffreilove-dating-plattform-von-impfgegnern-fuer-impfgegner-20996018
19 Telegram. (o.D.). Fragen und Antworten. Telegram. https://telegram.org/faq/de
20 Dittrich, M. & Lamberty, P. (11. Mai 2011). Gefälschte Impfausweise in der verschwörungsideologischen Szene. CeMAS. https://cemas.io/blog/gefaelschte-ausweise-telegram/
21 Holnburger, J. & Lamberty, P. (3. Dezember 2021). Der Handel mit gefälschten Impfpässen auf Telegram. CeMAS. https://cemas.io/blog/impfpaesse-zahlen/
22 Gefahr von Spike-Proteinen nach Impfungen und deren Übertragung auf Ungeimpfte. Afp Faktencheck. https://faktencheck.afp.com/http%253A%252F%252Fdoc.afp.com%252F9MH4UC-1
23 Rilling, S. (7. Februar 2022). Impfstoff-Shedding – Die Angst vor den Geimpften. Stuttgarter Nachrichten. https://www.stuttgarter-nachrichten.de/inhalt.impfstoff-shedding-die-angst-vor-den-geimpften.06449394-69fc-42fc-b888-1e594620ed56.html
24 Reuters Fact Check (29. Juni 2021). Fact Check-Those vaccinated for COVID-19 are not shedding toxic spike proteins into water supply. Reuters. https://www.reuters.com/article/factcheck-covid19-shedding-idUSL2N2OB1OX
25 Dapcevich, M. (3. Dezember 2021). Do Vaccinated People ›Shed‹ COVID-19 Vaccine Particles?.Snopes. https://www.snopes.com/fact-check/us-covid-19-vaccines-shedding/
26 Heigl, J. (11. Mai 2022). Chlordioxid ist kein Heilmittel gegen Corona. Bayerischer Rundfunk. https://www.br.de/nachrichten/nachrichten/wissen/chlordioxid-cdl-kein-corona-heilmittel,SdstWKK

27 März, S. (15. November 2021). Darum geht es bei Chlordioxid und MMS. MedWatch. https://medwatch.de/2021/11/15/medwatch-check-darum-sind-chlordioxid-und-mms-gefaehrlich/

28 Sirucek, S. (12. März 2015). The Parents Who Give Their Children Bleach Enemas to ›Cure‹ Them of Autism. Vice. https://www.vice.com/en/article/kwxq3w/parents-are-giving-their-children-bleach-enemas-to-cure-them-of-autism-311

29 US Food & Drug Administration. (13. Oktober 2020). Do Not Use: Black Salve is Dangerous and Called by Many Names. US Food & Drug Administration. https://www.fda.gov/consumers/consumer-updates/do-not-use-black-salve-dangerous-and-called-many-names

30 Dow, A. (21. Mai 2018). She was a nurse. So why did Helen shun conventional cancer treatment?. The Age. https://www.theage.com.au/national/victoria/she-was-a-nurse-so-why-did-helen-shun-conventional-cancer-treatment-20180519-p4zgbo.html

31 Shantifa. (o.D.). Facebook. https://www.facebook.com/shantifa.yoga

32 Der goldene Aluhut. (o. D.). Der goldene Aluhut 2021 – Die Verleihung – Der goldene Aluhut. Der goldene Aluhut. https://dergoldenealuhut.de/der-goldene-aluhut-2021-die-verleihung/

33 Lübbers, C. W. (o.D.). Dr. Christian W. Lübbers. Informationsnetzwerk Homöopathie. https://netzwerk-homoeopathie.info/dr-christian-luebbers/

34 Informationsnetzwerk Homöopathie. (o.D.). #Globukalypse. Informationsnetzwerk Homöopathie. https://globukalypse.org

35 Fielitz, M., Schwarz, K. & Hitzinger, J. (2020). Hate not found?! Das Deplatforming der extremen Rechten und seine Folgen. Das Nettz. https://www.das-nettz.de/publikationen/hate-not-found-das-deplatforming-der-extremen-rechten-und-seine-folgen

36 Redaktionsnetzwerk Deutschland. (25. Juli 2020). Amazon, Google und Wish entfernen Nazi-Produkte aus ihrem Sortiment. Redaktionsnetzwerk Deutschland. https://www.rnd.de/digital/amazon-google-und-wish-entfernen-nazi-produkte-aus-ihrem-sortiment-GR4STQCP3RBSTKQZ5C42QVXWOI.html

37 Grotepass, C. (15. März 2004). Kettenbrief und Schenkkreis. Sekten-Info NRW. https://sekten-info-nrw.de/information/artikel/weitere-artikel/kettenbrief-und-schenkkreis

38 Federal Trade Comission. (17. Juni 2021). FTC and the State of Arkansas Charge Operators of »Blessing Loom« With Running an Illegal Pyramid

Scheme. Federal Trade Comission. https://www.ftc.gov/news-events/news/press-releases/2021/06/ftc-state-arkansas-charge-operators-blessing-loom-running-illegal-pyramid-scheme

39 Möllers, G. (o.D.). Schenkkreis. daneben. https://www.daneben.de/schenk-kreis/mathegm/SchenkkreissimulationSortiert.htm

40 Grotepass, C. (15. März 2004). Kettenbrief und Schenkkreis. Sekten-Info NRW. https://sekten-info-nrw.de/information/artikel/weitere-artikel/kettenbrief-und-schenkkreis

Kapitel 7

1 Infosekta. (o.D.). Was ist eine Sekte?. Infosekta. https://www.infosekta.ch/was-ist-eine-sekte/

2 Johnson, G. (28. März 1997). Comets Breed Fear, Fascination and Web Sites. The New York Times. https://www.nytimes.com/1997/03/28/us/comets-breed-fear-fascination-and-web-sites.html

3 Autorenkollektiv Hörwerk. (19. Mai 2005). Das Ende der Welt ist Donnerstag. Deutschlandfunk. https://www.deutschlandfunk.de/das-ende-der-welt-ist-donnerstag-100.html

4 Goege, H. (19. Mai 2010). Der todbringende Komet. Deutschlandfunk. https://www.deutschlandfunk.de/der-todbringende-komet-100.html

5 Hirschler, J. (10. Dezember 2019). Halleyscher Komet – Wanderer durch die Zeiten. Planet Wissen. https://www.planet-wissen.de/natur/weltall/kometen/pwiehalleyscherkometwandererdurchdiezeiten100.html

6 Barry, D. (30. März 1997). Checking Out Hale-Bopp, Backyard Comet. The New York Times. https://www.nytimes.com/1997/03/30/nyregion/checking-out-hale-bopp-backyard-comet.html

7 Von Ilsemann, S. (6. April 1997). Im Netz des Todes. Der Spiegel. https://magazin.spiegel.de/EpubDelivery/spiegel/pdf/8693600

8 Franz, D. (9. März 1997). Scientology's Puzzling Journey From Tax Rebel to Tax Exempt. The New York Times. https://www.nytimes.com/1997/03/09/us/scientology-s-puzzling-journey-from-tax-rebel-to-tax-exempt.html

9 Wikipedia (18. Juni 2022). Scientology status by country. Wikipedia. https://en.wikipedia.org/wiki/Scientology_status_by_country

10 Bundesministerium des Innern und für Heimat (15. Juni 2021). Brief summary 2020 Report on the Protection of the Constitution. Verfassungsschutz. https://www.verfassungsschutz.de/SharedDocs/publikationen/DE/verfassungsschutzberichte/2021-06-brief-summary-2020-report-on-the-protection-of-the-constitution.pdf?__blob=publicationFile&v=11

11 Valiente, A. & Delarosa, M. (28. September 2018). 40 years after the Jonestown massacre: Jim Jones' surviving sons on what they think of their father, the Peoples Temple today. ABC News. https://abcnews.go.com/US/40-years-jonestown-massacre-jim-jones-surviving-sons/story?id=57997006

12 Fondakowski, L. & Hall, M. (17. November 2021). The Story of the Jonestown Massacre Is About Much More Than Jim Jones. We've Been Fighting to Tell It for Decades. Time. https://time.com/6120017/jonestown-massacre-survivors/

13 Weiner, T. (22. Juli 1995). Warnings of a Disaster in Waco Were Ignored, Witness Testifies. The New York Times. https://www.nytimes.com/1995/07/22/us/warnings-of-a-disaster-in-waco-were-ignored-witness-testifies.html

14 Nordhausen,F. & Von Billerbeck, L. (1997). Psycho-Sekten. Die Praktiken der Seelenfänger. Links Verlag. S. 14f.

15 Robinson, W. G. (1997). Heaven's Gate: The End. Journal of Computer-Mediated Communication, 3(3), JCMC334.

16 Robinson, W. G. (1997). Journal of Computer-Mediated Communication, 3(3), JCMC334.

17 Zeller, B. E. (2014). Heaven's Gate: America's UFO religion. New York University Press. S. 47f.

18 Hepperman, A. & Washington, G. (2017). Episodes 1–10. Heaven's Gate. https://podcasts.apple.com/de/podcast/heavens-gate/id1292069401

19 Wired News Staff. (27. März 1997). Do and Ti's Long, Strange Trip Toward Death. Wired. https://www.wired.com/1997/03/do-and-tis-long-strange-trip-toward-death/

20 Brooke, J. (30. März 1997). The Day a Cult Shook a Tiny Town. The New York Times. https://www.nytimes.com/1997/03/30/us/the-day-a-cult-shook-a-tiny-town.html

21 Zeller, B. E. (2014). Heaven's Gate: America's UFO religion. New York University Press. S. 41f.

22 Von Ilsemann, S. (6. April 1997). Im Netz des Todes. Der Spiegel. https://magazin.spiegel.de/EpubDelivery/spiegel/pdf/8693600

23 Montell, A. (2021). Cultish. The Language of Fanaticism. Harper Wave. S. 72f.

24 Hafford, M. (24. März 2017). Heaven's Gate 20 Years Later: 10 Things You Didn't Know. Rolling Stone. https://www.rollingstone.com/feature/heavens-gate-20-years-later-10-things-you-didnt-know-114563/

25 JayDowns (16. Juni 2008). Heaven's Gate Cult Initiation Tape Part 1. Youtube. https://www.youtube.com/watch?v=AqSZhwu1Rwo

26 JayDowns (6. Juni 2010). Heaven's Gate Cult Initiation Tape Part 7. Youtube. https://www.youtube.com/watch?v=AqSZhwu1Rwo

27 HeavensGateDatabase (9. April 2013). Student Exit Statements. Youtube. https://www.youtube.com/watch?v=wHz9it70TdI

28 Bearak, B. (30. März 1997). Time of Puzzled Heartbreak Binds Relatives. The New York Times. https://www.nytimes.com/1997/03/30/us/time-of-puzzled-heartbreak-binds-relatives.html

29 Zeller, B. E. (2014). Heaven's Gate: America's UFO religion. New York University Press. S. 48f.

30 Hepperman, A. & Washington, G. (2017). Episode 7: The Programming. Heaven's Gate. https://podcasts.apple.com/de/podcast/heavens-gate/id1292069401

31 Der Spiegel. (o.D.). Keith Raniere muss Millionenstrafe an Opfer zahlen. Der Spiegel. https://www.spiegel.de/panorama/justiz/nxivm-gruender-keith-raniere-muss-millionenstrafe-an-opfer-zahlen-a-672f4799-af9d-402f-902b-2f94d12a26a3

32 Hassan, S. (2018). Combating cult mind control: The# 1 best-selling guide to protection, rescue, and recovery from destructive cults. Freedom of Mind Press. S. 137.

33 Gaigg, V. (4. März 2020). Im Bibelkurs einer Sekte: Zwei Aussteigerinnen warnen vor Shincheonji in Wien. Der Standard. https://www.derstandard.de/story/2000115224147/im-bibelkurs-einer-sekte-zwei-aussteigerinnen-warnen-vor-shincheonji-in

34 Sekten-Info NRW. (o.D.). Checkliste für kritische Anzeichen. Sekten-Info NRW. https://sekten-info-nrw.de/media/documents/Faltblatt-SINRW-Checkliste.pdf

35 Nordhausen,F. & Von Billerbeck, L. (1997). Psycho-Sekten. Die Praktiken der Seelenfänger. Links Verlag. S. 150f.

36 Hassan, S. (2018). Combating cult mind control: The #1 best-selling guide to protection, rescue, and recovery from destructive cults. Freedom of Mind Press. S. 50f.

37 Hassan, S. (2018). Combating cult mind control: The #1 best-selling guide to protection, rescue, and recovery from destructive cults. Freedom of Mind Press. S. 100f.

38 Hassan, S. (2018). Combating cult mind control: The #1 best-selling guide to protection, rescue, and recovery from destructive cults. Freedom of Mind Press. S. 55f.

39 Hassan, S. (2018). Combating cult mind control: The #1 best-selling guide to protection, rescue, and recovery from destructive cults. Freedom of Mind Press. S. 58f.
40 Hassan, S. (2018). Combating cult mind control: The #1 best-selling guide to protection, rescue, and recovery from destructive cults. Freedom of Mind Press. S. 63f.
41 Hassan, S. (2018). Combating cult mind control: The #1 best-selling guide to protection, rescue, and recovery from destructive cults. Freedom of Mind Press. S. 65f.
42 Der Spiegel. (17. Februar 2013). Mun-Sekte feiert wieder Massenhochzeit. Der Spiegel. https://www.spiegel.de/panorama/gesellschaft/mun-sekte-in-suedkorea-erste-massenhochzeit-nach-tod-von-gruender-a-883887.html
43 Anonym (20. März 2014). Glaube und enttäuschende Wirklichkeit in der Vereinigungskirche von Sun Myung Moon. Sekten-Info NRW. https://sekten-info-nrw.de/information/artikel/betroffenenberichte/glaube-und-enttaeuschende-wirklichkeit-in-der-vereinigungskirche-von-sun-myung-moon
44 The Irish Times (29. November 1997). Followers begin to see the dark side of the Moonies. The Irish Times. https://www.irishtimes.com/culture/followers-begin-to-see-the-dark-side-of-the-moonies-1.131871
45 Rice, Berkeley (30. Mai 1976). The pull of Sun Moon. The New York Times. https://www.nytimes.com/1976/05/30/archives/the-pull-of-sun-moon-thousands-of-young-americans-believe-he-has.html
46 Anonym (20. März 2014). Glaube und enttäuschende Wirklichkeit in der Vereinigungskirche von Sun Myung Moon. Sekten-Info NRW. https://sekten-info-nrw.de/information/artikel/betroffenenberichte/glaube-und-enttaeuschende-wirklichkeit-in-der-vereinigungskirche-von-sun-myung-moon
47 IMDb. (o.D.). Blessed Child. IMDb. https://www.imdb.com/title/tt11014986/
48 Hassan, S. (2018). Combating cult mind control: The #1 best-selling guide to protection, rescue, and recovery from destructive cults. Freedom of Mind Press. S. 62f.
49 Ege, K. (15. September 2012). Der peinliche Exfreund. die tageszeitung. https://taz.de/Debatte-Moon-und-die-Republikaner/!5084040/
50 Hassan, S. (2018). Combating cult mind control: The #1 best-selling guide to protection, rescue, and recovery from destructive cults. Freedom of Mind Press. S. 70f.

51 Hassan, S. (2018). Combating cult mind control: The #1 best-selling guide to protection, rescue, and recovery from destructive cults. Freedom of Mind Press. S. 71f.
52 Montell, A. (2021): Cultish. The Language of Fanaticism. Harper Wave. S. 84f.
53 Montell, A. (2021): Cultish. The Language of Fanaticism. Harper Wave. S. 74f.
54 Bayerisches Landesamt für Verfassungsschutz. (o.D.). Sprache der SO (Glossar). Bayerisches Landesamt für Verfassungsschutz. https://www.verfassungsschutz.bayern.de/weitere_aufgaben/scientology/sprache/index.html
55 Hassan, S. (2018). Combating cult mind control: The #1 best-selling guide to protection, rescue, and recovery from destructive cults. Freedom of Mind Press. S. 248f.

Kapitel 8

1 Kutzner, S. (31. August 2020). Nein, in Berlin haben am 29. August nicht vier Millionen Menschen demonstriert. Correctiv. https://correctiv.org/fakten-check/2020/08/31/nein-in-berlin-haben-am-29-august-nicht-vier-millionen- menschen-demonstriert/
2 Geiler, J. (1. September 2020). Das ist die Frau, die zum Sturm auf den Reichstag rief. Tagesspiegel. https://www.tagesspiegel.de/berlin/heilpraktikerin-aus-der-eifel-das-ist-die-frau-die-zum-sturm-auf-den-reichstag-rief/26142914.html
3 Geiler, J. (1. September 2020). Das ist die Frau, die zum Sturm auf den Reichstag rief. Tagesspiegel. https://www.tagesspiegel.de/berlin/heilpraktikerin-aus-der-eifel-das-ist-die-frau-die-zum-sturm-auf-den-reichstag-rief/26142914.html
4 Müller-Töwe, J. & Wienand, L. (31. August 2020). Video zeigt Aufruf von der Bühne: Heilpraktikerin und Gelbwesten lösten Reichstagseklat aus. t-online. https://www.t-online.de/nachrichten/deutschland/id_88490424/corona-demo-heilpraktikerin-und-gelbwesten-loesten-reichstagseklat-aus.html
5 Geiler, J. (1. September 2020). Das ist die Frau, die zum Sturm auf den Reichstag rief. Tagesspiegel. https://www.tagesspiegel.de/berlin/heilpraktikerin-aus-der-eifel-das-ist-die-frau-die-zum-sturm-auf-den-reichstag-rief/26142914.html
6 Kuchenbecker, T. (12. September 2020). Was wurde aus … den Gelbwesten?. Der Spiegel. https://www.spiegel.de/ausland/gelbwesten-in-frankreich-was-wurde-aus-der-protestbewegung-a-36c6946e-a3c4-49d8-abcc-31f2819ddcc8

7 Müller-Töwe, J. & Wienand, L. (31. August 2020). Heilpraktikerin und Gelbwesten lösten Reichstagseklat aus. T-Online. https://www.t-online.de/nachrichten/deutschland/id_88490424/corona-demo-heilpraktikerin-und-gelbwesten-loesten-reichstagseklat-aus.html

8 Pöhlmann, M. (2021). Rechte Esoterik: Wenn sich alternatives Denken und Extremismus gefährlich vermischen. Verlag Herder.

9 Barth, C. (2003). Über alles in der Welt–Esoterik und Leitkultur. Eine Einführung in die Kritik irrationaler Welterklärungen, Aschaffenburg: Alibri Verlag. S. 29f.

10 Theologische Realenzyklopädie (2002), Band 33. De Gruyter. S. 406f.

11 Jüdisches Forum für Demokratie und gegen Antisemitismus (13. Oktober 2021). Antisemitische und rassistische Kontinuitäten in esoterischen Lehren und Praktiken. Jüdisches Forum für Demokratie und gegen Antisemitismus. https://www.jfda.de/post/antisemitische-und-rassistische-kontinuitäten-in-esoterischen-lehren-und-praktiken

12 Humanistischer Pressedienst (7. Juni 2012). Anthroposophie und Faschismus. Humanistischer Pressedienst. https://hpd.de/node/13507

13 Barth, C. (2003). Über alles in der Welt–Esoterik und Leitkultur. Eine Einführung in die Kritik irrationaler Welterklärungen. Alibri Verlag. S. 52f.

14 Barth, C. (2003). Über alles in der Welt–Esoterik und Leitkultur. Eine Einführung in die Kritik irrationaler Welterklärungen. Alibri Verlag. S. 59f.

15 Barth, C. (2003). Über alles in der Welt–Esoterik und Leitkultur. Eine Einführung in die Kritik irrationaler Welterklärungen. Alibri Verlag. S. 57f.

16 Klump, A. (21. Juni 2008). Rechtsextremismus und Esoterik Verbindungslinien, Erscheinungsformen, offene Fragen. Extremismus.com. https://web.archive.org/web/20080621095355/http://www.extremismus.com/texte/esorex.htm

17 Der Spiegel (10. Mai 1960). Himmlers Bauchweh. Der Spiegel. https://www.spiegel.de/politik/himmiers-bauchweh-a-8b182d94-0002-0001-0000-000043065682

18 Heinze, C., & Stiglegger, M. (2021). Das Spiel mit dem Feuer: Religiosität, Okkultismus, Esoterik, Spiritualität und der Bezug zu nationalsozialistischen/faschistischen Ideologien im rechtsoffenen Musik-Underground. Zeitschrift für Religion, Gesellschaft und Politik, 1–26.

19 Barth, C. (2003). Über alles in der Welt–Esoterik und Leitkultur. Eine Einführung in die Kritik irrationaler Welterklärungen. Alibri Verlag. S. 77f.

20 Barth, C. (2003). Über alles in der Welt–Esoterik und Leitkultur. Eine Einführung in die Kritik irrationaler Welterklärungen. Alibri Verlag. S. 83f.
21 Staudenmaier, P. (2013). Organic farming in Nazi Germany: the politics of biodynamic agriculture, 1933–1945. Environmental History, 18(2), 383–411.
22 Demeter (Oktober 2020). Die Biodynamische Bewegung steht für Menschenrechte, Meinungsfreiheit, Pluralismus und Kosmopolitismus und distanziert sich klar von Extremismus und menschenfeindlichen Bestrebungen. Stellungnahme des Demeter e.V., der Biodynamic Federation – Demeter International e.V. und des Goetheanums – Sektion für Landwirtschaft. Ankündigung einer Studie. Demeter. https://www.demeter.de/sites/default/files/public/pdf/stellungnahme-rudolf-steiner-demeter-biodynamisch.pdf
23 Kreil, C. (11. Februar 2021). Impfgegner: Reaktionärer Widerstand seit 200 Jahren. Der Standard. https://www.derstandard.de/story/2000123455429/impfgegner-reaktionaerer-widerstand-seit-200-jahren
24 Sünner, R. (2001). Schwarze Sonne: Entfesselung und Mißbrauch der Mythen in Nationalsozialismus und rechter Esoterik. Herder. S. 143f.
25 Kaplan, J., Jeffrey Kaplan, A., Weinberg, L., & Weinberg, L. G. (1998). The emergence of a Euro-American radical right. Rutgers University Press. S. 264f.
26 Kaplan, J., Jeffrey Kaplan, A., Weinberg, L., & Weinberg, L. G. (1998). The emergence of a Euro-American radical right. Rutgers University Press. S. 264f.
27 Barth, C. (2003). Über alles in der Welt–Esoterik und Leitkultur. Eine Einführung in die Kritik irrationaler Welterklärungen. Alibri Verlag. S. 52f.
28 Klatt, T. (8. Juni 2021). Wie NS-Ideologen Yoga missbrauchten. Deutschlandfunk. https://www.deutschlandfunk.de/vereinnahmung-im-dritten-reich-wie-ns-ideologen-yoga-100.html
29 Brandenburgische Landeszentrale für politische Bildung. (Oktober 2013). Neuheidentum/ Neopaganismus. Brandenburgische Landeszentrale für politische Bildung. https://www.politische-bildung-brandenburg.de/lexikon/neuheidentum-neopaganismus
30 Barth, C. (2003). Über alles in der Welt–Esoterik und Leitkultur. Eine Einführung in die Kritik irrationaler Welterklärungen. Alibri Verlag. S. 52f.
31 Rheims, B., Jellonek, F. & Reinesch, P. (2017). IDA-NRW. https://www.ida-nrw.de/fileadmin/user_upload/Texte_zum_Download/Rechtsextremismus/Rheims_Embleme_Runen_Rechte_Szene.pdf
32 Simek, R. (10. Oktober 2017). Runen gestern, heute, morgen. Bundeszentrale für politische Bildung. https://www.bpb.de/themen/rechtsextremismus/dossier-rechtsextremismus/257816/runen-gestern-heute-morgen/

33 Sünner, R. (2003). Schwarze Sonne. Entfesselung und Mißbrauch der Mythen in Nationalsozialismus und rechter Esoterik. Verlag Herder. S. 256f.

34 Die Welt (20. Juni 1998). Runen-Freunde, Hippies, Mystiker. Die Welt. https://www.welt.de/print-welt/article621231/Runen-Freunde-Hippies-Mystiker.html

35 Forschungsgruppe Weltanschauungen in Deutschland (16. April 2018). Österreich: Mehrheit glaubt stärker an ein Karma als an Gott. Forschungsgruppe Weltanschauungen in Deutschland. https://fowid.de/meldung/oesterreich-mehrheit-glaubt-staerker-karma-gott

36 Klein, M. (18. Dezember 2018). Gutes Karma, mieses Karma. Deutschlandfunk. https://www.deutschlandfunk.de/suende-schuld-und-vergebung-im-buddhismus-gutes-karma-100.html

37 Klein, M. (18. Dezember 2018). Gutes Karma, mieses Karma. Deutschlandfunk. https://www.deutschlandfunk.de/suende-schuld-und-vergebung-im-buddhismus-gutes-karma-100.html

38 Klatt, T. (27. März 2012). Führende Nazis wollten das indische Yoga zur Wehrertüchtigung einsetzen. Jüdische Allgemeine. https://www.juedische-allgemeine.de/kultur/karma-und-endloesung/

39 Pöhlmann, M. (2021). Rechte Esoterik: Wenn sich alternatives Denken und Extremismus gefährlich vermischen. Verlag Herder.

40 Hermann, M. & Rathje, J. (2021). Down the rabbit hole. Amadeu Antonio Stiftung. https://www.amadeu-antonio-stiftung.de/wp-content/uploads/2021/06/DownTheRabbitHole_web.pdf

41 Barth, C. (2003). Über alles in der Welt–Esoterik und Leitkultur. Eine Einführung in die Kritik irrationaler Welterklärungen. Alibri Verlag. S. 56f.

42 Tomkowiak, I. (14. Januar 2018). Sanfte Alternativen? Zum autoritären Welt- und Menschenbild esoterisch ausgerichteter Heilverfahren. Geschichte der Gegenwart. https://geschichtedergegenwart.ch/sanfte-alternativen-zum-autoritaeren-welt-und-menschenbild-esoterisch-ausgerichteter-heilverfahren/

43 Lenzen, M. (20. Oktober 2015). Was ist Sozialdarwinismus?. Bundeszentrale für politische Bildung. https://www.bpb.de/themen/rechtsextremismus/dossier-rechtsextremismus/214188/was-ist-sozialdarwinismus/

44 Lenzen, M. (20. Oktober 2015). Was ist Sozialdarwinismus?. Bundeszentrale für politische Bildung. https://www.bpb.de/themen/rechtsextremismus/dossier-rechtsextremismus/214188/was-ist-sozialdarwinismus/

45 Zander, H. (2009). Rudolf Steiners Rassenlehre. In U. Puschner & G. Großmann (Hrsg.), Völkisch und National: Zur Aktualität alter Denkmuster

im 21. Jahrhundert. wbg Academic in Wissenschaftliche Buchgesellschaft. S. 145–155.
46 Steiner, R. (1907). Menschheitsentwicklung und Christus-Erkenntnis. Rudolf Steiner Verlag.
47 Lichte, A. (7. Juni 2019). 100 Jahre Waldorfschule: Rudolf Steiners »survival of the whitest«. Humanistischer Pressedienst. https://hpd.de/artikel/100-jahre-waldorfschule-rudolf-steiners-survival-of-the-whitest-16893
48 Zick, A., & Küpper, B. (2020). Die geforderte Mitte. Rechtsextreme und demokratiegefährdende Einstellungen in Deutschland 2020/21. Verlag J.H.W. Dietz Nachf. Bonn.
49 Schedel, G. (21. November 2008). Bundesprüfstelle an der Nase herumgeführt. Humanistischer Pressedienst. https://hpd.de/node/5805
50 Schedel, G. (21. November 2008). Bundesprüfstelle an der Nase herumgeführt. Humanistischer Pressedienst. https://hpd.de/node/5805
51 Rautenberg, Oliver (20. April 2015). BPjM: Steiners Rassendiskriminierung (Teil 3). Anthroposophie.blog. https://anthroposophie.blog/2015/04/20/bpjm-steiners-rassendiskriminierung-teil-3/
52 Gunkel, C. (3. Juni 2021). So antisemitisch war Rudolf Steiner. Der Spiegel. https://www.spiegel.de/geschichte/ein-fehler-der-weltgeschichte-a-1ca07586-0002-0001-0000-000177512595
53 Evangelischer Widerstand. (o.D.). Der Verein zur Abwehr des Antisemitismus. Evangelischer Widerstand. https://de.evangelischer-widerstand.de/html/view.php?type=dokument&id=530
54 Liebentritt, M. (20. Januar 2020). Meditieren, heilen, Juden hassen. Die Zeit. https://www.zeit.de/gesellschaft/2020-01/rechte-esoterik-kla-tv-verschwoerungstheorien-verfassungsschutz
55 Liebentritt, M. (20. Januar 2020). Meditieren, heilen, Juden hassen. Die Zeit. https://www.zeit.de/gesellschaft/2020-01/rechte-esoterik-kla-tv-verschwoerungstheorien-verfassungsschutz/seite-2
56 Liebentritt, M. (20. Januar 2020). Meditieren, heilen, Juden hassen. Die Zeit. https://www.zeit.de/gesellschaft/2020-01/rechte-esoterik-kla-tv-verschwoerungstheorien-verfassungsschutz/seite-2
57 Speit, A. (27. November 2021). Antimoderner Reflex mit Tradition. die tageszeitung.https://taz.de/Herkunft-der-Impfgegner-und-Querdenker/!5815438/
58 Holler, M. (o. D.). Ökonomiekritik und Antisemitismus. anders denken. https://www.anders-denken.info/informieren/ökonomiekritik-und-antisemitismus-0

59 Fachstelle Radikalisierungsprävention und Engagement im Naturschutz. (2018). Rechtsextreme Ideologien im Natur- und Umweltschutz. Fachstelle Radikalisierungsprävention und Engagement im Naturschutz. https://www.nf-farn.de/system/files/documents/handreichung1_farn_fuer_web.pdf

60 Kreil, C. (18. März 2022). Warum Putin Rechte und Esoteriker so sehr betört. Der Standard. https://www.derstandard.de/story/2000134145803/warum-putin-rechte-und-esoteriker-so-sehr-betoert

61 Nocun, K. & Lamberty, P. (2020). Fake Facts: Wie Verschwörungstheorien unser Denken bestimmen. Quadriga Verlag. S. 214f.

62 REMID Religionswissenschaftlicher Medien- und Informationsdienst e.V.. (10. April 2019). Rechtsradikalismus in grün. Belltower News. https://www.belltower.news/leben-nach-der-heiligen-anastasia-rechtsradikalismus-in-gruen-83859/

63 Bundesstelle für Sektenfragen (2015). Bericht der Bundesstelle für Sektenfragen an das Bundesministerium für Familien und Jugend. https://www.parlament.gv.at/PAKT/VHG/XXV/III/III_00377/imfname_627392.pdf

64 Reinhard, A. (24. Juni 2021). Podcastfolge #25 Yogis gegen Rechts mit Shantifa. Yoga als Beruf – Der Podcast. https://www.antoniareinhard.de/post/podcastfolge-25-yogis-gegen-rechts-mit-shantifa

65 Charlotte Ward & Prof. David Voas (2011) The Emergence of Conspirituality, Journal of Contemporary Religion, 26:1, 103–121.

66 Decker, O., & Brähler, E. (2020). Autoritäre Dynamiken. Alte Ressentiments – neue Radikalität. Leipziger Autoritarismus Studie 2020. S. 285f. https://www.boell.de/sites/default/files/2021-04/Decker-Braehler-2020-Autoritaere-Dynamiken-Leipziger-Autoritarismus-Studie_korr.pdf?dimension1=ds_leipziger_studie

67 Decker, O., & Brähler, E. (2020). Autoritäre Dynamiken. Alte Ressentiments – neue Radikalität. Leipziger Autoritarismus Studie 2020. S. 285f. https://www.boell.de/sites/default/files/2021-04/Decker-Braehler-2020-Autoritaere-Dynamiken-Leipziger-Autoritarismus-Studie_korr.pdf?dimension1=ds_leipziger_studie

68 Dyrendal, A. (2017). New Age and Norwegian Conspirituality. New Age in Norway. Sheffield: Equinox, 159–181.

69 Lamberty, P., Holnburger, J., & Goedeke Tort, M. (2022). Q vadis? Zur Verbreitung von QAnon im deutschsprachigen Raum. CeMAS.

https://cemas.io/publikationen/q-vadis-zur-verbreitung-von-qanon-im-deutschsprachigen-raum/

70 Langschwager, M. (18. November 2021). Selbstliebe statt Impfung? Wie Wellness- und Yoga-Influencer ihre Anti-Impf-Ansichten verbreiten. Neue Zürcher Zeitung. https://www.nzz.ch/technologie/selbstliebe-statt-impfung-wie-wellness-und-yoga-influencer-ihre-anti-impf-ansichten-verbreiten-ld.1655743

71 Argentino, M. [@_MAArgentino](2. September 2020). 1/ Tonight I want to share some of the research I have been doing on what I am calling »Pastel QAnon«. I have been spending some time researching Women QAnon believers on Instagram. Many are lifestyle influencers, mommy pages, fitness pages, diet pages, and alternative healing [Thread]. Twitter. https://twitter.com/_MAArgentino/status/1300974361491406849?

72 Liebentritt, M. (20. Januar 2020). Meditieren, heilen, Juden hassen. Die Zeit. https://www.zeit.de/gesellschaft/2020-01/rechte-esoterik-kla-tv-verschwoerungstheorien-verfassungsschutz/seite-2

73 Tagesschau. (18. November 2021). Knapp dreieinhalb Jahre für »QAnon-Schamanen«. Tagesschau. https://www.tagesschau.de/ausland/qanon-129.html

74 Agoyo, A. (15. Januar 2021). Trump supporter in coyote headdress and ›war paint‹ indicted for role in D.C. insurrection. Indianz. https://www.indianz.com/News/2021/01/15/trump-supporter-in-coyote-headdress-and-war-paint-indicted-for-role-in-d-c-insurrection/

75 etzimanuel (7. Januar 2021). QAnon Shaman – Jake Angeli – Interview – ORF. Youtube. https://www.youtube.com/watch?v=22d6tRXxVeg

76 Feuerherd, B. (12. Januar 2021). QAnon rioter to be given organic meals in federal lockup. New York Post. https://nypost.com/2021/01/12/qanon-rioter-jake-angeli-to-be-given-organic-meals-in-jail/

77 The Arizona Republic. (21. September 2019). Hundreds march in Arizona in solidarity with climate strikes around the world. The Arizona Republic. https://eu.azcentral.com/picture-gallery/news/local/arizona-environment/2019/09/20/hundreds-march-arizona-solidarity-climate-strikes-around-world/2391592001/

78 Carr, J. & Melhem, W. (20. September 2019). ›We have to live with it‹: Students demand climate action today to ensure a greener tomorrow. Cronkite News. https://cronkitenews.azpbs.org/2019/09/20/phoenix-climate-strike/

79 Wade, E. [@erik_kaars]. (4. Februar 2021). (Kao's article really is useful for framing white supremacists like Jacob Chansley from the attack on the capital.

Chansley's »Viking« tattoos and appropriation of Indigenous culture go hand in hand with his support of environmentalism, which he describes as »Ragnarok«). Twitter.
https://twitter.com/erik_kaars/status/1357282338862997504

80 Collins Dictionary. (o.D.). Definition von Ragnarök. Collins Dictionary. https://www.collinsdictionary.com/de/worterbuch/englisch/ragnarok

81 Rockford, S. (11. Januar 2021). Q Shaman's new age-radical right blend hints at the blurring of seemingly disparate categories. Religion Dispatches. https://religiondispatches.org/q-shamans-new-age-radical-right-blend-hints-at-the-blurring-of-seemingly-disparate-categories/

82 Milman, O. (21. November 2021). Climate denial is waning on the right. What's replacing it might be just as scary. The guardian. https://www.theguardian.com/environment/2021/nov/21/climate-denial-far-right-immigration

83 Hume, T. (7. Januar 2022). ›Nazi Druid‹ Accused of Hoarding Weapons to Prepare for Society's Collapse. Vice. https://www.vice.com/en/article/7kbkmz/nazi-druid-karl-burghard-bangert-on-trial-germany

84 Gensing, P. (2. Februar 2017). Von Druiden und Wehrdörfern. Brandenburgische Landeszentrale für politische Bildung. https://www.politische-bildung-brandenburg.de/blog/von-druiden-und-wehrdoerfern

85 infosekta. (10. November 2016). Einordnung der Anastasia-Bewegung im rechtsesoterischen Spektrum. infosekta. http://www.infosekta.ch/media/pdf/Anastasia-Bewegung_10112016_.pdf

86 Jansen, F. (25. Januar 2017). Im »Druiden« lodert der Hass. Der Tagesspiegel. https://www.tagesspiegel.de/politik/razzia-bei-esoterikern-und-reichsbuergern-im-druiden-lodert-der-hass/19304540.html

87 Strobl, N. (o.D.). Umweltschutz von rechts – Ökofaschismus. Fachstelle Radikalisierungsprävention und Engagement im Naturschutz. https://www.nf-farn.de/umweltschutz-rechts-oekofaschismus

88 Greiffenhagen, M. (1981). 5 Millionen Deutsche: »Wir sollten wieder einen Führer haben«: die SINUS-Studie über rechtsextremistische Einstellungen bei den Deutschen (Vol. 4929). Rowohlt.

89 Greiffenhagen, M. (1981). 5 Millionen Millionen Deutsche: »Wir sollten wieder einen Führer haben«: die SINUS-Studie über rechtsextremistische Einstellungen bei den Deutschen (Vol. 4929). Rowohlt.

90 Ditfurth, J. (1996). Entspannt in die Barbarei: Esoterik, (Öko-)Faschismus und Biozentrismus. Konkret Literatur. S. 24f.

Kapitel 9

1 Radisch, I. (23. November 2010). Das Paradies auf Erden. Die Zeit. https://www.zeit.de/zeit-geschichte/2010/04/reportage-gartenkolonie-eden/komplettansicht

2 Kolbe, C. (17. März 2017). »Es verbrenne das Faule, das Tote im Menschen!«. Der Spiegel. https://www.spiegel.de/geschichte/schweiz-aussteiger-kolonie-monte-verita-in-ascona-a-1138837.html

3 Schmidt, T. (24. April 2019). Warten auf den Messias. Deutschlandfunk Kultur. https://www.deutschlandfunkkultur.de/lebensreformer-prediger-und-jesus-imitatoren-warten-auf-den-100.html

4 Barth, C. (2003). Über alles in der Welt – Esoterik und Leitkultur. Eine Einführung in die Kritik irrationaler Welterklärungen. Alibri Verlag. S. 67f.

5 Hesse, H. (2013). Die Morgenlandfahrt. Fischer. S. 327.

6 Barth, C. (2003). Über alles in der Welt – Esoterik und Leitkultur. Eine Einführung in die Kritik irrationaler Welterklärungen. Alibri Verlag. S. 71f.

7 Speit, A. (2021). Verqueres Denken. Ch. Links Verlag. S. 15f.

8 Barringer, F. (14. November 1990). New Flock for Moon Church: The Changing Soviet Student. The New York Times. https://www.nytimes.com/1990/11/14/world/evolution-in-europe-new-flock-for-moon-church-the-changing-soviet-student.html

9 Heller Anderson, S. (19. April 1990). Chronicle. The New York Times. https://www.nytimes.com/1990/04/19/style/chronicle-983090.html

10 Shogren, E. (4. März 1991). Moonies in the U.S.S.R. : The Rev. Moon and his church are reaching out to disenchanted young people. Some are seeking new meaning in their lives. Others just want a chance to escape. Los Angeles Times.
https://www.latimes.com/archives/la-xpm-1991-03-04-vw-211-story.html

11 Shogren, E. (4. März 1991). Moonies in the U.S.S.R. : The Rev. Moon and his church are reaching out to disenchanted young people. Some are seeking new meaning in their lives. Others just want a chance to escape. Los Angeles Times.
https://www.latimes.com/archives/la-xpm-1991-03-04-vw-211-story.html

12 Barringer, F. (14. November 1990). New Flock for Moon Church: The Changing Soviet Student. The New York Times.
https://www.nytimes.com/1990/11/14/world/evolution-in-europe-new-flock-for-moon-church-the-changing-soviet-student.html

13 Nordkausen, F. & Von Billerbeck, L. (1997). Psycho-Sekten. Die Praktiken der Seelenfänger. Fischer. S. 482.

14 Nordkausen, F. & Von Billerbeck, L. (1997). Psycho-Sekten. Die Praktiken der Seelenfänger. Fischer. S. 482. S. 483.
15 Die Nachrichten [@DLFNachrichten]. (27. Februar 2022). +++ EIL +++ Krieg in der Ukraine: Russland versetzt Atomstreitkräfte in höchste Alarmbereitschaft. Twitter. https://twitter.com/DLFNachrichten/status/1497925900452745221
16 Deutsches Zentralinstitut für soziale Fragen. (16. November 2021). Beinahe-Rekord: 584 Millionen Euro Hochwasser-Spenden. Deutsches Zentralinstitut für soziale Fragen. https://www.dzi.de/pressemitteilungen/beinahe-rekord-584-millionen-euro-hochwasser-spenden/
17 Wienand, L. (21. Februar 2022). »Querdenker«-Geld soll jetzt an die Ahr fließen. T-Online. https://www.t-online.de/nachrichten/panorama/katastrophen/id_91685500/-querdenken-spenden-von-bodo-schiffmann-fuer-flutopfer-finden-abnehmer.html
18 Bundesamt für Sicherheit im Gesundheitswesen. (10. November 2020). Warnung vor Chlordioxidlösungen (MMS, CDS, CDL). Bundesamt für Sicherheit im Gesundheitswesen. https://www.basg.gv.at/marktbeobachtung/amtliche-nachrichten/detail/warnung-vor-chlordioxidloesungen-mms-cds-cdl
19 Kreil, C. (7. Dezember 2019). Esoterik-Adventkalender, Tür 7: Der Waldschamane sagt die Klimakrise ab. Der Standard. https://www.derstandard.de/story/2000111521240/esoterik-adventkalender-tuer-7-der-waldschamane-sagt-die-klimakrise-ab
20 Dillinger, J. (2. März 2021). Hexenglaube und Hexenangst existieren bis heute. Johannes Gutenberg-Universität Mainz. https://www.uni-mainz.de/presse/aktuell/13161_DEU_HTML.php
21 Suhr, A. (28. April 2021). Heia Walpurgisnacht! Der wilde Ritt zum Blocksberg. Deutschlandfunk. https://www.deutschlandfunk.de/rituale-der-hexen-heia-walpurgisnacht-der-wilde-ritt-zum-100.html
22 Black, M. (2021). Deutsche Dämonen: Hexen, Wunderheiler und die Geister der Vergangenheit im Nachkriegsdeutschland. Klett-Cotta.
23 Der Spiegel. (3. April 1951). Bis das Blut kommt. Der Spiegel. https://www.spiegel.de/politik/bis-das-blut-kommt-a-09844342-0002-0001-0000-000029192118?
24 Tropp, F. (7. März 2021). Der Hokuspokus boomte. Die Zeit. https://www.zeit.de/hamburg/2021-02/hexenverfolgung-hamburg-schleswig-holstein-geschichte-aberglaube

25 Kruse, J. (1951). Hexen unter uns – Magie und Zauberglauben unserer Zeit. Schuster Th. S. 117f.

26 Bauer, D. R., & Harmening, D.. (1991). Hexen heute: magische Traditionen und neue Zutaten (Vol. 8). Königshausen & Neumann. S. 56f.

27 Müller-Meiningen, J. & Ritschel, S. (20. Oktober 2017). Die stille Macht der Hellseher. Augsburger Allgemeine. https://www.augsburger-allgemeine.de/panorama/Esoterik-Boom-Die-stille-Macht-der-Hellseher-id43205471.html

28 Shamel, R. (28. März 2012). Gute Geschäfte für Wahrsager. Deutsches Welle. https://www.dw.com/de/gute-geschäfte-für-wahrsager/a-15842401

29 Gesellschaft zur wissenschaftlichen Untersuchung von Parawissenschaften. (o.D.). Prognosencheck 2007. Gesellschaft zur wissenschaftlichen Untersuchung von Parawissenschaften. https://www.gwup.org/infos/themen/93-wahrsager/166-prognosencheck-2007

30 Niewendick, M. (3. März 2018). Spirituelle Gruppe will KZ-Gedenkstätte mit Ritual »heilen«. Die Welt. https://www.welt.de/politik/deutschland/article174140671/KZ-Gedenkstaette-Buchenwald-Bhatki-Marga-Bewegung-plant-Om-Chanting.html

31 Niewendick, M. (3. März 2018). Spirituelle Gruppe will KZ-Gedenkstätte mit Ritual »heilen«. Die Welt. https://www.welt.de/politik/deutschland/article174140671/KZ-Gedenkstaette-Buchenwald-Bhatki-Marga-Bewegung-plant-Om-Chanting.html

32 Confessio. (22. März 2018). Bhakti Marga im KZ Buchenwald. Confessio. https://www.confessio.de/index.php/news/1172

33 Box Office Mojo (23. September 2016). Independence Day. web.archive. https://web.archive.org/web/20160923135752/http://www.boxofficemojo.com/movies/?id=independenceday.htm

34 Ulrich, S. (16. Juni 2011). Die Invasion der Esoteriker. Süddeutsche Zeitung. https://www.sueddeutsche.de/panorama/frankreich-und-der-weltuntergang-die-invasion-der-esoteriker-1.1109199

35 Ulrich, S. (16. Juni 2011). Die Invasion der Esoteriker. Süddeutsche Zeitung. https://www.sueddeutsche.de/panorama/frankreich-und-der-weltuntergang-die-invasion-der-esoteriker-1.1109199-2

36 Willems, W. (19. Dezember 2012). Globale Furcht vor dem Weltuntergang. T-Online. https://www.t-online.de/nachrichten/panorama/menschen-

schicksale/id_61307644/weltuntergang-am-21-dezember-2012-die-welt-schiebt-panik-.html
37 Ghanian Chronicle. (14. November 2011). Arrest Prophet Anamoah now!. Modern Ghana. https://www.modernghana.com/news/360865/arrest-prophet-anamoah.html
38 Die Welt (12. Dezember 2012). Weltuntergangsfurcht bringt Dorf Besucheransturm. die Welt. https://www.welt.de/reise/nah/article111965229/Weltuntergangsfurcht-bringt-Dorf-Besucheransturm.html
39 Mitteldeutsche Zeitung (14. Dezember 2012). Reise-Hype zum 21.12.: Hier die Apokalypse überleben?. Mitteldeutsche Zeitung. https://www.mz.de/leben/reisen/reise-hype-zum-21-12-hier-die-apokalypse-uberleben-2175148
40 Morgenpost. (20. Dezember 2012). Tom Cruise soll vor Weltuntergang in die Türkei fliehen. Morgenpost. https://www.morgenpost.de/vermischtes/article112145335/Tom-Cruise-soll-vor-Weltuntergang-in-die-Tuerkei-fliehen.html
41 Steiner, M. (16. Juli 2012). Weltuntergang 2012: »Das Ende ist der Anfang«. Universität Wien. https://medienportal.univie.ac.at/uniview/wissenschaft-gesellschaft/detailansicht/artikel/weltuntergang-2012-das-ende-ist-der-anfang/
42 Steiner, M. (16. Juli 2012). Weltuntergang 2012: »Das Ende ist der Anfang«. Universität Wien. https://medienportal.univie.ac.at/uniview/wissenschaft-gesellschaft/detailansicht/artikel/weltuntergang-2012-das-ende-ist-der-anfang/
43 Stevenson, M. (22. Oktober 2009). Weltuntergang am 21. Dezember 2012 befürchtet. Die Welt. https://www.welt.de/wissenschaft/article4936369/Weltuntergang-am-21-Dezember-2012-befuerchtet.html
44 Willems, W. (21. Dezember 2012). Globale Furcht vor dem Weltuntergang. T-Online. https://www.t-online.de/nachrichten/panorama/menschen-schicksale/id_61307644/weltuntergang-am-21-dezember-2012-die-welt-schiebt-panik-.html
45 Gesellschaft zur wissenschaftlichen Untersuchung von Parawissenschaften. (13. Dezember 2012). Die Prognosenauswertung der GWUP zum Jahr 2012. Gesellschaft zur wissenschaftlichen Untersuchung von Parawissenschaften. https://www.gwup.org/images/stories/pdf/themen/prognosenfaq2013-4.pdf
46 Willems, W. (21. Dezember 2012). Globale Furcht vor dem Weltuntergang. T-Online. https://www.t-online.de/nachrichten/panorama/

menschen-schicksale/id_61307644/weltuntergang-am-21-dezember-2012-die-welt-schiebt-panik-.html

47 Rost, W. (11. Dezember 2012). Die Apokalypse aus psychologischer Sicht – Angst und Faszination. Bundeszentrale für politische Bildung. https://www.bpb.de/shop/zeitschriften/apuz/151310/die-apokalypse-aus-psychologischer-sicht-angst-und-faszination/

48 Bibeltext. (o.D.). Lukas 17:26. https://bibeltext.com/luke/17-26.htm

49 Routledge, C. (2018). Supernatural: Death, Meaning, and the Power of the Invisible World. Oxford University Press.

50 Käte Hamburger Kollegs für Apokalyptische und Postapokalyptische Studien. (o.D.). Über Uns. Universität Heidelberg. https://www.capas.uni-heidelberg.de/ueber_uns.html

51 Hamill, J. (7. Juni 2019). We're in an age of ›apocalypse anxiety‹ and will never stop worrying about doomsday. Metro. https://metro.co.uk/2019/06/07/age-apocalypse-anxiety-will-never-stop-worrying-doomsday-9853553/

52 Crouch, H. (27. Dezember 2021). LOOK INTO THE FUTURE: Who is Baba Vanga and what are her predictions for 2022?. The Sun. https://www.thesun.co.uk/news/3371876/baba-vanga-2022-predictions-blind-who-is/

53 Lockett, J. (18. März 2018). ›LORD OF THE WORLD‹ Psychic Baba Vanga who predicted 9/11 terror attacks also foretold ›unstoppable‹ Vladimir Putin will one day rule Earth. The Sun. https://www.thesun.co.uk/news/5839060/psychic-baba-vanga-who-predicted-9-11-terror-attacks-also-foretold-unstoppable-vladimir-putin-will-one-day-rule-earth/

54 Sherman, L. (27. Dezember 2021). Baba Vanga's 2022 predictions: Blind mystic's 6 prophecies – including new pandemic. The Mirror. https://www.mirror.co.uk/news/weird-news/baba-vangas-2022-predictions-blind-25744702

55 Morrow, D. (3. Oktober 2020). Blind mystic Baba Vanga ›predicted Donald Trump's coronavirus plight‹. Daily Record. https://www.dailyrecord.co.uk/news/weird-news/blind-mystic-baba-vanga-predicted-22787551